本书获得国家重点研发计划项目"文化产品产权价值标识应用技术研究"（2021YFF0900200）资助

数字文化内容产品价值评估与定价

赵艳 倪渊 著

Evaluation and Pricing
of Digital Culture
Content Products

经济管理出版社
ECONOMY & MANAGEMENT PUBLISHING HOUSE

图书在版编目（CIP）数据

数字文化内容产品价值评估与定价/赵艳，倪渊著.—北京：经济管理出版社，2023.10
ISBN 978-7-5096-9393-3

Ⅰ.①数… Ⅱ.①赵…②倪… Ⅲ.①数字化—文化产品—定价—研究 Ⅳ.①G114

中国国家版本馆 CIP 数据核字（2023）第 205634 号

组稿编辑：杨　雪
责任编辑：杨　雪
助理编辑：王　慧
责任印制：许　艳
责任校对：陈　颖

出版发行：经济管理出版社
　　　　　（北京市海淀区北蜂窝 8 号中雅大厦 A 座 11 层　100038）
网　　址：www.E-mp.com.cn
电　　话：（010）51915602
印　　刷：唐山昊达印刷有限公司
经　　销：新华书店
开　　本：720mm×1000mm/16
印　　张：17
字　　数：333 千字
版　　次：2023 年 12 月第 1 版　2023 年 12 月第 1 次印刷
书　　号：ISBN 978-7-5096-9393-3
定　　价：88.00 元

·版权所有　翻印必究·
凡购本社图书，如有印装错误，由本社发行部负责调换。
联系地址：北京市海淀区北蜂窝 8 号中雅大厦 11 层
电　　话：（010）68022974　邮编：100038

目 录

绪 论 ·· 1

第一部分 理论综述篇

第一章 相关理论和方法基础 ··· 7
- 第一节 引言 ·· 7
- 第二节 价值链理论 ·· 8
  - 一、价值链理论的内涵 ·· 8
  - 二、数字内容产品的价值链理论应用 ·· 10
- 第三节 媒介生态系统理论 ·· 12
  - 一、媒介生态学说 ·· 12
  - 二、文化类综艺节目的媒介生态系统理论应用 ···························· 13
- 第四节 技术方法梳理 ·· 15
  - 一、线性计量方法 ·· 15
  - 二、BP 神经网络 ·· 19
  - 三、随机森林 ·· 22
  - 四、GBDT ··· 24
  - 五、XGBoost ·· 24
  - 六、LightGBM ·· 25
  - 七、CatBoost ·· 26
  - 八、完全信息动态博弈 ·· 26
- 第五节 本章小结 ·· 29

· 1 ·

第二章　价值评估方法与定价研究综述 ······ 30

第一节　研究的提出 ······ 30
一、研究背景 ······ 30
二、研究意义 ······ 31

第二节　数字内容产品的价值分析 ······ 32
第三节　数字内容产品的价值评估方法 ······ 39
第四节　数字内容产品的定价机制 ······ 41
第五节　本章小结 ······ 43

第三章　电影版权价值评估与系统实现研究综述 ······ 44

第一节　研究的提出 ······ 44
第二节　电影版权价值评估影响因素 ······ 45
第三节　电影版权价值评估技术模型 ······ 46
第四节　本章小结 ······ 48

第四章　文化类综艺节目综合价值评估研究综述 ······ 50

第一节　研究的提出 ······ 50
一、研究背景 ······ 50
二、研究意义 ······ 52

第二节　综艺节目的研究趋势 ······ 52
第三节　综艺节目价值指标体系与评价方法 ······ 56
第四节　本章小结 ······ 58

第二部分　版权价值篇

第五章　数字内容产品版权保护的演化博弈分析 ······ 63

第一节　引言 ······ 63
第二节　原创主体与仿冒主体的演化博弈模型 ······ 64
一、演化博弈模型的建立及基本假设 ······ 65
二、原创主体与仿冒主体演化博弈的均衡分析 ······ 66
三、演化博弈的稳定策略分析 ······ 69

四、演化路径仿真分析 ………………………………………… 69
　　　五、演化博弈的结论分析 ………………………………………… 73
　第三节　原创主体对仿冒水平容忍度的分析 ……………………… 74
　　　一、利润函数模型的参数设定 …………………………………… 74
　　　二、利润函数模型的求解 ………………………………………… 75
　　　三、容忍度水平分析 ……………………………………………… 75
　第四节　本章小结 …………………………………………………… 77

第六章　电影版权价值场景分析及集成模型框架设计 …………… 79

　第一节　场景分析 …………………………………………………… 79
　　　一、电影版权的概念 ……………………………………………… 79
　　　二、电影版权价值的概念 ………………………………………… 80
　　　三、电影版权票房价值影响因素 ………………………………… 80
　　　四、电影版权周边价值影响因素 ………………………………… 81
　第二节　集成模型框架设计 ………………………………………… 82
　　　一、多模型融合方法适用性 ……………………………………… 82
　　　二、电影版权价值评估模型整体流程 …………………………… 83
　　　三、SHAP 可解释性技术 ………………………………………… 84
　第三节　本章小结 …………………………………………………… 84

第七章　基于 LightGBM-AWStacking-PSM 的电影版权票房价值评估 ……………………………………………………… 85

　第一节　引言 ………………………………………………………… 85
　第二节　算法整体流程及步骤 ……………………………………… 86
　　　一、基于 LightGBM 的特征选择 ………………………………… 87
　　　二、AWStacking 回归集成策略 ………………………………… 87
　　　三、基于 PSM 的电影版权票房价值折现 ……………………… 89
　第三节　数据收集与处理 …………………………………………… 92
　　　一、数据收集 ……………………………………………………… 92
　　　二、数据处理 ……………………………………………………… 93
　　　三、特征选择 ……………………………………………………… 99
　第四节　实验过程与结果 …………………………………………… 101
　　　一、单模型预测 …………………………………………………… 101
　　　二、AWStacking 回归集成模型预测 …………………………… 103

三、SHAP 总体特征概要分析 …………………………………… 107

第五节　本章小结 ………………………………………………………… 109

第八章　基于 KLB-AWStacking 的电影版权周边价值评估 …… 110

第一节　引言 ……………………………………………………………… 110

第二节　算法整体流程及步骤 …………………………………………… 110

　　一、基于 KMeans 聚类确定数据标签 …………………………… 111

　　二、基于 LightGBM 的特征选择 ………………………………… 112

　　三、基于 BorderlineSMOTE 的不平衡分类处理 ……………… 112

　　四、AWStacking 分类集成策略 ………………………………… 113

第三节　数据收集与处理 ………………………………………………… 115

　　一、数据收集 ……………………………………………………… 115

　　二、聚类确定数据标签 …………………………………………… 115

　　三、数据处理 ……………………………………………………… 117

　　四、特征选择 ……………………………………………………… 118

　　五、过采样 ………………………………………………………… 121

第四节　实验过程与结果 ………………………………………………… 121

　　一、单模型预测 …………………………………………………… 121

　　二、AWStacking 分类集成模型预测 …………………………… 123

　　三、SHAP 总体特征概要分析 …………………………………… 127

第五节　本章小结 ………………………………………………………… 128

第九章　电影版权价值评估系统实现 ……………………………… 129

第一节　系统概要 ………………………………………………………… 129

　　一、系统背景 ……………………………………………………… 129

　　二、系统功能性需求 ……………………………………………… 129

　　三、系统非功能性需求 …………………………………………… 130

第二节　系统设计 ………………………………………………………… 130

　　一、系统开发环境 ………………………………………………… 130

　　二、系统技术架构 ………………………………………………… 131

　　三、数据库表设计 ………………………………………………… 132

第三节　系统功能实现 …………………………………………………… 135

　　一、电影票房预测功能实现 ……………………………………… 135

　　二、电影版权票房价值评估功能实现 …………………………… 136

三、电影版权周边价值评估功能实现 ………………………………… 137

第四节 本章小结 …………………………………………………………… 138

第三部分 评估方法篇

第十章 数字内容产品价值评估指标体系研究 …………………………… 141

第一节 引言 ………………………………………………………………… 141

第二节 数字内容产品价值的影响因素分析 …………………………… 143

一、成本因素 ……………………………………………………………… 144

二、版权因素 ……………………………………………………………… 145

三、市场因素 ……………………………………………………………… 147

四、服务因素 ……………………………………………………………… 148

第三节 数字内容产品价值评估指标体系构建 ………………………… 150

第四节 指标体系有效性的实证研究 …………………………………… 151

一、数据获取与数据处理 ………………………………………………… 151

二、指标选取 ……………………………………………………………… 152

三、实证分析 ……………………………………………………………… 153

第五节 本章小结 …………………………………………………………… 158

第十一章 基于 GCA-RFR 模型的数字内容产品价值评估 ……………… 159

第一节 引言 ………………………………………………………………… 159

第二节 数字内容产品价值评估模型构建 ……………………………… 160

第三节 数字内容产品价值评估模型的实证分析 ……………………… 162

一、数据获取与数据处理 ………………………………………………… 162

二、基于广义灰色关联分析法进行指标验证及筛选 ………………… 166

三、基于熵值—邓氏灰色关联分析法进行初始样本筛选 …………… 168

四、基于随机森林回归模型的数字内容产品价值预测 ……………… 170

第四节 GCA-RFR 模型和 GCA-BP 模型的评估效果比较分析 ……… 172

第五节 本章小结 …………………………………………………………… 175

第十二章 文化类综艺节目综合价值评估指标体系研究 ………………… 177

第一节 核心概念界定 ……………………………………………………… 177
一、文化类综艺节目的演变过程 ……………………………………… 177
二、文化类综艺节目的内涵界定 ……………………………………… 179
三、文化类综艺节目的特征分析 ……………………………………… 181

第二节 节目价值评估概念界定 …………………………………………… 184

第三节 基于媒介生态系统理论的价值形成机理分析 …………………… 186
一、媒介生态系统视角下综合价值形成过程 ………………………… 186
二、媒介生态系统视角下综合价值层次结构 ………………………… 188

第四节 基于媒介生态系统视角的综合价值评估指标体系构建 ………… 190
一、指标构建原则 ……………………………………………………… 190
二、指标设计及选取 …………………………………………………… 190
三、指标含义及量化 …………………………………………………… 192

第五节 本章小结 …………………………………………………………… 193

第十三章 基于 LDC-GV 的文化类综艺节目综合价值评估 ……………… 194

第一节 LDC-GV 模型的总体设计 ………………………………………… 194
一、模型构建的整体思路 ……………………………………………… 194
二、模型构建的基本步骤 ……………………………………………… 194

第二节 LSTM 模型的情感值量化 ………………………………………… 197
一、LSTM 算法基本原理与实验步骤 ………………………………… 197
二、LSTM 细粒度情感分析模型算法流程 …………………………… 199

第三节 基于 DEMATEL-CRITIC-灰色关联 VIKOR 的评估模型构建 … 202
一、DEMATEL 法 ……………………………………………………… 202
二、CRITIC 赋权法 …………………………………………………… 203
三、组合权重 …………………………………………………………… 204
四、灰色关联 VIKOR 模型流程及参数选择 ………………………… 204

第四节 基于 LDC-GV 的文化类综艺节目综合价值评估实证分析 …… 205
一、数据获取与处理 …………………………………………………… 205
二、模型计算与评估过程 ……………………………………………… 207
三、评估结果分析 ……………………………………………………… 212

第五节 本章小结 …………………………………………………………… 214

第四部分 定价机制篇

第十四章 数字内容产品定价机制博弈与仿真研究 ………………… 219
 第一节 引言 ………………………………………………………… 219
 第二节 影响数字内容产品定价机制的相关因素分析 …………… 220
  一、观赏效果 ……………………………………………………… 221
  二、版权费用 ……………………………………………………… 221
  三、投资成本 ……………………………………………………… 222
  四、收益分成比例 ………………………………………………… 223
 第三节 完全信息动态博弈模型的构建及均衡分析 ……………… 224
  一、数字内容产品交易的市场力量分析 ………………………… 224
  二、模型的基本假设及构建 ……………………………………… 225
  三、完全信息动态博弈模型的均衡分析 ………………………… 228
 第四节 数字内容产品定价机制相关因素的仿真分析 …………… 230
  一、关于销售单价的仿真分析 …………………………………… 230
  二、关于分成比例的仿真分析 …………………………………… 232
  三、关于观赏效果的仿真分析 …………………………………… 234
 第五节 本章小结 …………………………………………………… 237

参考文献 ………………………………………………………………… 239

绪 论

在数字经济的时代特征下，文化和科技领域的表现异常出色。面向国家"一带一路"倡议提出的中国文化"走出去"的现实需求，以及全球信息化水平飞速发展的重要形势，数字内容资源承担了以内容 IP（Intellectual Property）促进文化传播的重任。然而，我国数字内容产品交易平台的生态体系尚不完善，存在价值评估标准不一、定价主观性高、置信度低等现象，因此，构建数字内容产品的价值评估指标体系，并对其进行合理的价值评估和定价机制研究十分必要。本书内容主要分为四个部分，具体安排如下：

第一部分为理论综述篇。该部分主要梳理了全书研究的理论基础和技术方法，以及现有研究的进展情况，为理解后文的实证模型选择与应用奠定基础。本书用到的理论有"价值链理论""媒介生态系统理论"，对应数字文化内容产品价值构成的流程结构和文化类综艺节目的生态环境分析，为从宏观视角理解本书主题提供了重要支撑。本书用到的技术方法既包括传统的计量方法，又纳入了大数据技术等智能算法，具有较强的新颖性和代表性，此处不再一一赘述。研究综述主要聚焦三个主题的研究应用：①数字内容产品的价值评估方法与定价研究；②电影版权价值评估与系统实现研究；③文化类综艺节目综合价值评估研究。与后文开展的主要实证研究密切吻合。

第二部分为版权价值篇。该部分特意将决定数字内容产品核心价值的版权价值单独列出重点探讨，顺应了市场需求和研究热点。关于数字内容产品综合价值的研究，诸多学者选择将版权价值代替总体价值，足以见得版权价值的重要性。该部分首先通过论证版权保护机制的实施与否问题，确定了原创主体对于版权的重视程度，保护版权是每个公民共同的责任。那么如何对版权价值进行衡量呢？本书以电影版权价值为例，详细探讨了包括电影版权票房价值和周边价值的评估方法，开发了基于 LightGBM-AWStacking-PSM 的电影版权票房价值评估和基于 KLB-AWStacking 的电影版权周边价值评估集成算法，通过电影实证数据验证均取得了较好的评估效果，为整体把握电影版权价值提供了完备的方法参考。其次为进一步便捷化分析电影需求,开展价值预测和评估,本书开发了一个电影版权价值评估系统,对系统的开发环境、技术架构和数据库表设计等进行了详细介绍,并对电影票房预测、电影版权票房价值评估、电影版权周边价值评估等功能进行了展示,该系统具有一定的实用价值。

第三部分为评估方法篇。该部分主要以完整的数字内容产品为研究对象,探讨了依据"指标体系"评估数字内容产品总体价值的一般方法,在此基础上继续尝试探讨更加高效、优化的评估方法和技术,并选取文化类综艺节目为研究对象,进一步探讨更加具有针对性的价值评估方法和技术。一个完整的数字内容产品需要经过价值制造、价值确权、价值实现、价值增值等环节。首先,以"价值链理论"为主线,构建了以成本价值、版权价值、市场价值和传播价值为一级指标的数字内容产品价值评估指标体系,在此基础上针对每个价值层梳理出了典型的二级指标。其次,通过应用京东电子书数据以及电影票房数据,探讨了价值评估方法的评价效果,发现非线性的评估方法对指标体系的拟合效果较好,并在非线性方法的前提下比较了 GCA-RFR 和 GCA-BP 方法的优劣,结果表明 GCA-RFR 具有更好的泛化性、客观性、精准性。在以文化类综艺节目为研究对象的价值评估方法探讨中,构建了以商业价值、艺术价值、文化价值为一级指标的指标体系。最后,采集国内视频网站与电商平台上的文化类综艺节目弹幕、评论与文化衍生品评价信息等数据,基于 LDC-GV 模型开展文化类综艺节目综合价值评估方法研究,结果发现该模型相较于单一的加权情感值分析模型保持了较高的准确性,并且体现了 VIKOR 模型在处理多属性决策问题上的优越性。该部分数字文化内容产品价值评估方法的研究,为评估完整数字内容产品总体价值提供了技术支持,为开展同类资源价值评估提供了方法借鉴。

第四部分为定价机制篇。该部分是在对数字文化内容产品价值进行合理、准确评估的基础上,探讨其在市场上流通的定价机制和方案,为数字内容资源有序交易、广泛传播提供技术参考。通过挖掘影响数字内容产品定价机制的相关因素,结合数字内容产品交易的市场力量分析,选取观赏效果、收益分成比例、销售单价三个关键因子作为影响定价机制的重要分析参数,借助完全信息动态博弈模型分析各因素之间的相互制约关系,并借助仿真分析对均衡结果进行直观解读。研究发现:第一,网络平台下的数字内容产品发布商对单次内容产品播映采取成本加成定价法,且平台上同类内容产品的单位售价具有统一性,不会因为内容质量的不同存在差异。第二,数字内容产品生产商的收益分成比例随单次内容产品播映成本的增大而减小。较高的单位成本使数字内容资源的价格优势降低,从而降低数字内容产品发布商的收益,为保证自身利润,发布商只能就较低的收益分成比例与生产商达成共识。第三,数字内容资源的观赏效果受版权费用、投资难度、销量系数、单位成本等多个因素共同影响，通过复杂作用参与定价机制的形成。其中，投资难度和版权费用决定了观赏效果的基数，销量系数和单位成本通过市场反馈对该基数进行修正，以上因素共同作用于数字内容资源定价机制，体现了数字内容资源以观赏效果为定价核心要素的特殊性。

结合以上内容介绍和数字文化内容产品形成过程，绘制本书的研究路线图（见图1）。

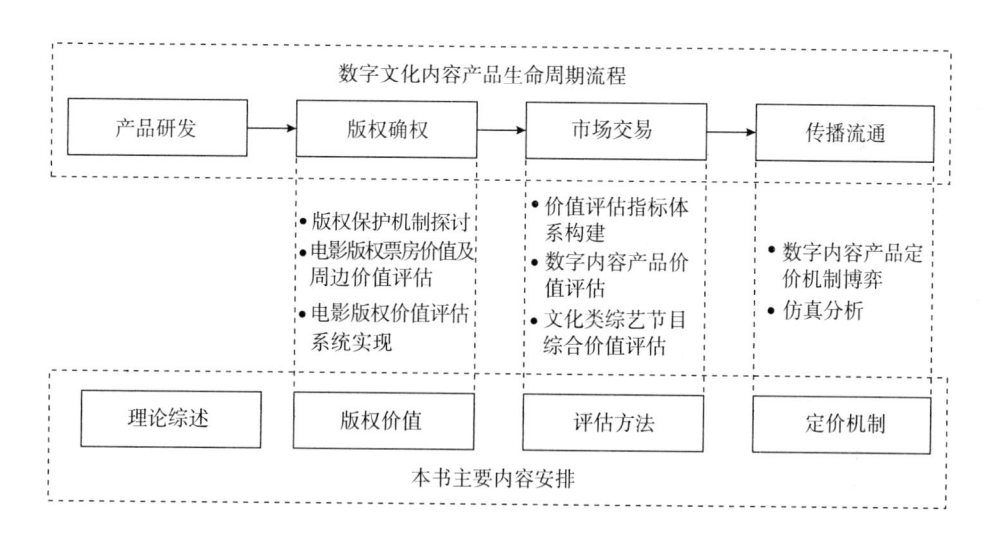

```
┌─────────────────────────────────────────────────────────────┐
│                 数字文化内容产品生命周期流程                  │
│  ┌────────┐    ┌────────┐    ┌────────┐    ┌────────┐       │
│  │产品研发│───▶│版权确权│───▶│市场交易│───▶│传播流通│       │
│  └────────┘    └────────┘    └────────┘    └────────┘       │
│                                                             │
│              • 版权保护机制探讨   • 价值评估指标体           │
│              • 电影版权票房价值及   系构建                   │
│                周边价值评估       • 数字内容产品价   • 数字内容产品定 │
│              • 电影版权价值评估     值评估             价机制博弈     │
│                系统实现           • 文化类综艺节目   • 仿真分析       │
│                                   综合价值评估                │
└─────────────────────────────────────────────────────────────┘
┌─────────────────────────────────────────────────────────────┐
│  ┌────────┐    ┌────────┐    ┌────────┐    ┌────────┐       │
│  │理论综述│    │版权价值│    │评估方法│    │定价机制│       │
│  └────────┘    └────────┘    └────────┘    └────────┘       │
│                      本书主要内容安排                        │
└─────────────────────────────────────────────────────────────┘
```

图1 本书研究路线

资料来源：笔者绘制。

第一部分

理论综述篇

本部分为全书的理论基础，主要从文献计量、研究现状、理论方法等方面进行全面梳理。首先，介绍本书用到的相关理论和技术方法，为后文展开相关实证分析提供理论和方法基础。其次，基于对"数字出版"领域文献关键词的聚类分析，凝练数字内容资源价值评估和定价机制研究的分析框架，从数字内容产品的价值分析、价值评估方法、定价机制等多方面分析该领域国内外研究概况。最后，分别介绍电影版权价值评估和文化类综艺节目综合价值评估的研究概况，为论证后续研究的必要性和充分性奠定基础。

第一章 相关理论和方法基础

第一节 引言

本章主要对相关理论和方法基础进行梳理，为构建数字文化内容资源价值评估指标体系，以及选取价值评估方法和应用定价模型奠定理论基础。数字文化内容产品同其他商品类似，遵循市场流通法则，因此，选取"价值链理论"作为指标体系构建的基础理论具有现实意义。基于"媒介生态系统理论"剖析当前文化类综艺节目的媒介生态环境，对文化类内容资源价值评估体系构建具有重要理论指导意义。在指标体系建立之后，选取何种价值评估方法是衡量数字内容产品价值的关键，同时，准确的价值测量也是数字内容产品进行市场交易的前提。线性的多元线性回归分析是常用的简单计量工具，而非线性的机器学习方法是当前比较前沿的计量技术，利用二者进行实证分析，既能探索数字文化内容资源价值评估指标体系的有效性，又能比较不同方法的优劣性和适用性。在对数字内容产品进行有效的价值评估之后，市场定价成为研究重点。数字文化内容资源交易不仅需要考虑市场环境特征，还需要分析市场主体行为。博弈论是分析有限理性"经济人"行为的优选方法，通过深入分析市场主体的利润构成，寻找博弈均衡状态下的最佳定价方式。综上，本章主要对以上阐述所涉及的相关理论和技术方法进行简要介绍，为后续模型构建和方法应用提供理论基础。

第二节 价值链理论

一、价值链理论的内涵

"价值链理论"最早由美国哈佛大学商学院的迈克尔·波特教授于1985年提出，他指出，企业设计、生产、销售、售后等各项经营活动的发生过程就是其价值创造的动态过程，呈现出链式递进的结构，价值活动包括基本活动和辅助活动两类。其中，基本活动包括研发、设计、生产、销售等，辅助活动包括财务管理、人力资源管理、组织建设等，这些互不相同却又联系紧密的环节共同组成了"价值链"。基于对上述观点的认知，"传统价值链"的概念顺应而生。传统价值链由包括上述活动的价值链构成，主要针对单个企业内部的价值环节而言。考虑到不同企业的贸易合作问题，潘成云（2001）提出了"产业价值链"的概念，他认为产业价值链是由一系列业务相互关联的企业构成的一个企业集合，该集合的基础是各个企业所具有的核心技术或生产流程，通过企业集合能够满足消费者的最终需求。随后，学术界不断加大对价值链的研究，价值链的分析视角也在不断扩展，出现了"价值体系"、"全球价值链"（Shen and Zheng，2020）、"价值网络"、"价值星系"、"价值生态系统"等概念（张影等，2018），由此也产生了"内部价值链"与"外部价值链"、"实体价值链"与"虚拟价值链"等多种分类。内部价值链是对企业经营内部的价值流程而言，外部价值链侧重于企业间相互合作而构成价值体系的整体流程；实体价值链是指依托生产制造流程的实物资源的价值流程，虚拟价值链侧重信息和服务所形成的价值增值链条。这里对较为新颖的"虚拟价值链"概念作进一步阐述，根据虚拟价值链理论所述，虚拟价值链的理论框架适用于由信息组成的虚拟世界，它是一个借助可视化、镜像、建立新型客户关系等功能实现的价值增值活动流程的集合（张双甜和孙康，2019）。运用虚拟价值链理论管理工程项目的价值体现在四个方面：第一，基于虚拟价值链的信息集成优势，可以实现对项目中各要素和各流程的优化融合集成管理，从而提高项目管理的效率，提升总体收益；第二，基于虚拟价值链的全过程信息掌控优势，借助先进的技术可以实现对信息的收集、加工、整合，以及对项目全过程的模拟和演绎，及时发现其他冲击因素对项目实施效果的影响，并制定应急预案；第三，基于虚拟价值链的可视化优势，能够全面了解价值形成各个环节的状况，从而可以更好地指导项目的实施，及时解决项目实施过程中可能出现的问题；第四，基于虚拟价值链的集成管理优势，可以对企业拥有的所有信息资源进行整合，优化组合每个流程的信息资源，最终探索出一条效率和价值更高的价值链形成体系。

价值链理论随时代变化不断延续与拓展，价值链形态由单一线状链接发展为复杂网状链接。首先，随着物联网技术的大规模推广，产品制造端各个环节的供应商的替代性越来越大，市场分工逐渐细化，外包业务不断普及，导致生产链条不断延伸，整个流程的价值形式逐渐形成复杂的网状架构。其次，价值链层次由实物层面拓展到虚拟信息层面。产品生产端的各个环节都是实物层面，每一个链条都有实实在在的产品支撑，但自从将服务纳入价值链体系后，价值链就由实物层面逐渐转向虚拟层面。随着信息技术的进一步推广，基于数据分析的后期评价、绩效考核等更是过渡到信息层面。因此，价值链层次也逐渐出现分化和提升，由最初的实物层面不断拓展到虚拟信息层面，进而，价值链的价值边界也由固定明显发展为随机模糊。价值链层次的改变，使基于产品销售、收益、利润等的清晰核算体系扩展到基于服务的优劣评价，这种过于依赖主观感受的评价结果使价值链的价值边界变得越来越模糊。同时，标准化的生产流程使价值链形式机械化，结合售后等服务环节，以及强调各环节协调融合的价值管理形式后，价值链呈现出灵活柔性的特点。虽然价值链理论不断丰富、价值链体系逐渐庞大，但其基本内涵未曾改变，都是将事物形成的过程视为一个整体，从其形成的各个环节及各环节相关性中研究价值是如何实现的。

基于价值链理论的价值链管理在现代企业中逐渐发挥重要作用（Wittkop et al.，2018），管理者从整个链条的全局视角出发，将管理视角从每个模块的具体运作，转移到模块间的柔性协调，大大降低了企业的经营成本，实现了管理创新上的成本优化（邵培仁，2008；朱爱群，2017）。具体而言，基于价值链的管理创新呈现出如下特点：第一，更加注重产品的生命周期。依据前述价值链理论，企业的管理应涉及产品开发、设计、销售、售后服务等全部环节，管理涉及产品的整个生命周期，改变了以往只注重生产销售的情形，这种基于产品全生命周期的管理能够更加适应市场发展的需求。第二，更加注重成本优化。基于价值链理论的管理更加注重企业的价值活动，而价值活动体现在对成本的把控上，除了关注以往的生产活动外，管理者更多地关注协调每个环节时产生的活动成本，有意识地降低总体成本，提高资源利用效率，实现成本优化。第三，更加注重信息技术。随着全球信息技术的快速发展，价值链中信息技术的分量也逐渐增大，除了前端依靠技术进步实现成本减少、人力资源减少外，后端的服务环节通过信息技术的加持，实现智能化服务和管理，提升了企业的整体运作效率。信息技术的投入，能够提高产品的附加值，提升其在市场上的竞争优势。第四，更加注重市场反应。一方面，企业通过对比其他同行企业的价值链构成，可以判断出具体哪个环节需要改进，有利于了解企业自身在市场中的竞争优势和劣势。另一方面，通过价值链管理，企业更加注重用户对产品的反馈，加上供给侧结构性改革的不断深入，使得企业不得不把管理重心转移到客户维护上，针对市场反应进行价值链的改进和重构，不断提升适应市场的能力，保持竞争优势。

二、数字内容产品的价值链理论应用

作为经济学的一个重要概念，数字经济是人类通过大数据（数字化的知识与信息）的识别、选择、过滤、存储、使用、引导、实现资源的快速优化配置与再生，实现经济高质量发展的经济形态。数字经济得益于信息技术的发展，包括由数字技术驱动的数字商品或由其引发的现代商业模式所产生的经济效益（张艳红，2019）。目前，我国数字经济的发展表现出以下三个方面的特征：第一，数字经济总体规模不断扩大。2018年，中国数字经济总量达到31.3万亿元，占GDP比重超过1/3，达到34.8%，同比提升1.9个百分点[①]。数字经济蓬勃发展，成为经济发展的新动能，在引领经济增长方面效用显著。第二，数字经济引领传统产业转型升级。随着数字经济与传统产业不断融合，形成了需求决定供给的市场特点，推动传统产业不断改造提升，为产业成果多样化和差异化提供了必要的技术保障。第三，数字经济呈现出国家、地区和行业之间的发展不平衡。就地区而言，发达地区的数字经济对经济总量的贡献远超欠发达地区；就国家而言，发达国家的数字经济水平也普遍超过发展中国家；就行业而言，新兴行业的数字化特征明显，数字经济在该类行业中作用突出。因此，数字经济呈现出发展不平衡的特点，需要通过数字技术与传统产业的深度融合进一步缩小差距，提升整体数字化水平，推动全球经济均衡发展。

在文化和科技融合的大背景下，数字内容产品是数字经济的重要支撑点。《2018-2019中国数字出版产业年度报告》显示，2018年我国数字出版产业整体收入达8330.78亿元，较2017年同比增长17.8%。如此巨大的经济体量说明我国数字内容消费市场发展迅猛。但事实上，我国数字内容产品市场发展还很不成熟，宏观上依然存在市场规模大、发展不平衡等特点，急需加快转型升级，实现数字技术与传统内容资源的深度融合，促进数字内容产品市场健康有序发展。由于微观上数字内容产品在经济价值衡量方面存在理论框架散乱、方法体系欠缺等特点，因此，急需一套完整的理论体系将数字内容产品的整个生命流程囊括在

---

① 资料来源：中国信息通信研究院。

内,并对每个环节的具体价值进行准确衡量。

价值链理论是适合数字内容产品价值衡量的理论。结合前文对价值链理论的描述,它既能够从数字内容产品的全生命周期考虑,全面衡量产品价值,又能够应用数字内容产品无形性、虚拟性的特点,实现各环节的成本优化和收益核算。另外,数字内容产业是高度依赖信息技术的新兴产业,数字内容产品的销量极大地依赖客户喜好,是高度注重市场反馈的特殊产品。与一般产品不同的是,数字内容产品的边际成本较低,随着销量的不断增大,边际成本趋近于零,但其边际效益呈现不断增长的特点。如此反常的经济特性使得传统的经济理论和经济方法并不适合数字内容产品的价值衡量,而具有整体思维、强调服务价值的价值链理论更为合适。通过价值链理论将数字内容产品从开发、制造到投放市场交易、消费的全部环节考虑在内,能够全面把握其全生命周期价值,因此,价值链理论是比较适合数字内容产品特点的价值衡量理论。

在具体实施过程中,首先,本书将价值链理论与数字内容产品交易达成的整个现实流程相结合,分析网络平台交易情境下的数字内容产品的价值构成;其次,深度挖掘价值链前端数字内容产品的生产制造环节,综合考虑各价值活动及网络平台交易情境中内容资源的基本属性、产品属性、市场属性、平台属性等多种价值影响因素,构建评价指标体系;最后,量化指标体系,依托现有的数字内容产品开放平台,如京东电子书、腾讯视频、猫眼专业版、豆瓣等平台的真实数据进行数据挖掘,并将其用于模型的实证分析。

基于价值链视角和数字内容产品的非实物形态性,本书认为数字内容产品价值是虚实价值链交互作用的结果,实体价值链为数字内容产品价值的形成创造了条件,虚拟价值链应用于实体价值链才是数字内容产品价值的真正归宿,才能实现数字内容产品价值与现实生产力的完美结合(吴英慧,2019)。因此,本书首先从网络平台情境下的数字内容产品实际处理流程入手,之后逐步上升至其价值内涵的转变,或者称为价值增值,以此分析数字内容产品的价值构成。第一个层面主要涉及生产流程,包括数字内容产品的设计、研发、生产、制造等环节;第二个层面主要是价值确认环节,包括版权界定、产品时效性等;第三个层面主要是产品投放市场以后的供需状况,包括由产品的流行性、垄断性等竞争性特征导致的需求差异;第四个层面主要是用户对产品的反馈,包括对数字内容产品获得途径、交互活动、观赏效果等方面的反馈。由此可见,价值链理论视角下的数字内容产品价值基本涵盖四个层面,由内而外依次为数字内容产品价值形成的生产流程层、价值活动层、商业活动层、价值增值层,如图1-1所示。

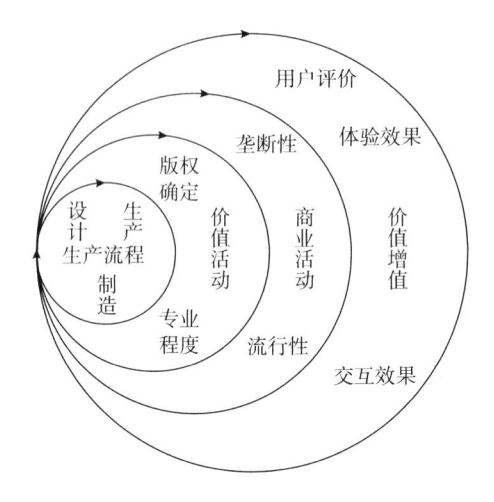

图 1-1　基于价值链理论的数字内容产品价值构成分析

资料来源：笔者绘制。

第三节　媒介生态系统理论

一、媒介生态学说

媒介生态学理论聚焦媒介生态系统的发生、发展与变化，并对系统内部、外部诸多因素之间的影响程度进行分析，目标是追求媒介生态的良性持续发展（陈莹，2017）。媒介生态学作为一门学科，起源于19世纪60年代，加拿大多伦多学派和美国纽约学派是其两大主流学派。媒介理论学家马歇尔·麦克卢汉（Marshal McLuhan）于1968年提出"媒介生态"概念，开创了媒介生态这门学科。美国学者尼尔·波兹曼（Neil Postman）在1968年进一步将媒介生态学定义为"媒介作为环境的研究"，媒介生态学逐渐成为媒介研究中的重要领域（尼尔·波兹曼，2009）。纽约学派的刘易斯·芒福德（Lewis Mumford）从科技文化体系视角，对媒介生态进行分析，开创性地提出传播艺术是"人的延伸"和"技术变化是文明史的核心"这两个观点，被公认为媒介生态学的奠基人。受其理论指导，尼斯卓姆（Nystrom）撰写了《面对媒介生态理论：人类传播系统研究理论范式集锦》一书，被公认为第一部系统阐述媒介生态学的著作。20世纪80年代，媒介生态学的研究学者开始关注媒介与环境的关系，约书亚·梅洛维茨（Meyrowitz）在其《消失的地域：电子媒介对社会行为的影响》一书中提到，"人们通常倾向于忽略甚至拒绝承认媒介这种看不见的环境"，结合媒介理论，分析了媒介在人际交往之间的相互作用机制，研究人们的行为方式如何随着社会主导媒介的变革而改变，形成了独特的媒介——场景分析框架。尼尔·波兹曼（Neil Postman）的学生、华裔学者林文刚着重从传播的结构与过程方面分析文化形成与变革，从各种媒介的发展模式、符号信息的特点出发，分析政治、历史、经济、文化和社群的发展（林文刚，2007）。

"媒介生态学"对于我国来说是舶来品，1996年，清华大学的尹鸿教授在其《电视媒介：被忽略的生态环境——谈文化媒介生态意识》一文中首次提出"媒介生态"概念（尹鸿，1996）。2001年，浙江大学的邵培仁教授开辟了新天地，发表了《论媒介生态的五大观念》和《传播生态规律与媒介生存策略》两篇论文，提出了全新的传播学研究视角（邵培仁，2001），确立了中国媒介生态研究的落脚点。随后，支庭荣在《大众传播生态学》一书中引入生态学概念，从而界定了传播生态理论（支庭荣，2004）。

2008年，邵培仁等出版《媒介生态学——媒介作为绿色生态的研究》一书，在书中他提出完整的媒介生态系统包括两类：媒介生态因子和环境因素，不仅为媒介生态学在国内的发展奠定了基础，还为国内媒介生态理论构架做出了贡献。

国内侧重于媒介自身生存与发展方面的研究。目前聚焦媒介自身环境考察，囊括媒介生态系统、媒介生态危机、媒介生态与环境的互动影响、媒介生态现状、媒介的管控等层面，着重研究媒介与环境之间的联系与发展（栗瑜泽，2014），是微观、侧重实际效益的，明显区别于国外对于媒介生态围绕人类传播、探究全球化媒介发展趋势这种宏观的研究。

本章基于邵培仁（2001、2008）提出的媒介生态系统理论，展开对文化类综艺节目综合价值评估的相关研究。

二、文化类综艺节目的媒介生态系统理论应用

综上可知，国内最早对媒介生态系统展开研究的学者是浙江大学的邵培仁教授。《媒介生态学——媒介作为绿色生态的研究》一书将媒介生态学蕴含的相关理论进行了系统、科学的梳理与总结。根据生态系统的起源及概念（邵培仁，2008），可将媒介生态系统具象为统一的半封闭系统和不断发展变化的循环系统，不仅是能量流动、信息交流与物质往来的中转站，还是一个开放、动态循环、平衡的预警体系（梅珊珊，2017）。

鉴于上述分析，文化类综艺节目的媒介生态环境是指将文化类综艺节目置于具体社会环境中，它与外部的政治、经济、文化、科技以及构成文化类综艺节目的各种要素之间、文化类综艺节目与其他媒介之间互动关系的总和（何志钧，2014）。我国综艺节目市场实现跨越式发展，综艺节目生态圈中的物种逐渐增多，与社会上其他生态圈的联系也越来越密切，要求我们基于媒介生态学相关理论去分析这一现状，剖析当前文化类综艺节目的媒介生态环境。文化类综艺节目生态系统如图1-2所示。

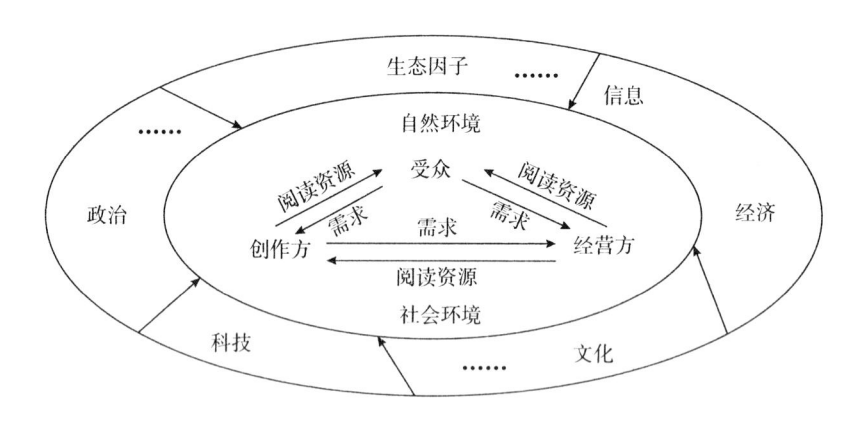

图1-2 文化类综艺节目生态系统

媒介生态学具有整体关联、循环互动、包容差异、良性和谐的基本精神和原则，基于该理论分析文化类综艺节目综合价值评估问题主要基于以下关联（陈莹，2017）：

第一，媒介生态学具有的和谐适度的生态主义精神，契合文化类综艺节目综合价值生态系统调节的总体原则。生态主义的话语系统下，生态系统拥有整体性，任何一个系统要素都不是单独孤立的存在，系统要素之间相互作用、相互影响、相互制约，彼此以对方的存在、多方共栖为前提。

第二，媒介生态学具备系统全面分析问题的优势，为文化类综艺节目综合价值评估问题的解决开辟了全新的路径。这种基于系统全视角、多层次的梳理与研究，提升了问题分析的客观性，改变了以往单一化的思考方式，为文化类综艺节目综合价值评估问题的解决提供了全新路径，是有益的研究尝试和探索。

第四节 技术方法梳理

随着数字经济的崛起,数字化平台雨后春笋般层出不穷,网络平台下的"互联网+经济"形式日益繁多,数字内容产品的形式也呈现多样化发展趋势。本书在对数字文化内容产品价值进行计量时既考虑传统的回归计量模型,又基于大数据思想考虑了机器学习等智能算法。借助信息技术,传统的计量方法在模型复杂度、运算量、精准度等方面均有所提高,以下对本书研究涉及的方法模型进行简要介绍。

一、线性计量方法

1. 多元线性回归

在现实生活中,影响变量的因素可能不止两个或者三个,将简单的双变量回归模型和三变量回归模型应用在实践中往往是不适宜的,因此,需要将这种模型推广到多于三个变量的情形,由此便需要了解多元线性回归模型。多元线性回归模型的基本函数方程如式(1-1)所示。

$$y = \beta_0 + \beta_1 x_1 + \cdots + \beta_m x_m + \varepsilon \tag{1-1}$$

其中,随机变量 y 为因变量,$x_1, x_2, \cdots, x_m$ 为解释变量,m 表示自变量的个数。$\beta_0, \beta_1, \cdots, \beta_m$ 为回归系数,表示有 $(m+1)$ 个待估计参数。ε 为随机干扰项。

线性回归分析的主要思路为:首先,根据因变量和解释变量的 N 组观测数据计算待估计参数 β_i 的估计值 $\hat{\beta}_i$($i=0, 1, \cdots, m$)。其次,根据估计值 $\hat{\beta}_i$ 判断解释变量对因变量的解释程度,表征这个变量的指标为多元判定系数 R^2,根据该指标可以判定多元回归方程的拟合优度。根据普通最小二乘法(OLS)计算待估计参数的估计值的过程如下:

将观测数据代入式(1-1),得到式(1-2)。

$$\begin{cases} y_1 = \beta_0 + \beta_1 x_{11} + \cdots + \beta_m x_{1m} + \varepsilon_1 \\ \vdots \\ y_N = \beta_0 + \beta_1 x_{N1} + \cdots + \beta_m x_{Nm} + \varepsilon_N \end{cases} \tag{1-2}$$

其中,$\varepsilon_1, \cdots, \varepsilon_N$ 为残差项,相互独立且服从 $N(0, \sigma)$ 的正态分布。

最小二乘法是要选择未知参数值以使残差平方和最小,即全部观测值 y_k 与

预测值 $\hat{y}_k$ 的偏差平方和最小。其中，随机变量 y 的预测值如式（1-3）所示，残差平方和需满足的条件如式（1-4）所示。

$$y_k = \hat{\beta}_0 + \hat{\beta}_1 x_{k1} + \cdots + \hat{\beta}_m x_{km} + e_k \tag{1-3}$$

$$\min Q = \min \sum_{k=1}^{N} [y_k - (\hat{\beta}_0 + \hat{\beta}_1 x_{k1} + \cdots + \hat{\beta}_m x_{km})]^2 \tag{1-4}$$

由于 Q 是 $\hat{\beta}_0, \hat{\beta}_1, \cdots, \hat{\beta}_m$ 的非负二次式，所以最小值一定存在。根据极值存在定理，应满足式（1-5）的条件。

$$\begin{cases} \dfrac{\partial Q}{\partial \hat{\beta}_0} = -2 \sum_{k=1}^{N} [y_k - \hat{y}_k] = 0 \\ \dfrac{\partial Q}{\partial \hat{\beta}_1} = -2 \sum_{k=1}^{N} [y_k - \hat{y}_k] x_{k1} = 0 \\ \qquad \vdots \\ \dfrac{\partial Q}{\partial \hat{\beta}_m} = -2 \sum_{k=1}^{N} [y_k - \hat{y}_k] x_{km} = 0 \end{cases} \tag{1-5}$$

式（1-5）被称为正规方程组，将式（1-3）代入式（1-5）整理得：

$$\begin{cases} N\hat{\beta}_0 + \left[\sum_{k=1}^{N} x_{k1}\right]\hat{\beta}_1 + \left[\sum_{k=1}^{N} x_{km}\right]\hat{\beta}_m = \sum_{k=1}^{N} y_k = 0 \\ \left[\sum_{k=1}^{N} x_{k1}\right]\hat{\beta}_0 + \left[\sum_{k=1}^{N} x_{k1}^2\right]\hat{\beta}_1 + \left[\sum_{k=1}^{N} x_{k1}x_{k2}\right]\hat{\beta}_2 + \cdots + \left[\sum_{k=1}^{N} x_{k1}x_{km}\right]\hat{\beta}_m = \sum_{k=1}^{N} x_{k1}y_k \\ \qquad \cdots \\ \left[\sum_{k=1}^{N} x_{km}\right]\hat{\beta}_0 + \left[\sum_{k=1}^{N} x_{km}x_{k1}\right]\hat{\beta}_1 + \left[\sum_{k=1}^{N} x_{km}x_{k2}\right]\hat{\beta}_2 + \cdots + \left[\sum_{k=1}^{N} X_{km}^2\right]\hat{\beta}_m = \sum_{k=1}^{N} x_{km}y_k \end{cases} \tag{1-6}$$

由于正规方程组的系数矩阵是对称矩阵，令：

$$X = \begin{bmatrix} 1 & \cdots & 1 \\ x_{11} & \cdots & x_{N1} \\ \vdots & \ddots & \vdots \\ x_{1m} & \cdots & x_{Nm} \end{bmatrix} \quad Y = \begin{bmatrix} y_1 \\ y_2 \\ \vdots \\ y_m \end{bmatrix} \quad \hat{\beta} = \begin{bmatrix} \hat{\beta}_0 \\ \hat{\beta}_1 \\ \vdots \\ \hat{\beta}_m \end{bmatrix}$$

因此，可以将式（1-6）写成矩阵形式的方程 $(X^T X)\hat{\beta} = X^T Y$ 或 $A\hat{\beta} = B$。假设系数矩阵 A 为满秩矩阵，求解上述矩阵方程得：

$$\hat{\beta} = (X^T X)^{-1} X^T Y = A^{-1} B \tag{1-7}$$

其中，$\hat{\beta}$ 即为利用最小二乘法所求得的待估计参数的估计值。

根据以上参数的估计值可以求得因变量的预测值，通过 R^2 可以判断该方程能够在多大程度上拟合观测值。R^2 的判定公式如式（1-8）所示。

$$R^2 = \frac{ESS}{TSS} = \frac{\hat{\beta}_1 \sum y_i x_{1i} + \hat{\beta}_2 \sum y_i x_{2i} + \cdots + \hat{\beta}_m \sum y_i x_{mi}}{\sum y_i^2} \quad (1-8)$$

以上便是多元线性回归模型的 OLS 估计方法，以此可以估计参数值，得到最终的线性回归方程，通过回归系数 R^2 的大小可以判定方程的拟合效果。

2. 灰色关联分析

灰色关联分析是一种通过关联度系数表征因素变量与行为变量之间关联程度的因素分析法，能够识别影响系统发展结果的主要因素和次要因素。自邓聚龙教授提出灰色关联四公理之后，一些学者在灰色关联度计算方法上做了不同的尝试，并取得大量研究成果，从而使灰色关联分析的方法体系不断丰富（邓聚龙，2002；刘思峰等，2014）。之后，刘思峰教授清晰地提出了灰色绝对关联度、灰色相对关联度、灰色综合关联度的概念，并基于相似性和接近性视角提出灰色相似关联度和灰色接近关联度的概念，由于这些关联度概念均不满足整体性和对偶对称性公理的条件，所以将其统称为广义灰色关联度（刘思峰等，2010；Liu et al.，2013；刘思峰等，2013）。广义灰色关联度的基本原理是，首先通过关联序列算子对序列进行预处理，其次运用线性插值求解序列曲线，将序列线之间的面积作为相异性度量，进而通过对相异性度量进行规范化处理，使得关联度满足规范性。如此便能够更有针对性地对那些具有对称性的系统因素，进行高效的辨识（韦保磊和谢乃明，2019）。

早期的灰色关联分析通常是基于接近性测度相似性，邓聚龙教授的研究模型较具有代表性，这里简单介绍一下基于点关联系数的灰色关联分析模型，即邓氏灰色关联分析模型。该模型以关联四公理为基础，根据序列对应点之间的距离测度系统因素变化趋势的相似性（刘思峰，2013）。该方法的具体实施步骤如下：

假定 $X_0 = (x_0(1), x_0(2), \cdots, x_0(n))$ 为系统行为特征序列，同样地，$X_1, \cdots, X_m$ 为相关因素序列。形式如下：

$$X_1 = (x_1(1), x_1(2), \cdots, x_1(n))$$
$$\vdots$$
$$X_i = (x_i(1), x_i(2), \cdots, x_i(n))$$
$$\vdots$$
$$X_m = (x_m(1), x_m(2), \cdots, x_m(n))$$

这里定义点关联系数为 $\gamma(x_0(k), x_i(k))$（Serafim et al.，2004），具体计算公式如式（1-9）所示。

$$\gamma(x_0(k), x_i(k)) = \frac{\min_i\min_k |x_0(k)-x_i(k)| + \xi\max_i\max_k |x_0(k)-x_i(k)|}{|x_0(k)-x_i(k)| + \xi\max_i\max_k |x_0(k)-x_i(k)|} \quad (1-9)$$

基于相关因素序列和初始特征序列的灰色关联度即为 $\gamma(X_0, X_i)$，如式（1-10）所示。

$$\gamma(X_0, X_i) = \frac{1}{n}\sum_{k=1}^{n}\gamma(x_0(k), x_i(k)) \quad (1-10)$$

如此，便得到邓氏灰色关联分析的关联度。之后，一些学者在此基础上做了不同视角的分析，其中，基于熵值法、分辨系数修正法等对该模型进行改进（张启义，2007），能够得到精确的关联度系数，解决由样本差异导致的灰色关联系数差异性较大的问题。因此，组合多方法的综合评价法也是学术界目前重要的研究方法。

3. 熵值法

鉴于多方法组合评价的优势，本书拟采用熵值法对模型参数进行修正。熵值法是一种相对成熟的客观赋权方法。熵值法是根据相关指标和赋权之间的客观关系所提供的信息量来确定指标权重的一种方法。该方法的基本原理是对给定事件的项目类别进行信息熵的计算，根据信息熵的特性，判断该事件的随机性及无序程度。熵值法的优势是能够在一定程度上克服主观方法的随意性、复杂性。

设有 m 个待评价方案，每个方案有 n 项评价指标，如此构成原始指标数据矩阵 $X=(x_{ij})_{m\times n}$，判断某项指标在综合评价中作用大小的依据是，对于其中一项指标 x_j，其指标值 x_{ij} 越大，则对综合评价所起的作用越大。若该项指标的指标值均相等，那么该指标在综合评价中则不起作用。根据信息论的表述，信息熵是表征系统无序程度的度量，其表达式为：$H(x) = -\sum_{i=1}^{n}p(x_i)\ln p(x_i)$，而信息则是表征系统有序程度的度量，其与信息熵符号相反，绝对值相等。根据信息熵的解释，如果某项指标的信息熵越大，则其提供的信息量就越小，对应的指标权重也越小；反之则反。因此，可以根据信息熵这个工具确定指标权重，为经济活动中多指标的综合评价提供理论依据。用熵值法进行综合评价的具体步骤（叶雪强和桂预风，2018）如下：

首先，对需要度量的各指标作统一标准化处理，计算第 j 项指标下第 i 方案指标值 P_{ij} 的比重，具体计算公式如式（1-11）所示。

$$p_{ij} = \frac{x_{ij}}{\sum_{i=1}^{m}x_{ij}} \quad (1-11)$$

其次，根据信息熵公式，计算第 j 项指标的熵值 e_j，计算公式如式（1-12）所示。

$$e_j = -k \sum_{i=1}^{m} p_{ij} \ln p_{ij} \tag{1-12}$$

其中，$k>0$，$\ln p_{ij}$ 为自然对数，$e_j \geq 0$。如果 x_{ij} 对于给定的 j 全部相等，那么存在式（1-13）：

$$p_{ij} = \frac{x_{ij}}{\sum_{i=1}^{m} x_{ij}} = \frac{1}{m} \tag{1-13}$$

此时，满足条件 e_j 取得极大值，即满足式（1-14）。

$$e_j = -k \sum_{i=1}^{m} \frac{1}{m} \ln \frac{1}{m} = k \ln m \tag{1-14}$$

若令 $k = \frac{1}{\ln m}$，于是有 $0 \leq e_j \leq 1$。

再次，计算第 j 项指标的差异性系数 g_j，根据差异性系数 g_j 确定权数 a_j。其中，差异性系数的计算公式如式（1-15）所示。

$$g_j = 1 - e_j \tag{1-15}$$

差异性系数越大，表示指标越重要。权数的计算公式如式（1-16）所示。

$$a_j = \frac{g_j}{\sum_{j=1}^{n} g_j} \tag{1-16}$$

最后，根据所求得的权数可计算综合评价系数，计算公式如式（1-17）所示。

$$v_i = \sum_{j=1}^{n} a_j p_{ij} \tag{1-17}$$

其中，v_i 即为第 i 个方案的综合评价值。以上便是基于熵值法的权重确定步骤，该方法在现实中应用非常广泛，是对经济指标进行客观评价的经典方法之一。目前的研究常常在此基础上进行改进，或将此方法结合其他评价方法进行组合评价，从而进一步改善评价效果。

二、BP 神经网络

BP（Back Propagation）神经网络的概念最早由科学家 Rumelhart 和 McClelland 于 1986 年提出，之后迅速发展为一个全球前沿研究领域。最早的人工神经网络是基于仿生学原理，模仿人脑的运算能力而构建的模型。首先，由最简单的神经元开始，通过大脑内多层神经结构的相互作用，使信息在神经元之间完成由输入到输出的整个信息传递过程。其次，通过多次学习、纠错和训练，最终完成高效率的信息处理和传输，实现数据智能化处理。由于其具备非线性映射能力、快速并行处理数据能力、自学习自适应能力、完备的联想能力等，所以深受广大科研工作者青睐（王钰等，2005）。BP 神经网络是一种按照误差逆向传播算法训练的多层前馈神经网络，是应用最广泛的神经网络（闻新等，2015）。除了在计算机领域、建筑领域、医学领域等取得较好的应用效果以外，其在图像处理、评估预测、模式识别、故障诊断等方面的突出表现逐渐引起经济学家的关注。近年来，随着 BP 神经网络模型的不断发展和改进，其在国防现代化建设和经济建设方面的贡献不容小觑。

一般的 BP 神经网络结构包括输入层、隐藏层和输出层，如图 1-3 所示。基本工作原理是基于梯度下降法思想，利用梯度搜索技术，通过反复学习和训练，最终达到目标输出结果与真实值的误差均方差最小（阮秀凯等，2015）。具体而言，基本 BP 算法（余敬等，2015）包括信号的正向传播和误差的反向传播两个过程，即计算误差输出时按从输入到输出的方向进行，而调整权值和阈值则从输出到输入的方向进行。正向传播时，输入信号通过隐藏层作用于输出节点，经过非线性变换，产生输出信号，若实际输出与期望输出不相符，则转入误差的反向传播过程。误差反传是将输出误差通过隐藏层向输入层逐层反传，并将误差分摊给各层所有单元，将从各层获得的误差信号作为调整各单元权值的依据。通过调整输入节点与隐藏层节点的连接强度和隐藏层节点与输出节点的连接强度以及阈值，使误差沿梯度方向下降，经过反复学习训练，确定与最小误差相对应的网络参数（权值和阈值），训练即告停止。此时，经过训练的神经网络即能自行处理类似样本的输入信息并输出误差最小的经过非线性转换的信息。

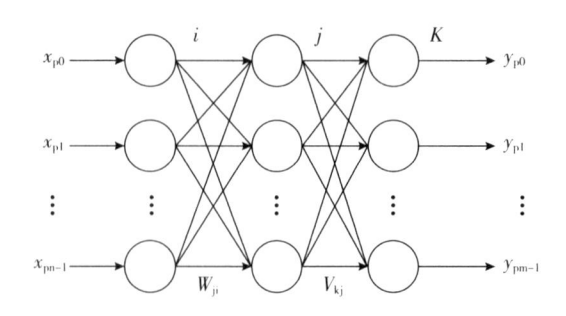

图 1-3　典型的三层 BP 神经网络结构

资料来源：笔者绘制。

如图1-3所示，该BP神经网络输入层有n个节点，隐藏层有r个节点，输出层有m个节点。其中，第i个输入节点与第j个隐藏节点之间的连接权值为W_{ji}，同理，第j个隐藏节点与第k个输出节点之间的连接权值为V_{kj}。隐藏层节点的阈值为θ_j，输出层节点的阈值为θ_k，假设有N个学习样本(X_p, Y_p)($p=1, 2, \cdots, n$)可供训练，其中，$X_p=(x_{p0}, x_{p1}, \cdots, x_{pn-1})^T$为第$p$个学习样本的输入向量，$Y_p=(y_{p0}, y_{p1}, \cdots, y_{pm-1})^T$为第$p$个学习样本的期望输出量。那么，基于BP神经网络的算法原理（贺昌政等，2002）如下：

对于输入层节点，取其输入输出相同，即为式（1-18）：

$$O_{pi} = x_{pi} (i=0, 1, \cdots, n-1) \tag{1-18}$$

隐藏层节点的操作特性满足式（1-19）：

$$\text{net}_{pj} = \sum_{i=0}^{n-1} W_{ji} O_{pi} - \theta_j, \quad O_{pj} = f(\text{net}_{pj}) (j=0, 1, \cdots, r-1) \tag{1-19}$$

输出层节点的操作特性满足式（1-20）：

$$\text{net}_{pk} = \sum_{j=0}^{r-1} V_{kj} O_{pj} - \theta_k, \quad O_{pk} = f(\text{net}_{pk}) (j=0, 1, \cdots, r-1) \tag{1-20}$$

其中，O_{pi}、O_{pj}、O_{pk}分别为输入层、隐藏层以及输出层节点的输出，而net_{pj}和net_{pk}分别为隐藏层和输出层节点的输入，这里，传递函数采用sigmoid函数：$f(x)=\dfrac{1}{1+e^{-x}}$。为方便起见，令$W_{jn}=-\theta_j$，$O_{pn}=1$，$V_{kr}=-\theta_k$，$O_{pr}=1$，整理式（1-19）和式（1-20），变为式（1-21）和式（1-22）。

$$\text{net}_{pj} = \sum_{i=0}^{n-1} W_{ji} O_{pi}, \quad O_{pj} = f(\text{net}_{pj}) = \frac{1}{1+e^{-\text{net}_{pj}}} \tag{1-21}$$

$$\text{net}_{pk} = \sum_{j=0}^{r-1} V_{kj} O_{pj}, \quad O_{pk} = f(\text{net}_{pk}) = \frac{1}{1+e^{-\text{net}_{pk}}} \tag{1-22}$$

BP神经网络的数据训练和学习过程就是调节网络权值以使其预期输出值与样本实际值之间的误差逐步减少到理想精度的过程。该过程实际上是一个线性优化问题，通常使用的优化方法为线性规划中的梯度下降法，具体公式如式（1-23）所示。

$$w(n+1) = w(n) - b\frac{\partial E}{\partial w}, \quad v(n+1) = v(n) - b\frac{\partial E}{\partial v} \tag{1-23}$$

在式（1-23）中，b代表学习参数，也叫学习率。在传统BP算法中，b通常为常数，其取值大小通常会影响到该算法是否收敛及其收敛速度。正因如此，BP神经网络可能出现因学习率b取值不当而导致学习过程缓慢、收敛时间较长等问题，严重时可能出现网络麻痹现象。同时，由于初始权值的取值不同，可能会出现局部极小值问题，导致算法出现局部收敛，而无法获得全局最优结果。另外，隐藏层节点个数的选取也较为主观，个数设置较少可能出现不收敛现象，个数设置较多可能导致网络性能下降，造成节点冗余。以上问题都是 BP 神经网络在实际应用中可能遇到的问题，也是几个典型的缺陷。目前，学术界关于 BP 神经网络的研究多对其改进进行探讨，主要的改进方向包括算法的改进和结构的改进，具体表现为改进初始权值的选取、改进激活函数、改进隐藏层节点个数等。以上改进方法在不同的应用中均体现出不同的效果，因此，对于不同的样本数据可在此方法的基础上探索不同的改进方向，以扩大 BP 神经网络方法的应用范围，为后来的研究提供思路和借鉴。

三、随机森林

"随机森林"（Random Forests）一词最早来源于贝尔实验室的 Tin Kam Ho 所提出的随机决策森林（Random Decision Forests）的概念，在机器学习中，它实际上是一个包含多个决策树的分类器。后来 Leo Breiman 和 Adele Cutler 对该分类原理进行深入研究，并最终推论出随机森林算法。该算法便是结合了 Tin Kam Ho 所提出的 "random subspace method" 以及 Breiman（2001）所提出的 "Bootstrap aggregating" 思想，构建的一个决策树集合。该算法的工作原理就是利用多棵决策树对样本进行训练，继而进行分类和预测，并最终输出训练结果，该训练结果并不是由单一的一棵决策树决定，而是由多个决策树输出的结果的众数而定。总而言之，随机森林是一种组合式的有监督学习的智能算法，在运算过程中它能够生成多个预测模型，并根据泛化误差最小的原则对结果进行汇总，筛选出最优预测模型，进而提升预测模型的准确率（Breiman，2001）。

正是由于随机森林具有诸多方法优势，所以深受广大科研工作者青睐，目前被广泛应用于产品分类、基因筛选、指标评价等领域。随机森林的方法优势具体表现在如下方面：第一，可以同时处理大量的样本数据，并能根据样本资料，实现高准确度的分类；第二，能够在决定类别的同时，评估各个分类指标的重要性；第三，在样本训练时可以忽略遗失数据带来的差异，有效平衡误差，并对遗失数据进行良好的估计；第四，在构建决策树过程中，能够对样本数据一般化后的误差进行无偏差估计；第五，训练和学习过程迅速，模型调节参数少，操作简单。

随机森林算法实际上包括预测和回归两部分。具体内容包括三个方面：首先，从原始样本中随机且有放回地抽取 N 个样本单元，生成决策树或者回归树。需要注意的是，抽样方法采取 Bootstrap 重抽样法，在进行 Bootstrap 重抽样时，每个样本未被抽到的概率为 $\left(1-\frac{1}{N}\right)^N$。当 N 趋向无限大时，$\left(1-\frac{1}{N}\right)^n \approx \frac{1}{e} \approx$ 0.368，说明其中未被抽到的样本占 36.8%，这些未被抽到的样本集称为袋外（Out Of Bag，OOB）数据（方匡南，2011），对 OOB 数据的预测可用于数据拟合效果的评价分析。选择随机且有放回抽样的原因是为了避免每棵决策树的训练集都一样，如果训练集一样必然导致训练结果也是一样的，如此便没有抽样的必要了。其次，要在每个分裂节点随机抽取 m 个特征子集，该特征子集只能小于或等于原样本的最大特征集，这样在每棵树进行分裂时，才能在特征子集中选择最优特征指标。最后，对这些特征子集进行回归预测，并对每棵决策树或者回归树的结果进行整合，选择泛化误差最小的模型作为最终的回归预测模型。

随机森林回归的原理是通过随机重抽样（Bootstrap）技术，根据研究需要的随机向量 θ 训练回归预测模型 $\{h(X, \theta_k), k=1, \cdots, p\}$。模型要求预测变量为数值型的，样本数据也是数值型变量，最终生成的模型为多元非线性回归分析模型。随机森林的预测值根据 k 棵回归树 $\{h(X, \theta_k), k=1, \cdots, p\}$ 的平均值而求得。其中，根据研究目的设定随机向量 Y、X，在随机森林训练过程中，训练集之间各自独立。数值型预测向量 $h(X)$ 的推广误差均方如式（1-24）所示。

$$E_{X,Y}(Y-h(X)) \tag{1-24}$$

随机森林回归具有如下特性（李贞子，2012）：

第一，当随机森林中回归树的个数趋向无穷大时，满足式（1-25）。

$$E_{X,Y}(Y-\alpha v_k h(X, \theta_k))^2 \rightarrow E_{X,Y}(Y-E_\theta h(X, \theta))^2 \tag{1-25}$$

第二，如果对于所有的 θ，满足 $E(Y)=E_X h(X, \theta)$，则有式（1-26）成立。

$$PE^*(forest) \leq \bar{\rho} PE^*(tree) \tag{1-26}$$

其中，$PE^*(tree)=E_\theta E_{X,Y}(Y-h(X, \theta))^2$，$\bar{\rho}$ 为剩余 $Y-h(X, \theta)$ 和 $Y-h(X, \theta)$ 间的权重相关，θ 是独立的。

随机森林回归算法的具体实施流程如下：

首先，设定原始数据的样本总量为 n，采用 Bootstrap 重抽样法有放回地随机抽取 b 个训练样本集，并由此构建 b 棵回归树。此时，袋外数据（OOB）样本便为随机抽取后的剩余样本，该部分样本可作为后面随机森林回归的测试样本。

其次，设定原始数据的随机变量个数为 p，此时在每棵回归树的分裂节点处随机抽取 m_{try} 个特征向量（$m_{try} \leq p$）作为备选的分枝变量，并根据分枝优度准则选择最优分枝。在随机森林回归中，参数 m_{try} 满足条件：$m_{try}=p/3$。进而，每棵回归树便自顶向下开始递归分裂，设置叶节点的最小尺寸 $nodesize=5$，以此作为回归树生长的终止条件，达到此条件后则训练终止。

最后，整合随机森林回归模型，并进行回归效果评价。将以上生成的 b 棵回归树组成随机森林回归模型，并对袋外数据（OOB）进行学习效果预测，回归效果采用残差均方作为泛化误差进行比较分析。具体公式见式（1-27）和式（1-28）。

$$MSE_{OOB} = n^{-1} \sum_{1}^{n} \{y_i - \hat{y}_i^{OOB}\}^2 \qquad (1-27)$$

$$R_{RF}^2 = 1 - \frac{MSE_{OOB}}{\hat{\sigma}_y^2} \qquad (1-28)$$

其中，y_i 为袋外数据（OOB）中因变量的实际值，$\hat{y}_i^{OOB}$ 为随机森林回归模型对袋外数据（OOB）的预测值，$\hat{\sigma}_y^2$ 为随机森林回归模型对袋外数据（OOB）预测值的方差。

以上是随机森林回归模型的基本原理和算法应用流程，该方法在本书中将用于对数字内容产品价值评估方法的甄选。首先，基于随机森林回归模型的分类特征，能够对样本数据进行初步筛选，对每个样本的价值评价指标进行最优特征划分，提高了样本数据的标准化。其次，多次迭代分裂的回归算法以及最低泛化误差的评价标准，能够保证最终的回归预测模型具有较高的预测精度，从而体现随机森林回归在本书应用中的方法优势。

四、GBDT

GBDT（Gradient Boosting Decision Tree）梯度提升决策树，是一种基于决策树的集成学习算法，属于 Boosting 算法之一。Boosting 算法是一类通过串行训练多个弱学习器（如决策树）并将它们组合成强学习器的算法。训练时每个弱分类器（学习器）是依次训练的，根据每轮迭代结果的偏差，调整每个样本在学习器中的权重，重点关注被前面弱分类器（学习器）错分的样本。Boosting 算法可以应用于分类问题与回归问题。

GBDT 的核心思想是梯度提升（Gradient Boosting），通过迭代地训练多个决策树模型来提高预测准确性，在每一轮迭代中，将当前模型的残差与目标函数的负梯度作为下一轮训练数据的标签，然后继续训练下一个模型。这样，每个新的决策树模型都会尝试修正前面模型的误差，最终得到一个强大的集成模型。GBDT 的优点在于能够处理高维、非线性和非平滑数据，并且具有较好的泛化能力和鲁棒性；缺点则在于需要较长的训练时间和大量的内存空间，因此通常只适用于中小型数据集。

五、XGBoost

XGBoost（eXtreme Gradient Boosting）极限梯度提升算法，是一种基于决策

树的集成方法（Chen and Guestrin，2016），采用了 Boosting 思想，在医疗、金融、推荐系统等多个领域被广泛应用。XGBoost 算法是基于 GBDT 算法的一种改进算法，采用了一种高效的迭代优化方法，相比 GBDT，XGBoost 在每次迭代优化时利用泰勒展开式将当前模型的损失函数展开到二阶后求导，通过最小化每次迭代后的损失函数来更新模型参数，二阶导数信息可以更准确地描述特征之间的关系，从而提高预测的准确性，并且加快模型收敛速度。

XGBoost 算法既可以用于回归任务，也可以用于分类任务。对于回归任务，XGBoost 的目标函数是平方误差损失函数加上正则化项，如式（1-29）所示。式中 θ 表示模型参数，n 是训练样本数，y_i 是样本 i 的真实值，$\hat{y}_i$ 是模型对第 i 个样本的预测值，K 表示基学习器的数量，$\Omega(f_k)$ 是第 k 棵树的正则化项。

$$Obj(\theta) = \sum_{i=1}^{n}(y_i - \hat{y}_i)^2 + \sum_{k=1}^{K}\Omega(f_k) \tag{1-29}$$

对于分类任务，XGBoost 的目标函数是对数似然损失函数加上正则化项，如式（1-30）所示。式中 θ 表示模型参数，n 是训练样本数，$y_i \in \{0, 1\}$ 表示第 i 个样本的真实标签值，$\hat{y}_i$ 是模型对第 i 个样本的预测值，K 表示基学习器的数量，$\Omega(f_k)$ 是第 k 棵树的正则化项。

$$Obj(\theta) = \sum_{i=1}^{n}\left[y_i \ln(1 + e^{-\hat{y}_i}) + (1 - y_i)\ln(1 + e^{\hat{y}_i})\right] + \sum_{k=1}^{K}\Omega(f_k) \tag{1-30}$$

六、LightGBM

LightGBM（Light Gradient Boosting Machine）是一种基于决策树的梯度提升框架，支持高效率的并行训练，并且具有更快的训练速度、更低的内存消耗、更高的准确率等优点（Ke et al.，2017）。LightGBM 对传统 GBDT 算法进行了如下优化：

基于 Histogram 的决策树算法：LightGBM 使用直方图算法来对特征进行分桶，将特征离散化，可以更快地计算出增益，通过减少构建决策树所需的内存和计算时间来加速训练过程。

Leaf-wise 生长策略：传统决策树算法采用 level-wise 的生长策略，需要为每个节点分配相同数量的样本，这会导致一些节点只包含很少的数据。而 LightGBM 采用 Leaf-wise 的生长策略，每次选择增益最大的叶子节点进行分裂。这种方法可以使每个节点都包含更多的数据，避免了一些过拟合问题。

GOSS（Gradient-based One-Side Sampling）采样策略：在梯度提升中，有很多样本的梯度值非常小，这些样本对模型的贡献很小，但仍然会增加计算量。GOSS 采样策略通过保留较大梯度的样本，同时随机保留一部分小梯度的样本，来降低计算复杂度。

EFB（Exclusive Feature Bundling）特征捆绑技术：在训练数据集中，有很多特征之间存在相关性，而传统的决策树算法会把它们分别作为一个独立的特征处理，这会增加模型的复杂度。EFB 技术把相关性强的特征捆绑在一起，形成一个新的特征，从而降低模型复杂度，提高训练速度。

七、CatBoost

CatBoost（Categorical Boosting）算法与前面介绍的 XGBoost、LightGBM 算法类似，也是一种基于梯度提升决策树（GBDT）的机器学习算法。CatBoost 算法最大的特点就是能更好地处理数据集中的类别特征。常规的 Target Statistics 方法最直接的分类特征做法就是用类别对应的标签平均值进行替换。在 GBDT 构建决策树的过程中，替换后的类别标签平均值作为节点分裂的标准，这种做法也被称为贪婪的目标变量统计（Greedy Target-based Statistics，Greedy TS）。它在数据预处理、特征工程和模型训练等方面都有独特的优势。

CatBoost 中最重要的技术原理之一是对类别型特征进行自适应编码。传统的 GBDT 模型无法直接处理离散型特征，需要通过独热编码等方法转换为数值型特征。然而，在高基数的情况下，这种方法会导致维度爆炸，影响模型效果。CatBoost 采用一种特殊的编码方式，将类别型特征转换为指定数量的数值型特征，从而避免了维度爆炸问题。

总的来说，CatBoost 结合了多种技术原理，包括自适应特征编码以及高级的损失函数等，能够在处理各种类型的数据集上获得优异的表现，被广泛应用于各类实际问题中。

八、完全信息动态博弈

博弈论（Game Theory），是关于理性决策者之间冲突与合作关系的数学模型的分析，主要用于研究涉及两个以上参与者的行为发生直接相互作用时的决策与态势，以及获得这些对策的均衡问题（Wang et al.，2015）。而其中，参与者即为局中人，直接相互作用时的决策即为策略，冲突或合作下的损益得失结果即为支付函数，局中人、策略、支付函数是影响博弈全局的基本因素，构成了博弈理论研究的主要内容（王文举，2010）。

博弈论根据不同的基准具有不同的分类。一般会根据博弈双方当事人之间是否具有一个有约束力的协议，来区分合作博弈和非合作博弈。如果存在该协议，则为合作博弈，否则为非合作博弈。一般经济学家所讲的博弈论指的是非合作博弈，因为合作博弈相对比较复杂，在理论上还远未成熟，所以其在实际应用中也较为少见。非合作博弈又可以根据行为的时间先后,分为静态博弈和动态博弈。静态博弈是指博弈过程中,双方同时采取行动,或者即使行动不同时进行,但后行动者对先行动者的具体行动并不知情;动态博弈是指在博弈过程中,双方参与者的行动有先后之分,并且后行动者对先行动者采取的具体行动能够知晓。另外,根据博弈参与者对其他参与者相关信息的了解程度又可将博弈论分为完全信息博弈和不完全信息博弈。其中,完全信息博弈是指博弈参与者对其他每位参与者的特征、支付函数、策略空间等信息完全了解,其他参与者也同样了解自己相关的所有准确信息;不完全信息博弈是指博弈参与者对其他参与者的特征、支付函数、策略空间等信息了解得不全或者不够准确,或者并不能对所有参与者的信息都完全了解。

根据以上博弈论的分类,斯塔克尔伯格博弈(Stackelberg Game)属于典型的完全信息动态博弈。首先,博弈的时间是序贯的,博弈行为有先后之分;其次,博弈双方对相互的信息都比较了解,能够根据对方的行动做出自己利润最大化条件下的行为决策,从而达到纳什均衡。与一般的纳什均衡相比,Stackelberg博弈最特别的地方在于,博弈一方参与者必须等到另一方宣布决定后,才能根据对方的决策做出自己的决定,从而求得Stackelberg博弈的解。在实际应用中,斯塔克尔伯格博弈是一个典型的两阶段双寡头竞争动态博弈,其显著特点为在该模型中存在一个领导者(leader)角色的主体,其他博弈主体为跟随者(follower),因此该博弈通常又被称为主从博弈。在此博弈过程中,领导者首先决策,跟随者会根据领导者的行动选择自己的最优策略。而领导者在决策之前会充分考虑到跟随者在自己的决策下所有可能的策略选择,并根据跟随者的策略对自己的决策进行调整,然后做出最优的斯塔克尔伯格博弈决策。

斯塔克尔伯格博弈有两个步骤(童天蒙,2014):①领导者计算推理跟随者的最优决策。假定领导者 L 首先采取决策 x_1,跟随者 F 根据这个 x_1 决策,做出自身的最优决策 x_2^*。此时,F 的最大化利益函数为 $\pi_F(x_1, x_2^*)$。②通过逆向回归法计算得到 L 的最优决策。具体计算方法为:领导者首先选择任意决策 x_1,并根据 x_1 推测跟随者的决策 x_2^*,由此得到跟随者的最优策略函数 $x_2^*(x_1)$,然后将 $x_2^*(x_1)$ 代入领导者的收益函数,这样领导者 L 的收益函数只由一个自变量 x_1 决定,即 $\pi_L(x_1, x_2^*(x_1))$。于是求得二者的最优决策 (x_1^*, x_2^*) 和最优收益 (π_L, π_F)。

在现实中,斯塔克尔伯格博弈的应用非常广泛。最初的应用是对古诺模型的改进,将古诺模型中两个寡头厂商同时做出各自的产量抉择这一假设改为由厂商1先决定自己的产量,然后厂商2根据厂商1的产量做出自己的产量决策。通过对最优产量的求解，发现了斯塔克尔伯格博弈的"先动优势"。由此，基于Stackelberg博弈模型的双寡头竞争模型得到广泛应用。随着研究的不断增多，该模型逐渐发展延伸到价格领导机制的分析，并逐渐与供应链理论相结合，应用在经济领域中的各行各业。如在具体应用中，以家电生产商、汽车生产商等为Stackelberg博弈模型中的领导者，他们往往把握着"先动优势"，在产品销售渠道可以制定合适的产品销售价格，在产品回收渠道也能确定最优的回收价格，通过做出自身利益最大化下的最优决策来实现纳什均衡，同时保障供应链成员的利益最大化。除此之外，还有一些典型的经济领域应用，如连续时间委托代理问题、运营管理中的库存问题、连续时间报童问题、合作广告与定价问题等（张素素，2019），相关应用均已形成可参照的模型，为此类问题提供了良好的解决方案。

本书在数字内容产品的定价机制分析中选用完全信息动态博弈模型作为主要研究方法，参照Stackelberg博弈模型的研究思路和应用情境，对数字内容产品交易双方的行为选择进行细致分析和刻画，能够更加体现价格引导机制下博弈双方对均衡策略的协调过程。在我国数字内容产品市场尚不健全的现实状况下，由数字内容产品生产商、数字内容产品发布商、消费者组成的产销供应链中，数字内容产品生产商因拥有无形资源的初始版权而具有明显的垄断特征。但从消费端来看，最终对数字内容产品定价的主体并不是数字内容产品生产商，而是以网络平台为依托的数字内容产品发布商，平台根据数字内容产品单次播映进行定价，产生了市场消费行为。不难发现，数字内容产品生产商的定价实际上是对整个内容产品总价值的定价，具体来讲，是对数字内容产品在市场上流通后可能产生的总价值的定价。数字内容产品发布商则是对市场上流通的、可重复销售的数字内容产品单次播映权进行定价，两者定价的具体标的物不同。不过，我们依然可以通过价格链条将整个供应链连接起来。数字内容产品的总价值可以看作在市场上流通的单个内容资源播映的价值总和，通过销量与单价的乘积便可以反映出数字内容产品的总价值。因此，以数字内容产品生产商和数字内容产品发布商作为完全信息动态博弈模型的两个参与主体，分析两者对数字内容产品的定价机制协调问题是比较合乎模型适用特征的。另外，考虑到数字内容产品的特性有别于传统产品的边际成本、边际收益等概念，传统的经济学定价方法对其已不再适用，而完全信息动态博弈模型是基于行为人的理性思考，基于具体参数进行动态策略演化的经济学分析方法，对研究主体的产品特征、市场特征等适用范围较广、方法包容性较大，该方法的重点是研究行为人的策略选择，落脚点是在机制设计问题上。因此，本书拟通过完全信息动态博弈模型研究数字内容产品的定价机制问题，是比较适宜的。

第五节　本章小结

本章首先介绍了"价值链理论"和"媒介生态系统理论"的内涵及其发展应用，其次梳理了后文开展实证研究所用到的技术方法，包括计量分析、统计分析、智能算法、博弈论等多种技术应用，为下文构建数字内容产品价值评估指标体系以及价值评估模型、博弈模型等提供了理论支撑，为理解模型的原理以及计算过程做了铺垫和引导，使得模型求解的结论更加可靠、更有说服力。

第二章 价值评估方法与定价研究综述

第一节 研究的提出

一、研究背景

随着信息技术革命在世界范围的掀起,中国的互联网信息发展大潮同样风起云涌。2000年9月20日,国务院第31次常务会议通过了《中华人民共和国电信条例》(2014年7月29日第一次修订、2016年2月6日第二次修订)和《互联网信息服务管理办法》(2011年1月8日修订)。2011年12月7日,工业和信息化部审议通过了《规范互联网信息服务市场秩序若干规定》。以上法律、行政法规的制订和实施,为网络平台建设与发展提供了良好的法治环境。党的十八大以来,政策红利逐步加大,信息化发展战略、国家大数据战略、"互联网+"行动计划、网络强国战略等频繁出台,使得我国数字经济飞速发展。

在文化与科技融合的大背景下,内容产品市场的出现是新时代经济环境下的一种新业态。《中国数字出版产业年度报告(2018-2019)》显示,2018年,我国数字出版产业整体收入持续增长,达8330.78亿元,较2017年同比增长17.8%。《2019年中国网络视听发展研究报告》显示,截至2018年底,仅视频内容行业的市场规模就达到1871.3亿元,同比增长5.28%,其中短视频市场规模同比增长744.7%。以上数据表明,数字内容产业在释放数字经济效力方面举足轻重。

针对数字内容资源领域,国外开展网络平台交易实践较早,内容服务市场化程度较高,形成了以Factual、Yet2.com、Freelancer为代表的全球领先网络交易平台,具有相对成熟的价值评价方法和多样化定价模式。国内网络平台服务经济发展时间虽短但势头迅猛，出现了如猪八戒网、技E网等服务新形态，服务的复杂度和需求异质性甚至超过国外。然而，国内的数字内容资源交易平台生态体系尚不完善，存在价值评估标准不一、定价主观性高、置信度低等问题，因此，构建数字内容产品价值评估体系，并对其进行合理的价值评估方法和定价机制研究十分必要。

二、研究意义

在理论价值方面，基于价值链分解、敏感指标筛选等形成的数字内容资源价值评估指标体系可以系统地识别资源价值的构成要素，有效提升网络平台环境下竞争性无形资产价值评估的准确性和客观性，弥补现有无形资产价值评估理论框架的不足；基于计量经济学方法、复杂网络和机器学习的数字内容产品价值评估技术，可以大幅度优化模型参数的选择，极大地减少运算量，提高价值评估效果和效率，是人工智能技术在数字经济领域的深度拓展，为网络平台商家正确识别和核算数字内容产品价值奠定理论基础和方法基础；基于动态博弈理论的定价机制模型，能够充分考虑影响数字内容产品交易双方行为选择的关键因素，准确把握各影响因素间的相互制约关系，为网络平台制定符合自身特点的定价机制和参考价格提供理论指导，为数字内容产品交易双方协调利益关系，促进数字内容产品交易生态体系健康发展提供必要保障。同时，该定价机制不仅弥补了经验定价较为主观的不足，还改善了统计定价方法因难以描述价格复杂形成机制而造成的价格预测准确度不高的问题。

在应用价值方面，通过数字内容资源价值评估指标体系在网络交易平台的应用，能够有效提升数字技术服务经济环境下交易的便利化、标准化、有序化，最大程度减少因不规范网络平台交易引发的摩擦成本、交易冲突以及负面网络群体事件，提升数字内容产品整体产出质量，保护网络平台交易双方的合法权益，为促进数字内容产品交易平台有序发展，完善数字内容产品的网络交易立法提供参考。在交易阶段，通过数字内容产品价值评估技术、方法及对定价机制的探究，将研究成果在不同网络平台进行实证应用，一方面，可以提升平台交易量、交易额以及客户数量，大幅降低交易成本，预期产生较高的直接经济价值；另一方面，相关企业利用交易得到的技术、数据等竞争性资源进一步修正评估方法、改进定价模型，可以实现生产效率的二次提升，预期能够产生二次经济增值。

第二节 数字内容产品的价值分析

1995年,西方七国会议首次提出了"内容产业"[①]的概念。1996年,欧盟在《信息社会2000计划》中进一步明确了"内容产业"的内涵,将其界定为制造、开发、包装、销售信息产品及其服务的行业。传统的内容产业指报纸、杂志、图书等纸媒产业,而网络平台视角下的内容产业指的是数字内容产业,其以音频、视频、图片、文稿、数据等具有商业价值和社会价值的知识资源为主要业务内容。数字出版是传统内容产业过渡到数字内容产业阶段的典型代表,为进一步直观分析文献研究特征,本书采用文献计量方法,借助CiteSpace数据可视化软件,分别采集CSSCI数据库和Web of Science核心合集数据库中的中英文文献,文献起止时间为2009~2018年,共采集中文文献968篇,英文文献1675篇,提取文本特征做可视化分析。结合文献关键词聚类知识图谱,进一步归纳综述有关数字内容资源的国内外研究现状。其中,基于数字出版研究领域的关键词聚类知识网络如图2-1、图2-2所示。

图2-1 数字出版研究领域中文文献关键词聚类知识网络

[①] 内容产业的范围包括各种媒介上所传播的印刷品内容(报纸、书籍、杂志等)、音像电子出版物内容(联机数据库、音像制品服务、电子游戏等)、音像传播内容(电视、录像、广播和影院)、用作消费的各种数字化软件等,所以,主导的内容产业就是视听传媒业。

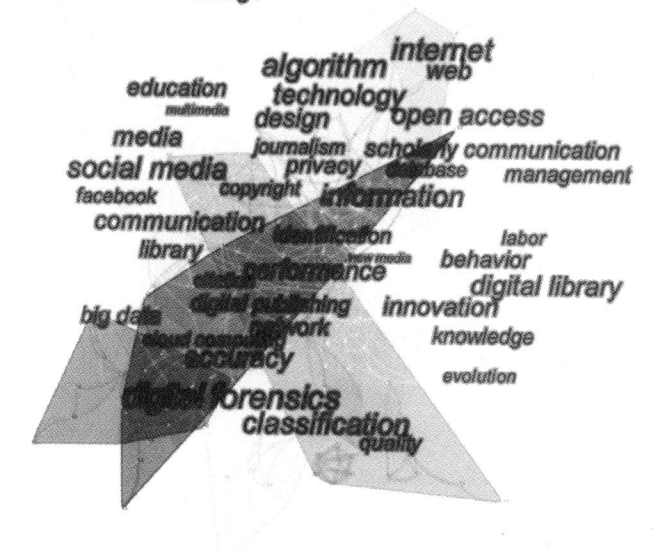

图 2-2　数字出版研究领域英文文献关键词聚类知识网络

资料来源：笔者借助 CiteSpace 软件整理。

学术界对数字内容产品的价值分析视角研究主要从出版技术、版权保护、盈利模式、产业链等方面展开，涉及数字内容产品价值链的各个环节。

1. 数字内容产品之出版技术研究

在出版技术方面，学术界对起步较早、发展较为规范的数字期刊、数字图书馆较为关注，该领域的研究重点是探讨出版技术的改革创新和前沿应用问题。出版技术的理论研究也是从传统出版的典型代表——纸媒产业开始起步，在该产业不断探索数字化的进程中，出版技术的不断革新和进步是实现数字出版产业发展的关键，因此，以数字技术为核心的研究逐渐从传统出版过渡到数字化出版、优先出版、智慧出版、动态语义出版、交互式出版等。随着出版技术的不断更新，研究范围也在不断扩大，体现了数字出版不断融合和重构的发展过程。在出版技术的理论研究方面，徐铭瞳和张树武（2013）通过分析学术期刊优先出版的现状和意义，发现优先出版可以在一定程度上提高作者的话语权，促进信息的有效传播，体现了出版技术在时效性方面的改进；杨志辉（2019）对智慧出版的概念进行了界定，认为智慧出版是借助人工智能、虚拟技术等先进手段，构建一个庞大的知识内容资源库，从而能够实现对出版物信息和知识内容的多维度融合，并分析了其现实背景及演化特征，发现智慧出版是数字出版的重要变革，能够更加明确地体现出版的社会属性、文化属性和主观能动性；王莉莉和栾冠楠（2017）从基础架构、应用环境、出版模式、作用效果四个维度，将动态语义出版与一般数字出版相比较，结果发现动态语义出版模式在系统架构上具有一定的创新性，其动态性、语义性和互动性有利于进一步提升科研人员的知识发现与创新效率；宋传磊等（2019）通过借助 Aquafadas 技术平台，进行交互式出版技术的应用实验研究，结果发现交互式的出版物呈现出内容灵活、富媒体化等特征，能够促进读者从被动学习转化为主动学习，在一定程度上有利于促进信息的广泛传播；谷建亚等（2018）直接以提高出版技术的创新能力为出发点，对江苏省的传统出版业进行实证研究，在问卷调查的基础上，构建了数字出版技术的创新评价指标体系，根据不同的指标权重，发现了制约出版技术提高的关键因素，进而提出一些针对性的建议，以实现传统产业出版技术创新能力的提高，这是对出版技术改进的间接研究。

在出版技术的具体实践方面，Pu（2018）等研究了在电子书格式转换中的工作流程优化技术，比较了 PDF-to-EPUB 格式转换工作流程的 EPUB 质量和生产效率，并通过仿真分析进行验证，发现优化后的数字产品数量和质量均得到了提高；Shieh 等（2015）为探索成功实施数字出版技术的关键因素，构建了基于分析网络过程方法的评估模型，并通过中国台湾的数字出版技术数据进行验证，发现分析网络过程方法能够使政策制定者系统地识别和优先考虑数字出版技术的实施；Ren 等（2017）研究了基于 HTML5 技术的跨平台数字出版方案，发现 HTML5 技术的发展和新特性（如富媒体和离线缓存），使得跨平台移动应用的开发更加便捷，拓展了数字内容产品的传播渠道；王志刚（2018）探讨了基于人工智能技术所形成的数字出版物具有的权利性质、权利归属及其具体保护路径，提出人工智能技术在数字出版作品中的版权确认逻辑问题，为加强产品版权保护提供了方向。以上研究表明，工作流程优化技术、分析网络过程技术、HTLM5 技术、人工智能技术等新技术在出版技术的结构变革中发挥着重要作用（Roux et al.，2014；Klamet，2016；Niu，2018）。除此之外，学术界对出版技术的实践研究还体现在对出版技术人才的重视方面，王钱超等（2019）通过对出版技术行业的实践发展进行总结，发现目前我国出版技术人员的继续教育存在课程内容重复、授课形式单一、考核标准不规范、培训受众意识较淡薄等问题，这极大地限制了出版技术人才的产出，因此，应该重视对出版技术人才的培训和继续教育工作，提升数字出版产业的人才素质整体水平，进一步助力出版技术的提升和发展；李农和刘晓莉（2019）通过研究出版社选择技术提供商的标准，对出版社的

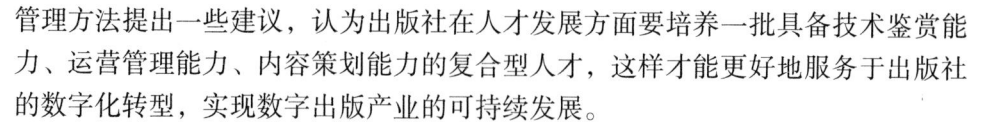

管理方法提出一些建议，认为出版社在人才发展方面要培养一批具备技术鉴赏能力、运营管理能力、内容策划能力的复合型人才，这样才能更好地服务于出版社的数字化转型，实现数字出版产业的可持续发展。

2. 数字内容产品之版权保护研究

版权保护是内容产业数字化进程中的重点和难点，纵观我国数字出版产业的发展历程，不难发现在版权保护方面存在如下现象：相关法律法规尚不完善（Huang and Hao，2014；郁舜和冯程程，2018）、大众版权保护意识较弱（熊楚，2018）、版权保护技术不够成熟等。因此，学术界和业界的相关研究集中在对以上难题的突破上。对数字内容产品版权保护的研究，主要从技术手段和法律手段两方面展开。在技术手段方面，形成了以专利技术为核心的探索，主要集中在对专利技术的描述和应用上。Acken（2011）、于广州（2018）和 Zhang 等（2007）均提出了基于水印的版权管理方案，只是加入水印的技术略有不同，他们认为通过在数字内容产品中加入代表版权归属的水印，可以有效抵制盗版行为，保护数字内容产品版权。Bause 和 Ng（2012）提出了一种多通道嵌入式数据技术，该技术允许将数据（如水印）嵌入到数字内容产品中，以提供更加复杂的编码和解码装置，从而实现对版权的保护。Ahmad 和 Cheng（2018）通过实验分析法研究了感知图像哈希和数字水印技术在打印图像中的应用，实验分析证明了基于波原子的图像哈希和水印方案能够为打印的彩色图像提供真实性和版权验证；类似地，Rani（2018）也提出了一种基于视觉密码技术的数字彩色图像版权保护方案，并证实了该方案是一种针对印刷图像的有效版权保护技术。Chia（2012）提出通过分布式网络中运行的数字内容管理系统，内容发行者可以对其发布的所有产品进行加密，形成加密数字内容来保护版权。Wang（2013）和 Chou 等（2012）提出在数字内容和权利对象管理系统中，可以通过使用安全数据存储系统的不可复制数据存储磁盘来保护数字内容版权。Chang 等（2015）提出用户设备可以根据工作需要划定为安全模式或正常模式，并通过执行设备认证来识别用户身份，以此来防止盗版行为，增强数字内容的保护等级。毛宁和张小红（2019）认为传统的版权保护技术虽然能够将自有产品与其他产品进行区别，但在数字版权的确权和数字产品交易中尚存在很多问题，因此提出了一种基于区块链技术的版权保护方法，借助区块链技术的发展，以及该技术的去中心化和不能篡改的特性，为数字版权的确权、交易以及存证开辟了新思路。

在版权保护的法律手段方面，主要涉及对版权保护的必要性、作用机制、抑制盗版行为等问题的讨论。熊励和陈朋（2014）首先研究了借助法律手段保护内容版权的必要性问题，从使用者方面考虑了版权管理问题，发现使用者侵权行为仅依靠技术手段难以杜绝，因此，还应借助一定的法律手段；方元和曾庆醒

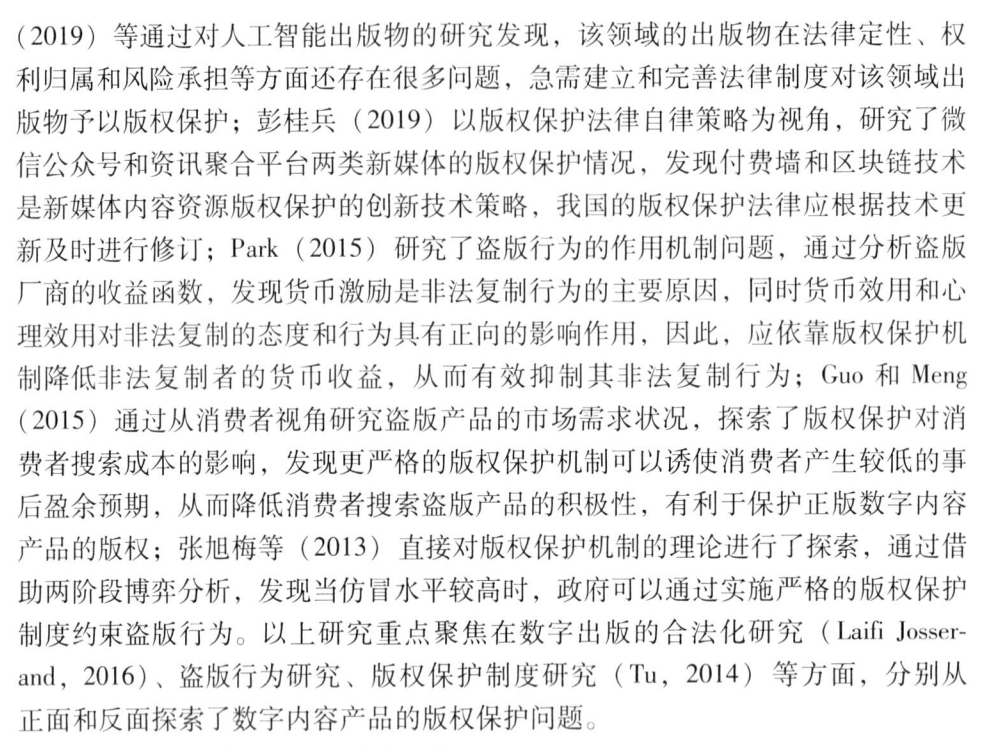

（2019）等通过对人工智能出版物的研究发现，该领域的出版物在法律定性、权利归属和风险承担等方面还存在很多问题，急需建立和完善法律制度对该领域出版物予以版权保护；彭桂兵（2019）以版权保护法律自律策略为视角，研究了微信公众号和资讯聚合平台两类新媒体的版权保护情况，发现付费墙和区块链技术是新媒体内容资源版权保护的创新技术策略，我国的版权保护法律应根据技术更新及时进行修订；Park（2015）研究了盗版行为的作用机制问题，通过分析盗版厂商的收益函数，发现货币激励是非法复制行为的主要原因，同时货币效用和心理效用对非法复制的态度和行为具有正向的影响作用，因此，应依靠版权保护机制降低非法复制者的货币收益，从而有效抑制其非法复制行为；Guo 和 Meng（2015）通过从消费者视角研究盗版产品的市场需求状况，探索了版权保护对消费者搜索成本的影响，发现更严格的版权保护机制可以诱使消费者产生较低的事后盈余预期，从而降低消费者搜索盗版产品的积极性，有利于保护正版数字内容产品的版权；张旭梅等（2013）直接对版权保护机制的理论进行了探索，通过借助两阶段博弈分析，发现当仿冒水平较高时，政府可以通过实施严格的版权保护制度约束盗版行为。以上研究重点聚焦在数字出版的合法化研究（Laifi Josserand，2016）、盗版行为研究、版权保护制度研究（Tu，2014）等方面，分别从正面和反面探索了数字内容产品的版权保护问题。

3. 数字内容产品之盈利模式研究

在盈利模式方面，主要体现在探究数字内容产品的知识付费模式及定价策略等方面，在构建完善的知识服务体系基础上，研究知识带给个人或集体的巨大红利。在知识付费模式研究中，Sun（2014）探讨了出版行业对不同商业模式的尝试，如优先出版、订阅模式选择、免费增值服务、文中广告植入、产品捆绑销售等，为数字出版行业的知识变现模式提供了广阔的渠道和思路。Sivek 和 Currie（2014）在对知识服务出版商进行访谈时发现，出版技术、知识的专业化程度、公众意识和兴趣等都是知识付费模式推广中应该考虑的重要因素。Øiestad 和 Bugge（2014）通过对挪威三大出版社 Aschehoug、Cappelen Damm 和 Gyldendal 的定性案例研究发现，数字出版行业标准、联合分销系统、数字产品的功能和用户体验等均是图书出版业在数字化商业模式转变中面临的巨大挑战。Peng（2016）采用结构—行为—绩效的范式对多个电子书出版案例进行研究，提出"内容+APP"和"内容+设备"的销售形式应该是中国数字内容制作商和发行商的基本商业模式，这种商业模式在初期探索中表现出容易推广的优势。Na 等（2017）根据现有情况将韩国的数字内容公司分为三类：免费组、费用组和混合组，通过采用 Meta 分析方法确定更接近事实的生产函数，并运用 Tobit 回归分析，比较了各组间效率水平的差异。结果表明，免费组效率最高，费用组和混合

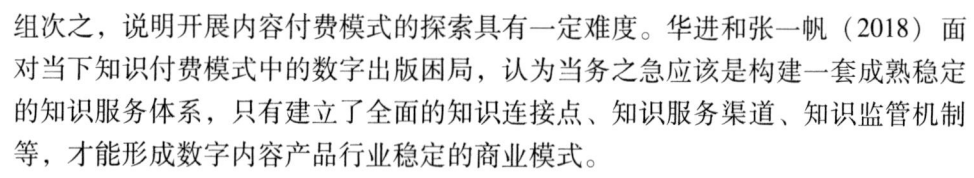

组次之,说明开展内容付费模式的探索具有一定难度。华进和张一帆(2018)面对当下知识付费模式中的数字出版困局,认为当务之急应该是构建一套成熟稳定的知识服务体系,只有建立了全面的知识连接点、知识服务渠道、知识监管机制等,才能形成数字内容产品行业稳定的商业模式。

在数字内容产品的定价策略研究方面,王洪艳和王志江(2005)通过分析数字产品的交易特点发现,数字产品的物理特性和经济特征决定了其不适合传统的定价方法,可以通过运用马克·鲁宾斯坦(Mark Rubinstein)的讨价还价模型对数字产品进行定价机制的探索。周正柱和朱可超(2015)在研究内容资源价值评估时,提出可将内容资源视作一种无形资产,借鉴会计方法在资产评估中的典型应用,采用成本法、市场法、收益法等进行简单评估。曹蒙和袁小群(2014)分析了数字内容产品的具体特点及其适用的市场特性,并梳理了影响定价的相关因素,从价格导向、价格引导和价格歧视三个方面探讨了合理的定价策略。Yu 等(2011)通过恒定弹性需求函数构建了数字设备和数字内容产品的消费者需求模型,通过对均衡价格的分析发现内容产品差异化和产品可替代性水平能够影响数字设备价格,可以根据数字内容产品的利润率和需求弹性来增加或减少绑定的数字设备的价格。Kannan 等(2008)曾在出版商的网站上进行了一项选择性实验,并开发了一个定价模型来分析数据并提供定价建议;为加深实证的探索,其科研团队又以美国国家社会科学出版社为平台,开创性地研究了电子出版物的在线产品定价问题,并通过实证数据对定价模型进行了验证分析(Kannan et al.,2009)。Reisman 和 Bertini(2018)通过分析知识变现的过程,提出数字内容产业的盈利模式应该以为客户创造价值为核心,强调推荐用户参与性定价的机制模式,其认为该模式下的数字内容产品应该从客户角度重点考虑授权、对话和声誉等因素对定价机制的影响。

4. 数字内容产品之产业链研究

在产业链方面,从不同视角对产业链的定价策略和协调模式进行了研究。首先,在供应链成员视角方面,Kort 等(2018)基于内容产品制造商——零售商模式,研究了制造商直销和委托零售商分销两种销售形式,发现制造商只有在获得较大收入时才会选择基于收益分享合同的定价模式,而零售商对此模式表现为无条件青睐;Huang 等(2017)采用斯塔克尔伯格(Stackelberg)博弈分析了数字产品销售渠道中相关成员的利润,发现市场份额较高并且能够控制盗版率的零售商可以通过设置较高的销售价格来提高利润;Linlan(2018)研究了制造商作为领导者的 Stackelberg 模型,以及制造商和零售商的垂直集成模型,通过对比分析发现,在 Stackelberg 模型中,制造商可以获取更多的利润,在垂直集成模型中,二者的联合利润高于 Stackelberg 模型;Luo 等(2018)研究了垄断和双寡头垄断环境中出版商的批发和代理定价模型，发现在以上环境中，如果收益分享比率足够高且书籍数字版本的税率足够低，代理模型下的销售价格小于批发模型，而在垄断环境下，代理模型下的零售价格可能高于批发定价模型。

在平台视角方面，付瑞雪（2009）曾对内容分发平台的价值创造和价值捕获做出详细分析，并就不同的内容付费方式对内容分发平台的商业模式进行探索，针对不同的内容产品提出了不同的定价模式。宋培义和王立秀（2012）探讨了数字媒体内容产品交易平台的双边市场结构、特征及定价影响因素，并就平台不同发展阶段分别展开讨论，在此基础上提出了数字媒体内容产品双边交易平台在用户聚集阶段和稳定发展阶段的定价策略。王骅琪等（2013）提出网络内容产品的定价应考虑产品网络外部性的强弱，可根据版本划分、差别定价等方式控制和对抗盗版产品；随后，其又从消费者视角定性分析了内容产品的定价影响因素，提出平台定价应根据消费者偏好，实施动态定价策略（王骅琪等，2014）。Li 和 Lin（2009）运用博弈论模型，研究了协同结构、内容质量和网络环境对数字内容产品定价方案和数字版权保护策略发展的影响，认为内容产品定价应充分考虑利益相关双方的行为特征。

在产业链背景视角方面，诸多学者从人才培养方面提出了对产业链长足发展的思考。Hsu（2014）通过德尔菲技术问卷调查了数字编辑所具备的各项能力，最终总结提出了一系列数字出版编辑在数字时代至关重要的能力；吴君和陈少华（2018）通过比较美国、英国、德国三国高校的数字出版人才培养模式，发现人才的投入确实是出版行业改革的重要环节；Liu（2015）基于数字出版业的集聚和大学、研究机构在区域创新体系中的作用，即培训、研究、咨询、服务、创建公司和促进联系等，阐明了大学在国家数字出版基地发展中的四种作用，即构成要素、知识来源、人才支持和孵化器，提出产业集群对知识经济条件下的区域发展发挥着至关重要的作用。除此之外，Liu（2014）基于"云计算"的背景，从构建云出版综合服务平台、拓展产业组织边界、优化资源配置、构建基于"云计算"的数字出版标准等方面探讨了"云计算"环境下的数字出版模式创新方向；薛鑫（2018）基于"互联网+"的背景，提出数字出版只有从用户需求、内容制作、展现形式、人才培养等多方面共同努力，才能在互联网环境中赢得快速发展的机会；黄意武和游登贵（2018）基于"一带一路"的背景，从国际间产业对接能力、产业政策、技术应用、企业带动辐射水平等方面研究了我国数字出版产业面临的巨大挑战；李品和杨建林（2018）基于"大数据"的背景，研究了基于大数据思维的价值评估体系，突破性提出了一套较为完整和细致的学术成果评价指标体系。

以上研究分别从出版技术、版权保护、盈利模式、产业链等不同视角探讨了

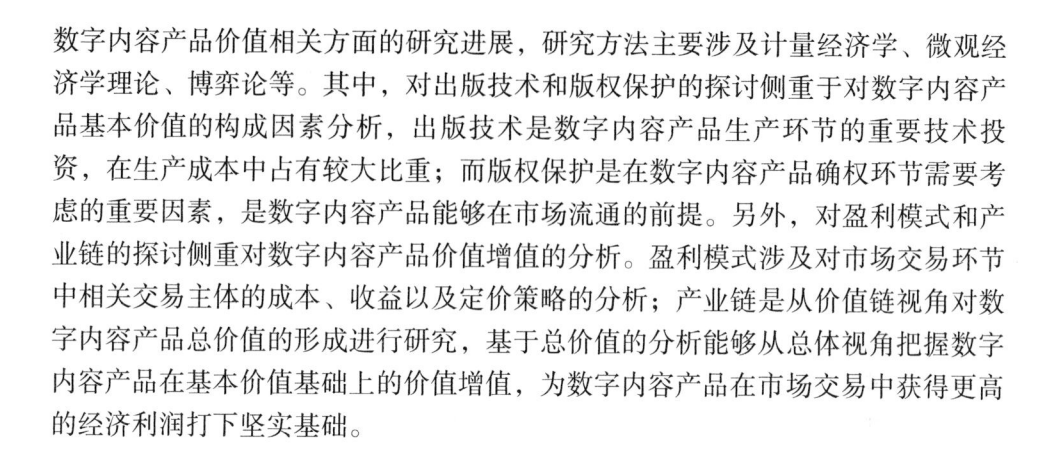

数字内容产品价值相关方面的研究进展,研究方法主要涉及计量经济学、微观经济学理论、博弈论等。其中,对出版技术和版权保护的探讨侧重于对数字内容产品基本价值的构成因素分析,出版技术是数字内容产品生产环节的重要技术投资,在生产成本中占有较大比重;而版权保护是在数字内容产品确权环节需要考虑的重要因素,是数字内容产品能够在市场流通的前提。另外,对盈利模式和产业链的探讨侧重对数字内容产品价值增值的分析。盈利模式涉及对市场交易环节中相关交易主体的成本、收益以及定价策略的分析;产业链是从价值链视角对数字内容产品总价值的形成进行研究,基于总价值的分析能够从总体视角把握数字内容产品在基本价值基础上的价值增值,为数字内容产品在市场交易中获得更高的经济利润打下坚实基础。

第三节 数字内容产品的价值评估方法

学界关于数字内容产品价值评估方法的研究较少,但随着数字内容产品价值评估需求的不断增长,数字内容产品的价值评估理论和方法开始不断借鉴专利、知识资源等类似研究。根据现有研究,数字内容产品价值评估方法可大致分为三种:传统经济学方法、综合评价方法、智能评价方法。

传统经济学方法是将数字内容产品看作一种无形资产,根据传统的成本法、市场法、收益法、实物期权法等会计领域的典型方法进行简单评估。周正柱和朱可超(2015)曾分别列举了成本法、市场法、收益法等核算方法的计算公式,并分别阐释了不同方法的基本思路,为后继学者进行相关研究提供了简单的理论指导;Rand(1990)早期便提出了基于知识产权价值评估的成本法核算方式,并对其适用对象及具体应用场景进行了深入研究,可为数字内容产品的版权价值评估提供借鉴;Mitchell(1993)曾重点对市场法在知识资源价值评估中的应用进行了研究,发现在运用市场法进行知识资源价值评估时,可根据不同的研究目的选取不同的相关指标,如此能够在一定程度上完善市场法的应用范围,从而可使市场法的应用更加符合实际;Robert等(2004)在全面考虑影响知识产权价值的相关因素基础上,重点运用收益法对以上因素的数据进行实证分析,尝试对无形资产的价值进行评估,研究发现收益法在当时已能达到较高的评估水平;后来,有学者在以上三种方法的基础上针对无形资产特点开发了实物期权法,颉茂华和焦守滨(2014)以二叉树期权法为基础,对知识产权类无形资产展开会计视角的敏感性分析,通过将该方法与传统的评价方法进行对比,发现二叉树期权法在知识产权的价值评估上更具有优越性。在此基础上，国内外学者不断加大对数字内容产品知识产权方面的价值评估研究，并通常选择用版权价值替代数字内容产品价值，以此将无形的数字内容产品价值进行形象化。其中，唐兆琦（2017）在研究信息产品的内容定价时，便将电视节目的版权价值等同于数字内容产品整体价值进行分析，结合常用的顾客感知价值法和层次分析结合法等进行讨论。

综合评价方法是通过构建一套完整的价值评估指标体系，结合专家打分法、熵值法、层次分析法等确定指标权重，或将多种方法进行组合，从而实现对数字内容产品价值的模糊评估。Fischer 和 Leidinger（2014）曾通过对专利价值评估方法进行研究，构建了一套反映专利价值的指标体系，并通过全模型进行实证分析，验证了该指标体系的有效性，这种借助指标体系进行价值构建的方法为数字内容产品探索价值评估方法提供了一个基本思路。其后，宋河发等（2013）在对知识产权类资源进行价值评估时，构建了一个包含三级指标体系的价值评估模型，并运用专家打分法确定指标体系的各指标权重，以此确定指标体系的评价标准。Wang 和 Hwang（2011）在对知识产权价值进行评估时，同样采用构建价值评估指标体系的方法，借助层次分析法获得各指标的权重；在运用指标体系进行数字内容产品的价值评估时，确定各指标的指标权重是决定评价方法效果的关键。以上确定指标权重的方法相对主观或模糊，其中，李品和杨建林（2018）在研究针对学术成果的价值进行方法评估时，选择基于大数据思维的独特视角，提出了一套相对完整且细致的学术成果评价指标体系，填补了数字内容产品理论评估体系缺乏客观性实证的空白，但遗憾的是，该研究并未进行实证数据的分析和验证。另外，吴运发等（2019）曾对国内外专利价值评估的典型方法进行梳理，分别对比了各方法在指标体系构建流程、理论框架、评估模型、评估效果等方面的表现，为企业选择适合自身特点的专利价值评估方法提供了一定参考。以上方法均是以指标体系的理论框架为基础，进而结合其他方法实现对指标权重的确定，从而完善指标体系价值评估的理论体系，是典型的综合评价方法研究。

智能评价方法是基于大数据思维，借助先进计算机技术，调用合适的算法，对数字内容产品价值实现自动评估。Nies（2013）在研究数字内容产品的价值评估时，提出了一种独特视角，其针对评估内容与出版物的相关性，开发了一种基于语义 Web 技术自动评估内容资源价值的技术，为智能化评估知识产品价值提供了一种思路。此外，在对数字内容产品的价值评估研究方面，对专利技术的价值评估研究较多，鉴于传统经济学方法和综合评价方法在应用中的局限，李红（2014）曾在其研究中大力推荐一款源自欧洲知识产权局的专利价值评估软件 IP-Score，该软件能够规范化大量处理多个专利样本，为我国实现智能化批量评估专利产品价值提供了借鉴；冯岭等（2015）等为解决传统评估方法因过度依赖人工选择参数导致评估结果可信度较低的问题，借助计算机算法理论，提出了一种基于潜在引用网络的专利价值评估方法，并借助实验方法证明了其有效性，极大地改善了专利价值评估的可靠性；邱一卉等（2017）为明确探究构成专利价值的各项评估指标的贡献大小，提出一种基于分类回归树模型的算法技术，从而可以高效地筛选出构建专利价值评估指标体系的相关评估指标；林弘杰（2018）首次借助深度学习的思想，提出了一种基于属性网络表征模型和卷积神经网络模型构成的专利价值评估模型，该模型能够充分利用专利信息来预测评估专利价值，实现了评估方法的智能化提升。

综上所述，传统经济学方法虽然操作简单，但由于计算公式的僵化，以及样本选择的差异，导致参数的估计具有较大的随机性，难以进行科学评估。综合评价方法借助指标体系的构建，将数字内容产品价值细分到不同指标，通过确定指标权重，尽可能涵盖数字内容产品的价值构成，提升了评估方法的理论性和科学性。综合评价方法中指标权重的获得具有较高的主观性，评估模型难以广泛推广。智能评价方法具有大样本的优势，且利用机器学习进行数据训练，能够更好地拟合预测和评价效果，在评价方法上是一种新的提升。但该方法尚处于初步研究阶段，往往因缺乏对有效样本的筛选导致实证效果不佳，因此，在实践应用中应加强对样本数据的获取和筛选工作。

第四节　数字内容产品的定价机制

由于数字内容产业是一个新兴领域，学术界对数字内容产品的定价机制研究尚处于起步阶段。有关研究主要侧重于对定价方法的探讨方面，鉴于知识资源的经济特殊性，其并不符合边际收益递减规律。因此，传统的定价机制和价值衡量标准并不适用于数字内容产品，学术界仅需不断探索新的定价机制和方法。

在数字内容产品交易的初级阶段，通常采取"一口价"或专家评估定价法。采用该种方法对数字内容产品进行定价研究，通常指的是对数字内容产品的项目总价值进行定价。在实践中不乏"一口价"形式的数字内容产品交易行为，例如，在专利技术交易平台，赫然挂着一项项供方主观要价的专利在售，买方只能选择买或者不买，这是典型的"一口价"交易形式。学术界认为此类定价方法过于主观，缺乏科学的理论支撑，因而开始研究基于指标体系的价值计量模型，此类模型通过梳理影响总价值的相关因素，然后在专家打分的基础上确定指标权重，从而实现对数字内容产品总价值的简单评估。其中，赵丹和宋培义（2019）曾借助该方法从投融资视角对电视剧项目的总价值进行了定性和定量的实证研究，结果表明，基于专家打分的模糊综合评价法能够有效确定指标权重，为电视剧项目的收益评估和价值确定提供一定的理论基础。这种"一口价"和专家评估定价法虽然开辟了数字内容产品定价机制的探索方向，但此类定价机制的主观性较大，并不利于科学计量和方法推广。

随着数字内容产品交易需求不断增大，出现了依托于平台或设备的定价方法，如视频播放平台采取的会员制收费、电子书阅读设备的绑定销售等，都是典型的捆绑定价模式。Na 等（2017）曾对韩国的数字内容产品公司做了对比研究，将其对数字内容产品的定价策略分为三类：免费组、收取会员费组和混合组，通过研究发现，会员费组的生产函数的拟合效率略低，数字内容付费模式还需要不断探索。Kort 等（2018）在研究中发现，许多数字内容在线销售商乐于推出自己的移动设备，促进了传统的批发商定价转换为收益分享合同，通过进一步对产品定价策略的研究发现，少量的数字产品存在于平台时会导致产品售价较高，并且对实体产品也会产生负面影响，但当平台上有大量的数字内容产品存在时，零售商比较热衷于收益分享合同，即选择捆绑定价模式。总之，基于平台或者设备的数字内容产品定价方法虽然有利于推动数字化知识付费模式的发展，促进定价机制的初步形成，但该种定价机制最大的缺陷是忽略了数字内容产品本身知识价值的差异，容易将所有产品同质化，难以适应高质量的数字内容产品的特别定价需求。

随着人们对个性化数字内容产品需求的不断加大，以及对知识付费模式的广泛接受，强调需求和竞争的定价方法（吴俊新等，2006）逐渐出现。讨价还价博弈模型是较早应用于该领域的研究方法，相较于传统的定价方法，讨价还价模型更能体现买卖双方的互动行为，相关研究主要集中在对收益分享比例和收益贴现因子方面的探讨，这是对数字内容产品交易中有关定价机制的深度探索。王洪艳和王志江（2005）借助经典的讨价还价博弈模型，从厂商和消费者视角分析了数字内容产品的定价机制，发现双方的贴现因子是影响产品定价和双方收益的关键因素；Wang（2018）同样借助讨价还价博弈模型分析了外部性因素对博弈主体收益的影响，发现该因素确实能够在定价方面影响双方最终收益。委托—代理模型能够更加深入地分析买卖双方在产品销售过程中的协作关系，加之对不同市场环境（垄断、寡头垄断等）的考虑，使数字内容产品的定价更能适应多变的市场特征（Lang and Vragov，2005）。Luo 等（2018）分别比较了垄断和双寡头垄断环境下的电子版图书定价模式，发现在两种环境下，如果收益分享比率足够高，则代理模式的数字产品售价将低于批发模式。洪莹等（2015）通过三阶段博

弈模型分析了同时考虑质量差异和能力约束条件时的视频内容资源定价状况，结果发现在双寡头竞争环境下视频内容平台的定价与其竞争策略有关，选择不同质量水平的内容资源将直接导致不同的产品定价。拍卖机制（Bo，2011）是一种对高质量数字内容产品定价的探索，该方法更加强调需求和竞争导向在数字内容消费中的体现。随着供应链管理的优势逐步凸显，基于供应链的协调机制和定价方法也开始被引入到数字内容产品交易中。目前的研究多以版权管理为视角，利用Stackelberg博弈来确定所有渠道成员的最佳收益分享比率和均衡价格（Huang et al.，2014；朱晓东等，2017；Linlan，2018）。

第五节 本章小结

综上所述，现有文献对数字内容产品的价值构成因素梳理不够全面，价值评估模型和定价机制理论研究均处于探索阶段，尚不够规范。虽有实证模型及实践效果评价的相关研究，但针对互联网平台服务经济的新业态环境探索较少，更缺少信息技术对互联网大数据的挖掘，理论模型缺少实证数据的支撑验证，没有体现出"互联网+服务"环境下的经济特性。本书旨在以上研究缺口之处进行探索，梳理影响数字内容产品价值的重要因素，运用数据挖掘、神经网络、博弈论等技术，获取重要的数据资源，对价值评估模型和定价机制博弈模型进行实证支撑，探究数字内容产品价值评估和定价机制问题，为保障数字平台健康发展，规范数字内容产品交易提供技术支持和理论指导。

第三章 电影版权价值评估与系统实现研究综述

第一节 研究的提出

近年来,我国电影行业不断发展并出现了一些高票房影片。2012 年,中国电影总票房仅有 170.73 亿元,到 2019 年已达到 642.66 亿元。2021 年 11 月 25 日,电影《长津湖》以 56.95 亿元的票房,超过《战狼 2》正式成为中国影史票房冠军,刷新了 30 余项中国影史纪录。同时,随着以区块链为代表的新技术开始落地,我国版权交易规模大幅提升,版权交易流程更为便捷,版权交易主体更加多元化。

一套完善的电影版权价值评估模型可以为电影发行公司和版权运营公司提供商业决策支撑与指导,对国内的影视行业持续繁荣具有重要意义。目前,我国电影版权价值评估技术的相关研究相对较少,主要分为两大类:一类是基于经验驱动的方式对电影版权价值进行评估,这种价值评估方式对专家经验依赖性高,评估主观性太强;另一类是基于数据驱动的方式对电影版权价值进行评估,已有的数据驱动的电影版权价值评估方法大多是先采用多元回归分析方法建立票房预测模型,然后结合收益法进行电影版权价值评估。例如,王锦慧和晏思雨(2015)基于 Litman 模型(Litman et al., 1989)和 Byeng-Hee Chang 模型(Chang and Ki, 2005),采用多元线性回归分析法建立电影票房预测模型,并进行了实证分析,对上映前的电影投资的商业价值进行研究。

由于多元线性回归预测方法较为滞后,且单模型的预测误差相对较高,而集成学习算法的预测性能较为强大,因此各大数据挖掘竞赛历年的冠军几乎都使用了模型融合,在数据建模竞赛中发挥了巨大的作用。多模型融合可以提高模型的

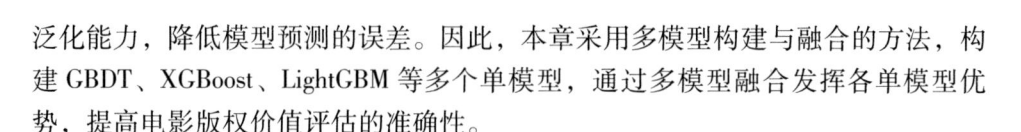

泛化能力，降低模型预测的误差。因此，本章采用多模型构建与融合的方法，构建 GBDT、XGBoost、LightGBM 等多个单模型，通过多模型融合发挥各单模型优势，提高电影版权价值评估的准确性。

国内电影的版权价值评估需求越来越大，但几乎没有关于互联网上的电影版权价值评估系统。现有的资产评估机构对电影版权价值的评估具有很强的主观性，评估指标值是人为主观判断给出的，评估活动存在人为操纵的可能性，会对电影版权价值评估的合理性产生影响。通过多模型融合的方法建立电影版权价值评估模型，将其融合进用户可操作的电影版权价值评估系统中，既满足了评估的高效准确性，又满足了评估的客观公正性。

本章通过梳理电影版权价值评估影响因素和评估方法，拟在后文开展电影的版权价值评估实证研究，通过采用多模型融合的建模方法，建立有效的电影版权票房价值评估模型、电影版权周边价值评估模型，增强评估预测的准确性与客观性，实现电影版权价值评估系统为电影行业从业人员提供电影版权票房价值评估、电影版权周边价值评估等服务。

第二节　电影版权价值评估影响因素

随着国内外电影行业的蓬勃发展，越来越多的学者开始关注电影行业，并且对电影版权价值评估进行研究。在我国，电影的经济收益主要来源于票房收入，因此国内学者对电影版权价值评估影响因素的研究，主要从票房收入影响因素进行。目前，电影票房影响因素可以分为两类：电影自身因素和电影外部因素。电影自身因素包括电影名称、导演、演员、是否续集、时长、制片公司、发行公司、档期、电影类型、电影语言、电影地区等。电影外部因素主要为各社交媒体平台的评论。

1. 电影自身特征的相关研究

王铮和许敏（2013）设定了成功影片的不同临界值，把票房超过临界值的影片定义为成功影片，反之为不成功影片，运用 Logit 模型进行回归，考虑了制作品质、电影类型、国民收入水平等多种因素，研究表明明星、导演、评分、票价、续集、档期均会对票房产生积极影响，其中明星和导演的票房效应呈边际递减。赵新星和高福安（2020）基于社会学家布迪厄的资本理论，对比和分析总票房、首周票房、后续票房的三次回归结果，发现经济资本类变量、文化资本类变量中的导演、主演、续集、IP 改编起促进作用，真实事件起负向作用，社会资

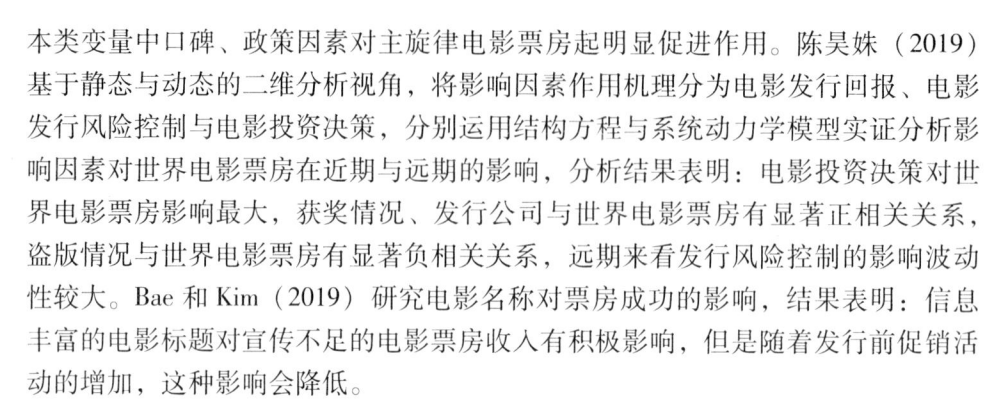

本类变量中口碑、政策因素对主旋律电影票房起明显促进作用。陈昊妹（2019）基于静态与动态的二维分析视角，将影响因素作用机理分为电影发行回报、电影发行风险控制与电影投资决策，分别运用结构方程与系统动力学模型实证分析影响因素对世界电影票房在近期与远期的影响，分析结果表明：电影投资决策对世界电影票房影响最大，获奖情况、发行公司与世界电影票房有显著正相关关系，盗版情况与世界电影票房有显著负相关关系，远期来看发行风险控制的影响波动性较大。Bae 和 Kim（2019）研究电影名称对票房成功的影响，结果表明：信息丰富的电影标题对宣传不足的电影票房收入有积极影响，但是随着发行前促销活动的增加，这种影响会降低。

2. 外部因素特征的相关研究

华锐等（2019）采用 C-D 生产函数测度各影响因素对电影票房的影响，研究表明：口碑会显著促进票房增长，但随着票房增长，口碑的正向影响逐渐下降，以及现代宣传方式对票房的促进作用大于传统宣传方式。裴培和蒋垠龙（2014）通过问卷调查的方法，建立了票房号召力的数学模型，实证结果表明，口碑评分等与电影品牌相关的数据对票房影响较大，故事改编、3D 技术、制作公司、媒体宣传对电影票房影响较小。姜照君等（2020）研究了网络口碑与动画电影票房的关系，实证检验得出网络口碑数量，即豆瓣评分用户量对国产与进口动画电影票房均有明显正向影响，电影上映首周后对国产动画电影后续票房的正向作用更大。Hyunmi 等（2017）研究了不同类型社交媒体的口碑对电影上映不同阶段票房的影响。在上映初期，推特对票房收入的影响更大，雅虎对电影上映后期的票房影响更大，博客和 YouTube 对电影上映的初期和后期影响差异不大。Sharda 和 Delen（2006）将电影的评分、竞争、明星、电影类型、技术效果、是否续集、银幕数量作为影响电影票房的特征，将票房预测问题转化成分类问题，采用神经网络进行建模，取得了不错的效果。Biramane 等（2016）从各种社交平台（如 IMDb、YouTube 和维基百科等）收集电影特征与社交互动数据，通过建立经典特征、社交媒体特征与电影票房成功之间的联系，建立预测模型，研究结果表明，结合经典因素和社会因素建立的预测模型具有较高的准确率。

第三节 电影版权价值评估技术模型

根据《中华人民共和国著作权法》，版权即为著作权。根据《著作权资产评估指导意见》第二十二条的规定，著作权评估资产主体应在收益法、市场法和成

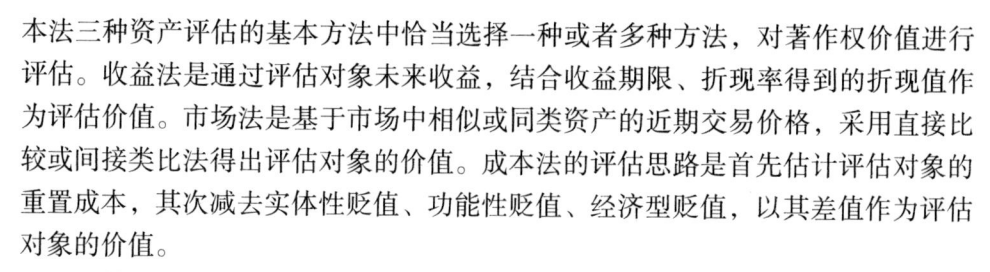

本法三种资产评估的基本方法中恰当选择一种或者多种方法，对著作权价值进行评估。收益法是通过评估对象未来收益，结合收益期限、折现率得到的折现值作为评估价值。市场法是基于市场中相似或同类资产的近期交易价格，采用直接比较或间接类比法得出评估对象的价值。成本法的评估思路是首先估计评估对象的重置成本，其次减去实体性贬值、功能性贬值、经济型贬值，以其差值作为评估对象的价值。

目前，国内尚未形成一个公开且活跃的电影版权交易平台，大部分的电影版权交易价格无法获得，难以应用市场法类比相似电影的版权交易价格来评估电影对象的版权价值。国内电影制作成本数据难以获得，没有详细清楚的电影成本数据，难以应用成本法对电影版权机制进行评估。基于上述情况，当前关于电影版权价值的评估研究，主要使用的是收益法，首先通过建立票房预测模型，预测电影票房收入；其次结合收益法进行电影版权价值评估建模。目前，关于电影版权价值评估的模型可以分为两大类：经验驱动类和数据驱动类。

1. 基于经验驱动的电影版权价值评估模型

目前，基于经验驱动的电影版权价值评估模型主要是通过融合专家经验，借助层次分析法、模糊综合评价法对电影版权价值进行评估。例如，余炳文和李琛（2017）选取了五个影响票房收益的主要因素，采用层次分析法通过专家打分确定每个因素的指标权重，建立多元回归模型预测票房收益，利用模糊综合评价法得出修正系数，根据收益法计算电影著作权价值。李曼（2012）采取专家打分法对电影成本、品牌效应、电影质量、电影目标市场这四个评价指标确定权重，结合电影实际情况进行打分，然后使用收益法进行电影作品价值评估。曾意（2017）运用层次分析法量化版权总价值中各个次级权利所占权重，并运用专家调查法分析专家对问卷的打分，确定了广播权、电视播映权、网络信息传播权三种权利占版权总价值的百分比。张燕（2015）采用模糊综合评价法、熵权法对影响电影版权价值的各个因素进行综合评判和赋权，对所预测的电影票房收入进行调整，再运用收益法评估模型进行计算，得到较为准确的电影版权价值。

2. 基于数据驱动的电影版权价值评估模型

目前，基于数据驱动的电影版权价值评估模型主要可以分为两类：基于统计分析方法建模和基于机器学习方法建模。

在基于统计分析方法的电影版权价值评估模型研究方面，田粟源（2014）基于经济学理论和无形资产评估理论，对影响电影票房价值的因素进行了实证分析，采用因子分析法和主成分分析法对数据进行分析，采用多元线性回归分析计算电影票房收入。崔中正（2019）分析认为，电影版权具有和期权相类似的特征，具有实物期权理论和估值方法的适用性，采用多元线性回归建立票房预测模型，运用模糊综合评价法对版权价值进行修正，使估值更接近于真实价值。蔡双双（2019）采用多元回归分析的方法建立票房预测模型，采用收益分成法计算电影版权价值。

在基于机器学习方法的电影版权价值评估模型研究方面，钟媛（2017）选取制作、发行、品牌、评价和结论五个方面共25个维度的信息，使用神经网络构建拟合器，建立电影收益预测模型。钟媛（2017）将影片票房的原始数据分为18个区间类别，使用袋装决策树和支持向量机进行学习，最终获得被预测影片的票房可能落在各票房区间的概率，加权求和得到影片票房的预测值，同时得到落在各个区间内的概率，为电影收益预测提供了一种新的思路。赵振洋和章程（2019）借鉴传播学中的拉斯韦尔模式，构建了包含21个维度的影响电影收益的指标体系，在对数据指标量化时结合了专家打分的方式对电影核心价值、剧情设置、情感体验三个指标进行量化，然后基于BP神经网络建立电影收益预测模型，最终利用收益分成法确定电影版权的评估价值。张美惠（2020）选取8个电影票房影响因素，通过灰色关联度筛选出相关性较强的5个因素，采用BP网络模型训练预测电影票房，使用收益分成法建立电影著作权价值评估模型。

第四节　本章小结

随着数字经济的发展，在电影版权价值评估建模领域的研究方法逐渐由调查问卷、多元线性回归等统计测量模型的研究方法扩展到机器学习、神经网络、大数据背景下的数据驱动方式。对于无形资产价值评估的方法主要有收益法、市场法和成本法。目前，国内关于电影版权价值评估的研究相对较少，主流的评估方法是收益法。国外的电影产业发展较早，国外学者通过分析各种电影相关数据以预测电影未来收益，但关于电影版权价值的评估研究相对较少。

从电影版权价值评估的影响因素来考虑，目前关于电影版权价值评估特征选择可以分为电影自身特征和外部因素特征，电影自身特征的研究相对丰富，电影院线银幕数、互联网宽带接入端口数等环境特征对电影票房的影响关注较少。从电影版权价值评估模型的精度来考虑，已有研究大多采用单一算法进行建模，模型精度还可以进一步提升，所以后文采用多模型融合来弥补单一算法在预测偏差和方差方面的问题；从电影版权价值评估模型的研究领域来考虑，现有研究大多只建立了电影版权票房价值的评估模型，关于电影版权周边价值的评估研究非常有限，所以我们基于电影特征与电影IP特征另外建立了电影版权周边价值预测

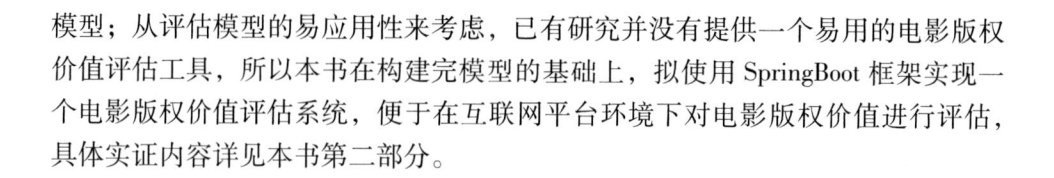

模型；从评估模型的易应用性来考虑，已有研究并没有提供一个易用的电影版权价值评估工具，所以本书在构建完模型的基础上，拟使用SpringBoot框架实现一个电影版权价值评估系统，便于在互联网平台环境下对电影版权价值进行评估，具体实证内容详见本书第二部分。

第四章 文化类综艺节目综合价值评估研究综述

第一节 研究的提出

一、研究背景

1. 文化类综艺节目的传播是践行国家文化发展理念的重要手段

"文化"是一个国家和民族在漫长的历史进程中所提供的物质、精神财富的总和，随着整个人类社会的不断发展前进。作为一个国家的立国之本，文化的整合、导向、传承等价值已被社会各界普遍认同。我国国家文化安全包括国家文化的主权不受侵犯、中华民族文化的主体地位不至丧失、意识形态主体地位不受威胁等方面。随着时代发展，西方各种敌对势力通过文化渗透不断地破坏我国的文化核心与价值理念，具体方式可归纳为三种：利用语言霸权进行文化渗透；利用文化产品输出（王璐，2020）；利用新闻媒体进行文化渗透（崔健东，2016）。具体表现为英语是多国认定的官方语言，我国也在英语教育上采取推广的措施，另外英文版计算机操作系统、英语口语化等都表明语言对我国文化的渗透；好莱坞电影、西方节日等也是西方向外渗透文化理念的重要手段，从物质层面到精神层面受到我国青少年的大力追捧，但其中蕴含的享乐主义、拜金主义等观念也在深刻地影响着我国人民的价值理念，导致我国的主流价值观在一定程度上被削弱（黄长义和姚金艳，2016；刘亚丽，2018；许德金，2018）。对此，我国在政策层面上高度重视对国家文化的发展。2012年，党的十八大报告明确将"提高国家文化软实力"落实为"全面建设小康社会，实现中华民族伟大复兴"，这也意味着我国文化软实力建设在内外两方面进入了新阶段。近年来，文化软实力的缺失

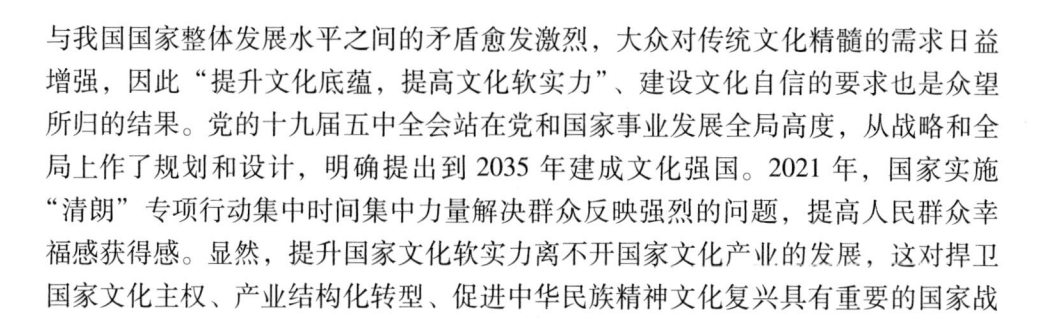

与我国国家整体发展水平之间的矛盾愈发激烈，大众对传统文化精髓的需求日益增强，因此"提升文化底蕴，提高文化软实力"、建设文化自信的要求也是众望所归的结果。党的十九届五中全会站在党和国家事业发展全局高度，从战略和全局上作了规划和设计，明确提出到2035年建成文化强国。2021年，国家实施"清朗"专项行动集中时间集中力量解决群众反映强烈的问题，提高人民群众幸福感获得感。显然，提升国家文化软实力离不开国家文化产业的发展，这对捍卫国家文化主权、产业结构化转型、促进中华民族精神文化复兴具有重要的国家战略意义。

2. 文化类综艺节目存在"同质化严重、泛娱乐化、创新性不足"等问题

尽管文化类综艺节目为弘扬国家文化提供了一种"桥梁"，但节目制作同质化严重、节目内容创新性不足、过于追求娱乐化特征等痛点仍在制约文化类综艺节目的价值传播效果。《人民日报》指出，一些选秀节目尽管花样翻新，其实是"偶像神话"不断重写，其观念偏差可能对认知能力还不成熟的青少年产生误导。《人民日报海外版》指出，即便是偶像养成类节目，也不能只是聚焦偶像今天的成功、仅着眼于偶像奢侈的生活和光鲜的外表，还应该展现偶像的成长史，反映偶像追逐梦想的历程，讲述偶像为了梦想不懈奋斗的故事。《光明日报》指出，为吸引更多流量，肤浅夸张、过度娱乐化甚至低俗化的表达成为网络综艺节目的普遍现象。当前，国内综艺节目市场生态体系不完善、缺乏节目制作规则与标准等问题突出，具有过分追求娱乐、价值导向畸形、受众互动体验不足等特征，其传播表现并不理想。

3. 综艺节目综合价值评估是引导文化综艺节目良性发展的关键举措

当前火爆的综艺节目市场存在"同质化严重""娱乐至上""唯流量为王""创新性低下"等问题。文化类综艺节目作为一种新兴文化产业形态，具备跨界融合、形式多样化、功能复合等特征，价值评估缺乏参照先例且复杂。因此，在数字经济信息化环境，为了更加充分地发挥综艺节目功能、深化传统文化精髓与新媒体跨界融合，有必要对文化类综艺节目价值进行精准评估，明确其价值的核心所在，进而建立综合、客观的评估指标体系，为提升民族文化自信、提高国家文化软实力贡献力量，促进我国由"文化大国"向"文化强国"转变。文化类综艺节目价值评估的精准量化是我国优秀文化走出国门的重要途径。

鉴于此，在数字化信息环境下，针对文化类综艺节目所面临的价值评估问题展开研究尤为必要，这也是对数字文化内容产品进行价值评估的重要技术应用，具体实证内容会在第三部分详细阐述。

二、研究意义

数字经济信息化时代，实现文化类综艺节目综合价值的精准评估是促进文化产业发展的重要一环，为新媒体平台提供了服务、管理及决策的科学依据和理论参考。现阶段，综艺节目市场过分追求"流量"关注度，节目内容同质化严重，泛娱乐化趋势明显，主题创新性较低，综艺节目价值评估体系缺乏，研究方法主观性强，导致综艺节目传播效果不理想。因此，对数字经济信息化环境下的文化类综艺节目综合价值评估问题进行探讨，具有以下两方面意义：

1. 理论贡献

首先，探究文化类综艺节目综合价值的层次结构有助于客观认识其价值形成过程，精准分析影响其综合价值形成过程中的关键因素，完成系统化建模；其次，文化类综艺节目综合价值评估指标体系的建立有助于多角度、全方位评估其价值，综合考虑综艺节目、商业市场、社会传播的多方诉求，为后续研究提供参考依据；最后，文化类综艺节目综合价值评估模型的构建有助于实现其价值量化和各方整改措施制定。

2. 实践意义

在数字经济信息化背景下的文化类综艺节目综合价值评估研究对于推动大众媒体节目价值精准量化具有借鉴意义，国内综艺节目价值评估实践相对不完善，伴随建设"文化强国"国家要求的提出，文化产业相关价值评估能够对其发挥的作用显而易见，这代表文化类综艺节目综合价值的精准评估对优化媒介融合生态环境、促进民族文化自信具有重要意义。当前以美国为代表的资本主义国家将其核心价值观深植在大众文化的传播和交往中，对外展开文化、价值观与意识形态宣传攻势，本质上就是对我国文化的冲击和侵蚀。"提高文化软实力"也是党的十九大精神对社会发展提出的基础要求。面向媒介功能视角的文化类综艺节目综合价值机理分析和评估体系的建立，有利于节目制作方对当下社会宏观政策的精准把握，生产出受众、社会满意的节目，有利于商业市场对节目的衍生产品与所产生流量价值的判定，有利于社会对综艺节目所传播出的价值观念的认可，进而形成良性的传播生态，提高国家整体文化软实力。

第二节 综艺节目的研究趋势

本章以2021年12月30日为文献检索时间节点，2021年12月30日前的国

第四章 文化类综艺节目综合价值评估研究综述

内文献年度发文量和整体变化趋势如图4-1所示。由图4-1可知，综艺节目研究呈现出"L"型增长的发文趋势；1998~2012年整体发文数量偏低，综艺节目相关研究处于萌芽阶段；2013~2019年发文量较之前呈指数型增长，表明综艺节目的发展处于旺盛期；2019~2021年，综艺节目相关研究发文量逐年下降，热度较之前有所降低。

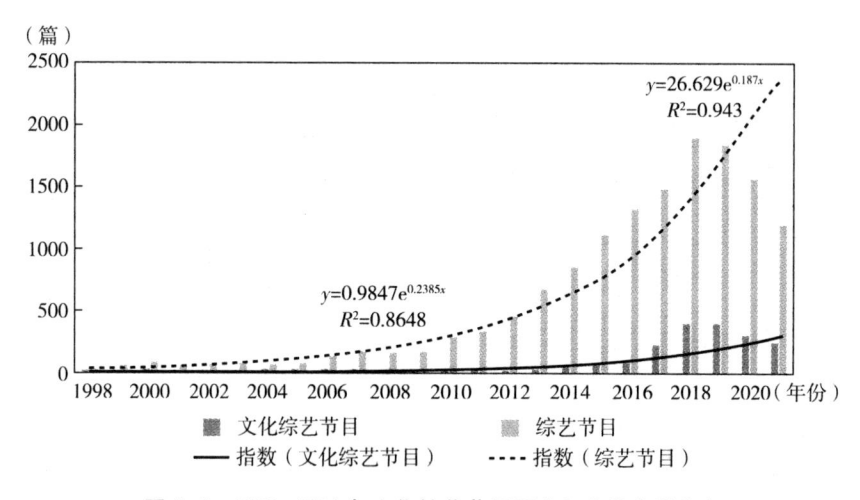

图4-1 1998~2021年文化综艺节目研究年度发文量分布

对综艺节目相关研究的梳理是实现其综合价值评估的前提。在文献计量分析的基础上，综合已有研究成果，可将综艺节目的研究视角划分为内容资源、传播媒介两大类，如图4-2所示。

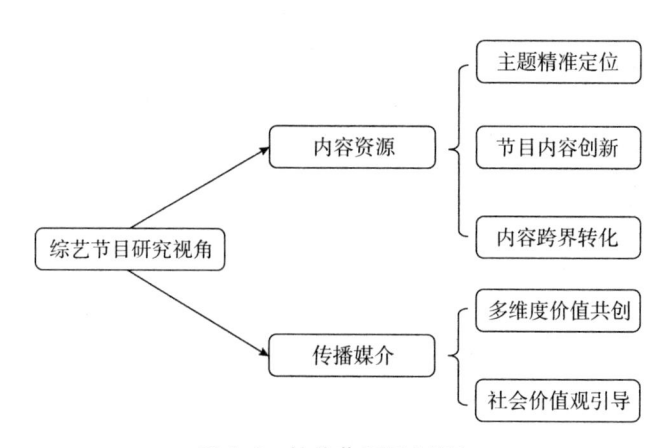

图4-2 综艺节目研究视角

从内容资源视角，已有学者的研究主要关注精准定位节目主题、节目内容创新、节目内容与市场营销融合等层面。基于综艺节目自身内容载体特性，其诞生与发展是依托核心内容与表现形式来服务受众的，内容的生产与制作是大众媒体产业链的核心环节。随着我国整体经济实力越来越强，大众的精神文化需求也随之提高和多元化。综艺节目迎来了高速发展期，这也造成了市场以"流量为王"、节目内容泛娱乐化、节目类型同质化严重等不符合当下弘扬社会主义核心价值观要求的现象。在国家政策的引导下，综艺节目的制作逐渐回归理性思考。有学者认为综艺节目内容表现形式上的创新表达在当今经济一体化、文化多元化的背景下显得尤为重要，依凭风格鲜明的国家文化特色，融合当代新媒体传播优势，打造出具有时代特色的文化综艺节目，对传承文化精髓有着巨大的意义（张亦冉，2020；赵淑萍和付海钲，2017）。如何在精准定位节目主题、深度挖掘内容创新体系的同时避免同质化、泛娱乐化的节目是广大节目制作团队需深刻思考的问题。综艺节目创新方面还需立足于立体化、本土化和分众化的传播策略，只有以提高国民文化品位和文化素养为奋斗目标，借鉴外来优秀综艺节目的成功经验，才能使本土综艺节目的价值有质的变化（李芙蓉，2018；王晓辉，2007）。此外，也有学者对电视综艺节目创新策略进行研究，从节目内容、节目形式、节目营销三方面解释了受众是如何参与到电视综艺节目中的，为节目衍生产品的开发提供了新的思路（李芳芳，2016）。互联网时代造就了新的媒介生态环境，节目制作人的思想观念也在新的时代背景下有了新的认知。只有基于互联网思维视角，将"用户思维、产品思维"等理念延伸到节目制作过程中，贴近受众情感需求，才能推动节目的全方位发展，增强大众对于综艺节目整体的印象及好感（叶睿琳，2017；张晓敏，2018）。综艺节目作为内容资源载体，需将节目内容的制作与表达作为自身核心竞争力，向社会输出优质的内容，方可构建和谐良好的传播生态（陈志清，2016；郗珊珊，2018）。唯有"高成本，高制作"的内容生产环节，才能够打造"高质量"的优质综艺节目，进而为大众提供具有鲜明主题特色的文化服务（杜前程和徐浩克，2019）。

从传播媒介视角，已有学者的研究主要关注综艺节目作为传播媒介在价值共创、价值观引导等层面发挥的作用。研究综艺节目的本质可知其产生的目的即是为社会生产资料进行信息传播服务的。综艺节目起初依靠电视媒介进行发展，随着数字信息化时代的到来，互联网视频平台开始制作自制网络综艺节目，至此综艺节目的发展迎来了黄金时期。无论是传统电视媒介还是网络媒介，综艺节目不仅为广大观众带来了多样的视听享受，其文化属性也不能忽视，这也就决定了它在价值观念的传播上具备天然优势（沈丹妮，2019），是媒介功能的深刻体现，对传承优秀历史文化精髓和弘扬社会主义核心价值观有着不可忽视的意义。综艺节目价值指的是通过节目自身的包装设计等来传达相关的商业价值、社会价值以及文化价值，从而促成观众、市场与社会三方面的价值共创的过程（夏雨晴和宗俊伟，2020；李华玉，2014）。例如，《国家宝藏》《经典咏流传》《朗读者》等节目一经推出即受到大量观众的追捧喜爱。网络自制综艺节目依据制作成本较低、观众人数庞大、精准定位节目内容、深刻考量受众需求，以及长、短视频融合的传播方式赋予了综艺节目新的意义和价值（钟丽，2013）。除了传播受众与传播媒介的深度挖掘与融合，还要通过注入传统文化理念才能与商业市场形成一种高收益的合作关系（扶岚，2016）。近年来，网络自制节目井喷式的发展造成了节目内容尺度大、形式死板教条、收益率低下等问题，国家有关部门制定了针对网络自制综艺节目及视频网站的规章制度，结合互联网大环境下的相关政策法规对其进行了整顿，加上社会经济环境也迎来了良好的发展机遇，网络自制综艺节目正逐渐找寻正确的发展之路（王闯，2010；武婉玉，2015）。借助互联网新媒体传播，文化类综艺节目在社会主义精神文明建设中传播了社会主义核心价值观，为广大观众提供了公共文化服务以及对传统文化精髓的教育传承作用（张亦冉，2020；黄瑜文和王亿本，2019）。竞技类综艺传播价值以消费为导向，传播价值体现在传播表层，观众观看节目后得到的价值仅在认知层面，深层次的价值观念的挖掘与体现才是此类节目的长远发展之道（马晓虎，2018）。慢综艺节目与其他类型综艺节目相比，节目内容节奏更慢，具有人物立体感、主题契合度等更容易被观众接受的优势，但创新力不足、内容真实性不高、传授互动效果差等问题也是影响节目传播价值的阻碍（李琳，2020；夏雨晴和宗俊伟，2020）。随着越来越多兼具内容原创性与文化鲜明性的本土综艺节目的播出，观众对审美层次的要求也越来越高，节目制作方只有进行针对性的内容建构和情感输出方能聚焦人们的关注，才能与观众达到更深层次的情感共鸣，从内容到形式上的节目文化建构，才能使观众产生同频共振，进而传播更优秀的文化价值（王博，2021）。以媒介视角研究综艺节目，其本质是分析综艺节目与观众、社会的价值创造、传播的过程，也是当今时代文化服务产业经营的必然要求。

基于综艺节目的内容资源、传播媒介两类研究视角，本章认为综艺节目作为媒介融合背景下的现象级内容载体，对节目自身、观众与社会的价值创造与传播形成的意义是显著的，综艺节目的价值评估是对节目、观众和社会组成的整体价值链条的量化表达，与"建设社会主义文化强国"国家战略理念一致。因此，本章选择基于媒介生态系统视角对文化类综艺节目综合价值评价进行分析。

第三节 综艺节目价值指标体系与评价方法

本节将文献计量和定性文献分析相结合，对相关综艺节目价值体系与评价方法进行文献阅读、梳理、综述，了解综艺节目价值问题的研究现状。

综艺节目价值研究了社会主导价值观念与文艺审美之间的关系，在社会经济基础变动的形势下，剖析了综艺节目价值观念与大众文化的契合过程（张娅娅，1998）。在评价体系方面，目前，权威性的评价体系或参考模型较少。2012年9月，广电总局发布了《关于建立广播电视节目综合评价体系的指导意见（试行）》（刘帅军和何皑莹，2014），将品质评价作为综合评价的核心，并将其细化为思想性、创新性、专业性、满意度、竞争力、融合力六项指标，为节目价值评价提供了框架与思路。但这些评价体系、政策做到现实落地与推广，目前为止还比较困难。本章梳理了已有学者针对综艺节目价值的研究视角，如表4-1所示。

表4-1 综艺节目价值研究体系

研究视角	体系构成	来源
品质性	思想性、创新性、专业性、满意度、竞争力、融合力	国家广播电视总局
受众行为	全网收视指数、社交媒体影响力指数	中国传媒大学、人民网
传播效果	网媒关注度、网民美誉度、微博提及量	美兰德公司、央视
	视听、关注、评议、集中、推荐、吸引指数	张亚菲（2016）
	热议指数、热搜指数、热播指数	中科院计算中心
平台影响力	口碑评价、用户覆盖率	新浪微博、央视—索福瑞
文化价值	内容创意、视听表达、商业价值、文化价值+播后评价 史学、艺术、娱乐、创新维度	赵莹（2019）、杨熠和唐丽雯（2020）
内容价值	责任、民族、创新、精品、品牌意识	郑向荣和张艺凡（2017）
品牌建构	社会效益、经济效益	张兆慧（2019）
	节目维度、大众维度、社会维度	孟鹏和谭昊桐（2020）
创新路径	仪式感、文化性、情感认同	吴思思和赵佳宝（2018）
	内容创意、形态策划、拍摄制作、宣传推广、产业经营	张丹（2020）
媒介功能	宣传教育、遗产继承、艺术审美、娱乐、经济功能	戴冰（2018）

续表

研究视角	体系构成	来源
可持续发展策略	栏目资源、频道受众、成本效益	徐浩然（2007）
	社会影响力、经济可行性、环境相容性、资源可持续性	王灿发等（2014）
综合评价	价值引导力、专业品质、制作成本、传播力、创新性	游洁和彭宇灏（2020）

由于研究视角与维度的差异，学者对于综艺节目价值的认知和理解存在不同的见解，随着研究的不断深入（游洁和彭宇灏，2020），综艺节目价值的构成体系愈加复杂多元化。戴冰（2018）参考传播媒介功能学说，将传统文化类综艺节目的功能归纳为宣传教育功能、文化遗产继承功能、艺术审美功能、娱乐功能和经济功能，这对于引导受众的精神文化需求、培育社会主义核心价值观具有积极意义。一些学者从文化价值角度切入，强调艺术表现形式、主题内涵、创新性等都直接影响着综艺节目价值（赵振洋和章程，2019；杨熠和唐丽雯，2020）。还有一些学者等以品牌价值与构建的角度，将广播电视节目品牌价值分为品牌自身、大众与社会三个维度，并增加了经济效益这一指标，丰富了综艺节目价值研究领域的深度（赵丹和宋培义，2019；孟鹏和谭昊桐，2020）。张丹（2020）从文化综艺节目创新策略角度，参考"波特钻石模型"波特五力、麦肯锡"7S"以及创新体系五力模型研究成果，构建了由内容创意、形态策划、拍摄制作、宣传推广和产业经营五方面协同作用的文化综艺节目创新策略体系。郑向荣和张艺凡（2017）从文化类综艺节目内容创作角度，提出在优质文化综艺节目创作过程中，责任意识、民族意识、创新意识、精品意识和品牌意识是不可或缺的，央视正是秉承这些创作特征，打造出了越来越多的优秀文化综艺节目。张亚菲（2016）从电视节目网络传播角度着手，构建了由视听指数、关注指数、评议指数、集中指数、推荐指数和吸引指数组成的电视节目网络传播评估体系，形成了对电视节目在社会与经济两个方面的评估过程，对于提高电视节目网络传播的影响力、引导力、公信力有着积极意义。

由表4-1可知，已有综艺节目价值评价体系涵盖了多个研究视角，评价维度方面的界定大多集中在节目和社会传播层面，少数融合了经济效益。综艺节目作为传播媒介，其功能随着社会发展变革的脚步也发生了相应的延伸，如大众消费方式的转变等，并且多集中于传播定性层面的探讨，缺少以数据驱动来对综艺节目的价值进行定量化的研究。

在评价方法方面，本书将综艺节目的演变阶段梳理为定性分析法、定性定量分析法和数据驱动法三个阶段，如表4-2所示。

表 4-2 综艺节目价值研究方法

研究阶段	研究方式	方法缺陷
定性分析	发掘研究问题本质，进行概念界定分析、构建研究体系	缺少量化研究，缺少理论支撑，研究体系主观化
定性定量	加入指标进行量化，数据分析将研究结果可视化	对研究对象挖掘深度不足，受限于方法的更新
数据驱动	基于已有研究方法，运用大数据机器学习等智能化方法，重点分析受众的情感倾向因素	研究成果相对匮乏，且理论体系不完善

定性分析法侧重于以传播功能、价值创造等理论对综艺节目的价值进行梳理与分析，是该类问题研究使用范围最大的方法（吴思思和赵佳宝，2018；杨熠和唐丽雯，2020；赵振洋和章程，2019）。这种方法的优势是可以基于多重维度来对综艺节目价值进行界定，丰富了综艺节目价值研究领域的广度，但缺点是缺乏理论的支撑，使得综艺节目价值评价体系过于主观化。定性定量分析法相比于单一的定性分析，加入了可量化的指标，如节目话题关注度、节目收视率、受众问卷调查、搜索指数等，再加上运用数理统计方法，可以得出可视化的研究结果（王灿发，2014；王日尧，2020；游洁和彭宇灏，2020；张丹，2020）。这种方法的优势是基于定量分析，使得综艺节目的价值评价更具客观化，缺点是所量化的指标缺少受众对于综艺节目的评判，导致对其价值评价挖掘不够深入，受众与综艺节目之间的情感认同与互动是综艺节目价值评价过程中不可忽视的一项内容。数据驱动法相较于前两种方法，加入了受众对综艺节目评论文本分析的环节（徐浩然，2007；冯莹斐，2016；周晓晔等，2018），使得综艺节目价值评价整体结果具有层次性，评价体系有相关理论支撑，但现有研究的不足在于对受众的情感因素、文化价值传承因素等维度量化结果不足，导致成熟的评价体系与方法需要进一步发展。

第四节 本章小结

基于当下时代背景和已有研究成果，文化类综艺节目是一种文化产业新业态，是在传统媒介基础上的数字化、媒介融合转型，大众的精神文化需求是遵循社会整体发展节奏的。不同的时代背景要求媒介具备不同的价值功能，互联网则是传播优秀文化和弘扬正能量的载体。数字经济时代背景下，文化综艺节目逐渐走向数字化、智能化，带给人们不一样的文化体验。这种新的文化业态的发展是基于国家政策导向、受众的需求而动态变化的，已有研究对于当下综艺节目新业态的功能、价值的梳理与评价还较为匮乏，加之市场的泛娱乐化、"流量为王"的畸形引导等，表明文化类综艺节目综合价值的评价问题需快速解决。已有研究为综艺节目价值研究提供了一定的理论基础，但是其系统性和层次性仍有所欠缺，加之使用的研究方法大部分是基于定性研究视角，对综艺节目领域的研究相对不足。通过对相关文献研究发现，一些学者对于当前综艺节目价值的研究主要集中在其内涵和发展策略上，研究方法也多是通过定性等较为主观的方式来对综艺节目价值进行评估，综艺节目综合价值评估方面的定量化研究相对较少。

综上所述，本书基于媒介功能学说构建文化类综艺节目综合价值评价指标体系，基于LDC-GV法搭建评估模型，将当下传播效果优质的文化综艺节目作为实证对象，采集文化综艺节目的弹幕、评论、文创衍生品消费评价、节目评分等数据进行实证研究。关于数字文化内容产品价值评估方法的典型实践应用，具体内容详见本书第三部分。

第二部分

版权价值篇

内容版权是决定数字文化内容产品价值的核心要素。随着大众版权意识的不断提升，人们普遍认识到保护版权就是保护创新。具体关于版权保护的演化过程是怎样开展的呢？本部分首先通过演化博弈模型带领大家认识版权保护机制的实施演化过程；其次选取电影版权价值开展评估方法和系统开发的实证探讨，为智能化、精准化评估版权价值提供了重要技术应用。

第五章 数字内容产品版权保护的演化博弈分析[①]

第一节 引言

数字内容产品是一种以创意为核心，以数字为载体的新型产品形态（Bockstedt，2006），它是指所有者拥有的，如视频音频节目（素材）、图片、文稿及商业数据等各类以数字化形式存储的版权明晰的内容资源，大多具有极高的社会价值和商业价值。随着信息技术革命在世界范围的掀起，中国的数字产业化飞速发展。2016 年，我国数字出版产业整体收入达 5720 亿元，较 2015 年同比增长 29.9%[②]。其中，数字阅读内容总量增长率达到 88.2%，说明庞大的数字内容消费市场正在形成。由于数字内容产品具有易复制、易传播的特点，借助计算机技术的应用，高质量的盗版数字内容产品极易制作，由此导致数字内容盗版行为猖獗，每年给全球经济造成数十亿美元的损失（Lowry et al.，2017）。因此，如何规范数字内容产品市场主体行为，保障数字内容产品质量，成为新时代网络平台服务经济环境下重点研究的课题。

版权保护制度是约束盗版行为、维护产权所有者合法权益的有力武器。对数字内容产品实施版权保护，是实现创新发展的必然要求。关于数字内容产品的研究，学术界重点关注在版权保护方面，主要从技术手段和法律手段两个方面进行论证：在技术手段方面，主要集中在专利技术的描述和应用。Acken（1998）、

[①] 本章内容已发表于《图书情报工作》，2019 年第 63 卷第 2 期第 43-51 页。
[②] 搜狐网.《2019 年中国网络视听发展研究报告》发布 [EB/OL].［2019 - 05 - 27］. https：// www.sohu.com/a/316802357_728306.

于广州（2018）和 Zhang 等（2007）提出了一种基于水印的版权管理方案，通过在数字内容产品中加入水印，可以有效抵制盗版行为，保护内容版权；Bause 和 Ng（2012）提出了一种多通道嵌入式数据技术，该技术允许将数据（如水印）嵌入到数字内容产品中，以提供更加复杂的编码和解码装置；Chia（2012）提出通过分布式网络中运行的数字内容管理系统，内容发行者可以形成加密数字内容来保护版权；Wang（2013）和 Chou 等（2012）提出在数字内容和权利对象管理系统中，可以通过使用安全数据存储系统的不可复制数据存储磁盘来保护数字内容；Chang 等（2015）提出用户设备可以通过划分安全模式和正常模式并执行设备认证来增强数字内容的保护等级。在法律手段方面，主要涉及对版权保护机制的讨论。熊励等（2014）从使用者角度考虑了版权管理问题，发现使用者侵权行为仅依靠技术手段难以杜绝，还应借助一定的法律手段；Park（2015）通过分析收益函数，发现货币激励是非法复制行为的主要原因，货币和心理效用对非法复制的态度和行为具有正向的影响作用，因此应依靠版权保护机制降低非法复制者的货币收益；Guo 和 Meng（2015）通过研究版权保护对消费者搜索成本的影响，发现更严格的版权保护机制可以诱使消费者产生较低的事后盈余预期，从而降低消费者搜索盗版产品的积极性；张旭梅等（2013）通过两阶段博弈分析，发现当仿冒水平较高时，政府可以通过实施严格的版权保护制度约束盗版行为。

以上研究分别从技术手段和法律手段两方面研究了数字内容产品的版权保护问题，技术手段侧重于专利应用，未能从全局考虑成本收益问题，法律手段侧重理论探讨，未能有有效数据验证理论模型。本章则同时考虑了二者的重要作用，将专利技术的应用内化为使用主体的成本，重点探讨版权保护制度的实施与否问题。通过构建数字内容产品原创主体和仿冒主体的演化博弈模型，深入分析原创主体如何根据仿冒水平适时地实施版权保护，在探究版权保护下原创主体对仿冒水平的容忍行为后，运用细化的利润函数模型，进一步分析该容忍度水平的决定因素。以上过程均通过数值仿真验证理论模型和结论的有效性。

第二节 原创主体与仿冒主体的演化博弈模型

演化博弈不同于传统的博弈理论，其源于生物进化论的思想，博弈群体以有限理性代替完全理性，会根据每一次博弈的结果选择下一次的博弈策略，比如，本次博弈收益较小甚至为负，则下次博弈便会选择收益更大的策略，最终通过个体学习和群体间的相互影响，使某个群体趋于选择同一种策略，实现系统均衡

（李北伟等，2012）。因此，采用演化博弈能够准确地描述策略选择的发展变化，正适合于研究数字内容产品市场的主体行为。

一、演化博弈模型的建立及基本假设

博弈的双方分别为数字内容产品原创主体和仿冒主体，由于博弈双方均为有限理性的"经济人"，博弈过程中的信息不对称使得双方在做出决策选择时具有很大的不确定性。原创主体作为数字内容产品开发、生产和传播的关键角色，一方面要对产品的质量严格把关，另一方面又要关注产品收益。关于是否实施版权保护制度，原创主体具有两个策略选择：①发现仿冒行为时申请版权保护，且假设一经维权便会成功（以下简称"维权"）；②放纵仿冒行为，不申请版权保护（以下简称"不维权"），这里同时考虑了原创主体对仿冒行为的完全忽视，以及为扩大产品宣传有意容忍的低仿冒水平。而仿冒主体作为市场经济活动中的投机者，可能会为牟取暴利铤而走险，通过仿冒原创主体的产品，进行非法销售和传播，也可能畏于法律的严惩不敢从事仿冒行为。因此，仿冒主体也具有两个策略选择：①仿冒原创主体的数字内容产品，获取非法收益（以下简称"仿冒"）；②畏惧承担法律责任，不从事仿冒行为（以下简称"不仿冒"）。在该博弈中，政府为追究违法行为的法律部门，对原创主体申诉的仿冒行为进行公正和判决。由于我国版权保护制度尚处于不断发展和完善的阶段，版权保护存在"民不告官不究"的现状，因此这里不考虑政府直接参与博弈的利益得失，博弈主体仅考虑原创主体和仿冒主体两个群体。两个博弈群体基于版权保护的演化博弈策略组合如表5-1所示。

表5-1 原创主体和仿冒主体基于版权保护的策略组合

原创主体	仿冒主体	
	仿冒	不仿冒
维权	（维权，仿冒）	（维权，不仿冒）
不维权	（不维权，仿冒）	（不维权，不仿冒）

模型的基本假设：

（1）博弈的一方主体——原创主体，指从事数字内容产品行业的所有组织和个人。原创主体会采取版权保护制度来维护数字内容资产价值，但在产品上市的初期，原创主体为尽快提高产品的认知范围，可能会稍微放松版权保护制度，同时考虑到监管和维权的成本问题，很难完全追究每一个仿冒行为。因此，在本模型中，假设原创主体群体存在一定概率来实施版权保护制度。

（2）博弈的另一方主体——仿冒主体，指经济活动中的投机者，通过仿造、抄袭、盗版等手段生产、销售和传播版权归属明确的数字内容产品，以获取非法收益。面对巨大的利润诱惑，仿冒主体可能会为牟取暴利从事非法经营活动，也可能因畏惧严厉的法律制裁，包括罚金、刑法等，而放弃仿冒行为。基于有限理性的"经济人"假设，仿冒主体会根据原创主体的版权保护制度实施情况采取相应的决策。因此，在本模型中，仿冒主体群体也存在一定概率采取仿冒行为。

（3）原创主体有两个策略选择，即"维权"和"不维权"。仿冒主体也有两个策略选择，即"仿冒"和"不仿冒"。

对原创主体的成本和收益做以下解释：原创主体研发数字内容产品的成本为 C_O，主要包括内容产品的制作成本以及智力资本投资等；原创主体的产品收益为 R_O，主要指数字内容产品传播过程中获取的收益。数字内容产品推广过程中的成本忽略不计；原创主体对仿冒行为的监管与维权相关成本为 C_S，包括需要耗费的人力、物力、财力等；通过成功维权，获取仿冒主体的赔偿收益为 R_S。

对仿冒主体的成本和收益做以下解释：仿冒主体非法使用原创主体版权，仿造原创主体数字内容产品的制造成本为 C_F；仿冒主体的产品收益为 R_F，假设消费者对仿冒产品没有辨识度和特殊偏好；仿冒行为被发现并被追究责任时需要承担的赔偿损失为 R_S。这里不考虑政府方面的处罚情况。由此可得原创主体与仿冒主体的收益矩阵，如表5-2所示。

表5-2 原创主体与仿冒主体的收益矩阵

原创主体	仿冒主体	
	仿冒	不仿冒
维权	$(R_O-C_O+R_S-C_S,\ R_F-C_F-R_S)$	$(R_O-C_O-C_S,\ 0)$
不维权	$(R_O-C_O,\ R_F-C_F)$	$(R_O-C_O,\ 0)$

二、原创主体与仿冒主体演化博弈的均衡分析

1. 原创主体与仿冒主体演化过程的得益分析

在演化博弈过程中，假设博弈双方的策略选择随机独立，且互不干扰，并可以同时重复地进行博弈。在初始阶段，假设原创主体选择"维权"的比例为 α，选择"不维权"的比例为 $1-\alpha$；仿冒主体选择"仿冒"的比例为 β，选择"不仿冒"的比例为 $1-\beta$。原创主体"维权"与"不维权"的期望得益和群体平均得益分别为 U_{10}、U_{20}、$\overline{U_O}$，则：

对原创主体而言，采用"维权"策略的适应度为：

$$U_{10} = \beta[R_O - C_O + R_S - C_S] + (1-\beta)[R_O - C_O - C_S]$$
$$= \beta R_S + R_O - C_O - C_S \tag{5-1}$$

采用"不维权"策略的适应度为：

$$U_{20} = \beta(R_O - C_O) + (1-\beta)(R_O - C_O) = R_O - C_O \tag{5-2}$$

平均适应度为：

$$\overline{U_O} = \alpha U_{10} + (1-\alpha)U_{20} = \alpha\beta R_S - \alpha C_S + R_O - C_O \tag{5-3}$$

仿冒主体采取"仿冒"策略与"不仿冒"策略以及群体平均得益分别为 U_{1F}、U_{2F}、$\overline{U_F}$，则：

对仿冒主体而言，采用"仿冒"策略的适应度为：

$$U_{1F} = \alpha[R_F - C_F - R_S] + (1-\alpha)(R_F - C_F)$$
$$= R_F - C_F - \alpha R_S \tag{5-4}$$

采用"不仿冒"策略的适应度为：

$$U_{2F} = 0 \tag{5-5}$$

平均适应度为：

$$\overline{U_F} = \beta U_{1F} + (1-\beta)U_{2F} = -\alpha\beta R_S + \beta(R_F - C_F) \tag{5-6}$$

2. 原创主体群体选择"维权"比例的复制动态方程

由式（5-1）至式（5-3）构造原创主体群体"维权"比例的复制动态方程如下：

$$F(\alpha) = \frac{d\alpha}{dt} = \alpha(U_{10} - \overline{U_O}) = \alpha(1-\alpha)[\beta R_S - C_S] \tag{5-7}$$

若 $\beta = \frac{C_S}{R_S}$，则 $F(\alpha) = 0$，可以看到，该种情况下所有水平都是稳定状态；

若 $\beta \neq \frac{C_S}{R_S}$，则由 $F(\alpha) = 0$，可以得到 $\alpha = 0$ 和 $\alpha = 1$ 是 α 的两个稳定状态。对 $F(\alpha)$ 关于 α 求导可得：

$$F'(\alpha) = \frac{dF(\alpha)}{d\alpha} = (1-2\alpha)[\beta R_S - C_S] \tag{5-8}$$

演化稳定策略要求 $F'(\alpha) < 0$（Friedman，1991），所以需要对 $\beta R_S - C_S$ 的不同情况进行分析：

若 $\beta R_S - C_S < 0$，即 $\beta < \frac{C_S}{R_S}$，则 $\alpha = 0$ 是演化稳定策略；

若 $\beta R_S - C_S > 0$，即 $\beta > \dfrac{C_S}{R_S}$，则 $\alpha = 1$ 是演化稳定策略。

3. 仿冒主体群体选择"仿冒"比例的复制动态方程

由式（5-4）至式（5-6）构造仿冒主体选择"仿冒"的比例的复制动态方程如下：

$$F(\beta) = \frac{\mathrm{d}\beta}{\mathrm{d}t} = \beta(U_{1F} - \overline{U_F}) = \beta(1-\beta)[R_F - C_F - \alpha R_S] \tag{5-9}$$

若 $\alpha = \dfrac{R_F - C_F}{R_S}$，则 $F(\beta) = 0$，可以看到，该种情况下所有水平都是稳定状态；若 $\alpha \neq \dfrac{R_F - C_F}{R_S}$，则由 $F(\beta) = 0$，可以得到 $\beta = 0$ 和 $\beta = 1$ 是 β 的两个稳定状态。对 $F(\beta)$ 关于 β 求导可得：

$$F'(\beta) = \frac{\mathrm{d}F(\beta)}{\mathrm{d}\beta} = (1-2\beta)[R_F - C_F - \alpha R_S] \tag{5-10}$$

演化稳定策略要求 $F'(\beta) < 0$，对 $R_F - C_F - \alpha R_S$ 的不同情况进行分析：

若 $R_F - C_F - \alpha R_S < 0$，即 $\alpha > \dfrac{R_F - C_F}{R_S}$，则 $\beta = 0$ 是演化稳定策略；

若 $R_F - C_F - \alpha R_S > 0$，即 $\alpha < \dfrac{R_F - C_F}{R_S}$，则 $\beta = 1$ 是演化稳定策略。

综上所述，该演化博弈的平衡点有 $(0, 0)$、$(0, 1)$、$(1, 0)$、$(1, 1)$、(α_0, β_0)，其中，$\alpha_0 = \dfrac{R_F - C_F}{R_S}$，$\beta_0 = \dfrac{C_S}{R_S}$。由以上分析可知，在 $\alpha_0 \in (0, 1)$，$\beta_0 \in (0, 1)$ 的平面内，原创主体和仿冒主体的演化博弈轨迹如图 5-1 所示。

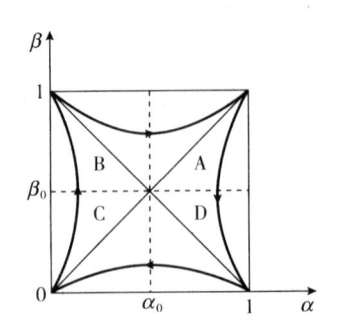

图 5-1 原创主体群体与仿冒主体群体的演化博弈轨迹

由收益矩阵可知，该演化博弈为非对称复制动态演化博弈。由图 5-1 可知，博弈主体选择不同的初始状态，会得到不同的稳定策略。

三、演化博弈的稳定策略分析

对原创主体而言，若维权成本 C_S 大于维权收益 R_S，则 $\alpha=0$ 是演化稳定策略，即不管一开始仿冒群体存在多大的"仿冒"比例，只要原创主体的维权成本大于维权收益，原创群体的策略选择均会向"不维权"方向演化。这是因为作为理性的"经济人"，收益的损失导致其缺乏维权的内在动力，因此会对违法仿冒行为听之任之、不闻不问；若维权成本 C_S 小于维权收益 R_S，即 $0<\beta_0<1$，结合图 5-1 可知，原创群体的策略演化方向分为两种情况：①当仿冒群体采取"仿冒"策略的比例 β 小于某一特定值 β_0 时，原创主体最终将选择"不维权"；②当仿冒群体采取"仿冒"策略的比例 β 大于该特定值 β_0 时，原创主体最终将选择"维权"。这里的 β_0 即为原创主体所能容忍的仿冒群体比例，即仿冒水平容忍度。可做如下解释：若存在较大比例的仿冒主体时（$\beta>\beta_0$），原创主体为维护自身版权利益以及市场份额，增加了监管与维权的积极性，会逐渐向"维权"策略演化；若仿冒主体的比例较小时（$\beta<\beta_0$），原创主体获取的补偿收益较小，缺乏内在动力，又考虑到可以借助仿冒行为扩大产品宣传等因素，会逐渐向"不维权"策略演化。

对仿冒主体而言，若仿冒主体的营业收益（仿冒产品收益 R_F 与仿冒产品制造成本 C_F 之差）大于其被追究仿冒行为的罚款 R_S 时，则 $\beta=1$ 是演化稳定策略，即不管一开始原创群体存在多大的"维权"比例，仿冒主体只要有利可图，便会向"仿冒"策略演化；若仿冒产品收益 R_F 小于仿冒产品制造成本 C_F，则 $\beta=0$ 是演化稳定策略，即不管一开始原创群体存在多大的"维权"比例，仿冒主体只要无利可图，便会向"不仿冒"策略演化；若仿冒主体的营业收益小于其被追究仿冒行为的罚款 R_S 时，仿冒主体存在一种侥幸心理，此时策略演化方向分两种情况：①在原创群体监管与维权比例较小时（$\alpha<\alpha_0$），仿冒主体抱有不会被发现的心理，依然会选择"仿冒"策略；②在原创主体监管与维权比例较大时（$\alpha>\alpha_0$），仿冒行为被施以惩罚的概率升高，仿冒主体的侥幸心理破灭，会逐渐向"不仿冒"策略演化。

四、演化路径仿真分析

根据以上分析，结合参数的不同取值范围，运用数值算例可以仿真出不同情况下的均衡路径，进而可得博弈系统的演化路径及规制方向。首先，根据原创主体和仿冒主体的复制动态方程，进行微分方程的求解，可以分别求得原创主体和仿冒主体的选择策略占比随时间变化的公式。

原创主体的"维权"策略占比：$\alpha = \dfrac{e^{(\beta R_S - C_S)t}}{1 + e^{(\beta R_S - C_S)t}}$ （5-11）

仿冒主体的"仿冒"策略占比：$\beta = \dfrac{e^{(R_F - C_F - \alpha R_S)t}}{1 + e^{(R_F - C_F - \alpha R_S)t}}$ （5-12）

然后，通过仿真分析发现，α 和 β 的具体取值并不影响形成演化稳定策略，只是达到稳定状态的时间存在差异。因此，根据不同情况对参数进行赋值，仿真得到如下均衡状态：

当 $C_S > R_S$，且 $R_F < C_F$ 时，演化稳定策略为（0，0）。仿真结果如图5-2所示，这时仿冒主体由于技术障碍，仿造原创产品的成本高于其获取的收益，原创主体由于缺乏人力、物力、财力等，尚无精力建立健全的监管与维权渠道，导致监管与维权的成本高于其获取的赔偿，博弈双方都是得不偿失。因此，双方会选择（不维权，不仿冒）策略。

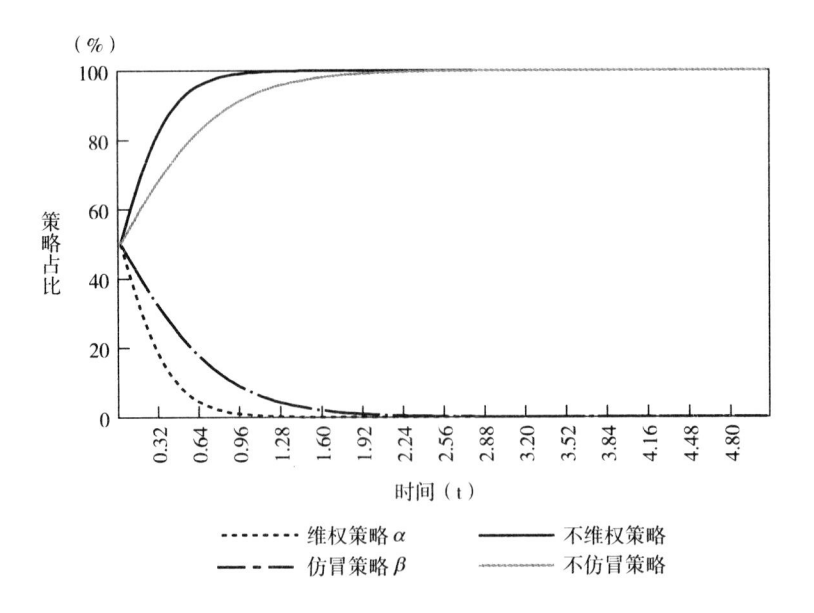

图 5-2　系统演化稳定策略为（0，0）的仿真结果

注：该情况下，取 $\alpha = 0.3$、$\beta = 0.2$、$C_S = 6$、$R_S = 5$、$R_F = 5$、$C_F = 6$。

当 $C_S > R_S$，且 $R_F - C_F > R_S$ 时，演化稳定策略为（0，1）。仿真结果如图5-3所示，随着仿冒主体不断突破技术障碍，仿冒产品的制造成本不断降低，使得仿冒产品有利可图，其仿造产品的净利润甚至高于被追究责任时的罚款损失，促使仿冒主体逐渐向"仿冒"策略演化，而此时原创主体应该致力于产品研发与推广，无暇顾及仿冒行为。因此，博弈双方会选择（不维权，仿冒）策略。

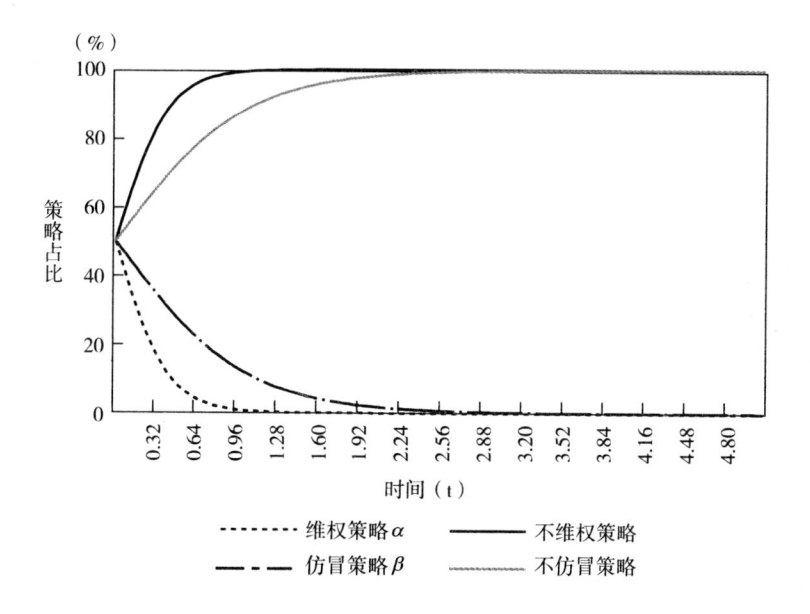

图 5-3　系统演化稳定策略为（0，1）的仿真结果

注：该情况下，取 $\alpha=0.8$、$\beta=0.2$、$C_S=6$、$R_S=5$、$R_F=10$、$C_F=4$。

当 $0<C_S<R_S$，且 $0<R_F-C_F<R_S$ 时，演化稳定策略会因博弈双方不同的策略选择比例而不同，具体的演化路径如表 5-3 所示。

表 5-3　不同策略选择比例下的演化稳定策略

状态区域	参数条件	稳定策略	规制手段
C	$\alpha<\alpha_0$，$\beta<\beta_0$	(0, 1)	$R_F\uparrow C_F\downarrow$
B	$\alpha<\alpha_0$，$\beta>\beta_0$	(1, 1)	$R_S\uparrow C_S\uparrow R_F\downarrow$
A	$\alpha>\alpha_0$，$\beta>\beta_0$	(1, 0)	$R_F\downarrow R_S\uparrow$
D	$\alpha>\alpha_0$，$\beta<\beta_0$	(0, 0)	—

不同参数条件下的演化稳定策略仿真结果如图（5-4）所示，共同取值参数为：$C_S=4$、$R_S=8$、$R_F=8$、$C_F=4$。

(a) 演化稳定策略为 (0, 1)
注：该情况下，取 $\alpha=0.3$、$\beta=0.1$。

(b) 演化稳定策略为 (1, 1)
注：该情况下，取 $\alpha=0.3$、$\beta=0.8$。

(c) 演化稳定策略为 (1, 0)
注：该情况下，取 $\alpha=0.6$、$\beta=0.8$。

(d) 演化稳定策略为 (0, 0)
注：该情况下，取 $\alpha=0.6$、$\beta=0.1$。

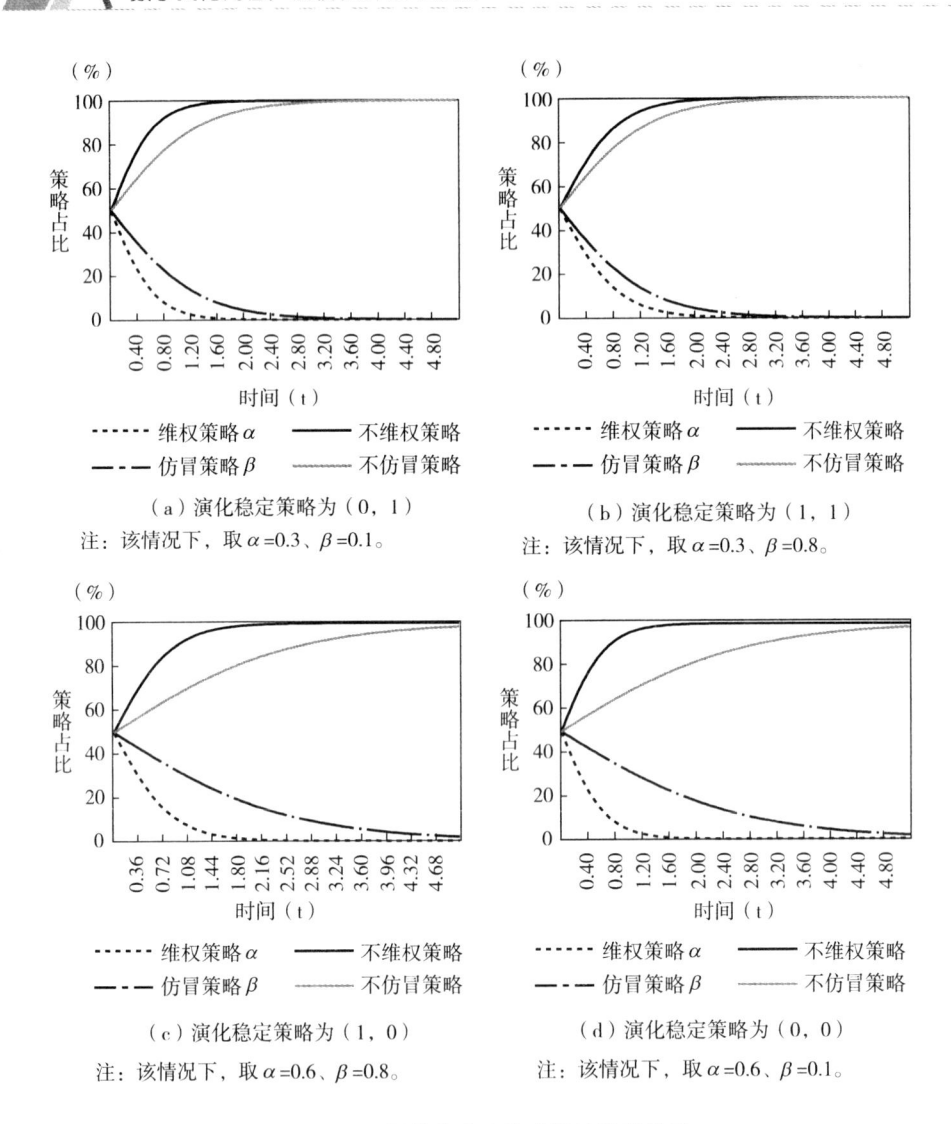

图 5-4 不同演化稳定策略下的仿真结果

当博弈落在 C 区域时，仿冒主体采取"仿冒"策略的比例较小，可以理解为市场上存在零星几个，仿冒技术尚不成熟，很难打开市场，原创主体尚未建立监管与维权体系，对市场上的仿冒行为采取容忍态度，从而导致仿冒主体更加肆无忌惮，此时博弈向 (0, 1) 方向演化；随着原创主体对仿冒行为的不断容忍，仿冒主体不断探索仿造技术，降低产品的仿造成本，提高仿造产品在市场中的流通量，从而不断提高产品收益，博弈落在 B 区域，原创主体的利益受到较大威胁，必须采取严厉的监管与维权措施以遏制仿冒行为，此时博弈向 (1, 1) 方

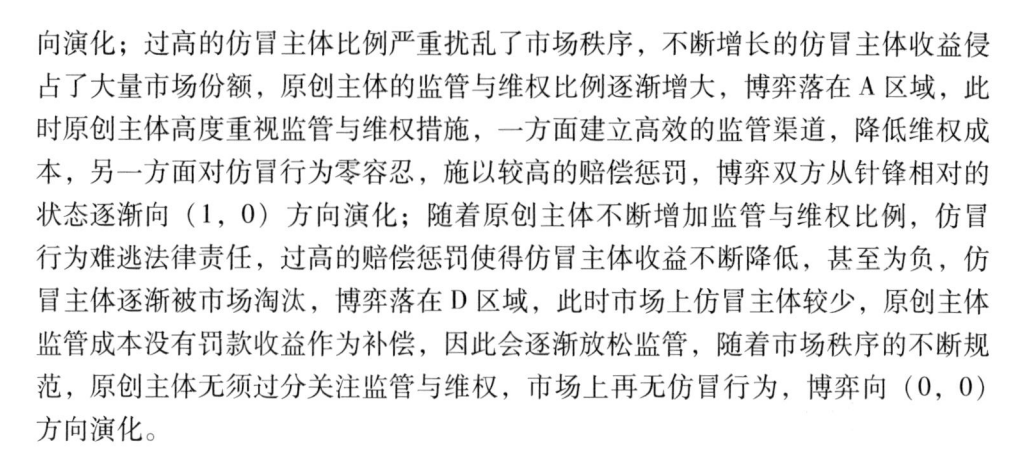

向演化；过高的仿冒主体比例严重扰乱了市场秩序，不断增长的仿冒主体收益侵占了大量市场份额，原创主体的监管与维权比例逐渐增大，博弈落在A区域，此时原创主体高度重视监管与维权措施，一方面建立高效的监管渠道，降低维权成本，另一方面对仿冒行为零容忍，施以较高的赔偿惩罚，博弈双方从针锋相对的状态逐渐向（1，0）方向演化；随着原创主体不断增加监管与维权比例，仿冒行为难逃法律责任，过高的赔偿惩罚使得仿冒主体收益不断降低，甚至为负，仿冒主体逐渐被市场淘汰，博弈落在D区域，此时市场上仿冒主体较少，原创主体监管成本没有罚款收益作为补偿，因此会逐渐放松监管，随着市场秩序的不断规范，原创主体无须过分关注监管与维权，市场上再无仿冒行为，博弈向（0，0）方向演化。

五、演化博弈的结论分析

对原创主体与仿冒主体的系统演化稳定策略进行分析，可以得到以下结论：

第一，利益是驱使博弈双方策略选择的主要因素。由博弈演化路径仿真分析图5-2可知，当博弈双方选择某一策略的成本大于收益时，便会放弃该策略，只有收益大于成本时才会选择该策略。该结论亦符合有限理性的"经济人"假设。

第二，当仿冒水平较小时，原创主体对仿冒行为存在一定的容忍度。由博弈演化路径仿真分析图5-3，以及图5-4（a）可知，当存在仿冒行为的比例较小时，原创主体会对仿冒主体放松监管。客观原因是仿冒技术不成熟，难以对原创产品构成较大威胁，且较低的仿冒水平可以在一定程度对原创主体起到品牌宣传的作用；主观原因是原创主体监管初期成本投入较大，此时仿冒水平较低，依靠追究仿冒责任获取的赔偿难以抵付成本，缺乏监管的积极性。

第三，当仿冒水平较大时，原创主体与仿冒主体呈现一种"此进彼退"的状态。由博弈演化路径仿真分析图5-4（b）至图5-4（d）可知，随着仿冒水平的不断加大，原创主体从长远利益考虑，会逐步加大监管与维权力度，直至对仿冒行为零容忍。随着监管水平的不断提高，仿冒行为被追责的概率不断增大，并逐渐趋近于1，过高的惩罚使仿冒主体不得不停止仿冒，最终退出市场。

总之，不同的群体策略选择比例会对应不同的初始状态，进而又会有不同的演化稳定策略，随着群体策略的不断改变，演化稳定策略也不断改变。这也是市场机制自身发生作用的调节结果。

第三节 原创主体对仿冒水平容忍度的分析

演化博弈的结论验证了原创主体对仿冒行为存在一定的容忍度，为探究原创主体应综合考虑哪些因素来把握该容忍度水平，本书分别构建了原创主体和仿冒主体的细化利润函数模型，具体分析原创主体的行为特征。

一、利润函数模型的参数设定

C_F 为仿冒主体的研发成本，不失一般性地，在产品研发领域，研发成本可用如下模型表示：$C_F = \frac{1}{2}\gamma\sigma^2$，$\gamma>0$ 决定了产品研发的成本系数（γ 越高，盈利能力越低）（Molto 等，2010），$\sigma>0$ 为仿冒主体的投资成本，代表了原创主体所能容忍的仿冒努力水平（σ 越高，仿冒水平越高）。

R_F 为仿冒主体的产品收益，产品收益模型为：$R_F = \tau \ln\sigma$，τ 为常系数（陈真玲和王文举，2017）。收益模型表明，仿冒主体的产品收益与其努力水平正相关，但不会一直增大，因此用对数函数表示。该收益函数的设置体现了数字产品收益的独特特征，与非数字产品常见的数量价格收益函数截然不同。

C_O 为原创主体的研发成本，$k\sigma$ 为原创主体的投资成本，$k>1$，表示原创主体的努力水平是仿冒主体的倍数，且一定比仿冒主体大，原创主体的研发成本为：$C_O = \frac{k^2}{2}\gamma\sigma^2$。

R_O 为原创主体的产品收益，同仿冒主体类似，$R_O = \tau \ln(k\sigma)$。

δ 为原创主体的交叉收益系数，δR_F 为原创主体的交叉收益，即由仿冒行为带来的品牌宣传等收益与被其侵占的产品市场份额损失的净值，也是原创主体由于容忍一定水平的仿冒行为所带来的产品交叉收益。$\delta>0$，表示交叉净收益系数为正，只有在此情况下原创主体才会对仿冒行为存在一定的容忍度。

在仿冒水平可容忍的范围内，原创主体不会采取"维权"策略，因此这里不考虑赔偿问题。

π_O 表示原创主体的利润函数，π_F 表示仿冒主体的利润函数，具体表达式如下：

$$\pi_F = \tau \ln\sigma - \frac{1}{2}\gamma\sigma^2 \qquad (5-13)$$

$$\pi_O = \tau \ln(k\sigma) - \frac{k^2}{2}\gamma\sigma^2 + \delta\tau\ln\sigma \tag{5-14}$$

二、利润函数模型的求解

在此情况下，仿冒主体与原创主体相当于一种合作的关系，仿冒主体越努力，带给原创主体的交叉收益越大，因此，原创主体的利润函数依赖于仿冒主体，只有在仿冒主体合作的情况下，原创主体才能取得利润的最大值。因此，首先对仿冒主体求解利润最大化条件，使一阶条件：$\frac{\partial \pi_F}{\partial \sigma}=0$，即满足：$\frac{\partial \pi_F}{\partial \sigma}=\frac{\tau}{\sigma}-\gamma\sigma=0$，由于 $\sigma>0$，解得：$\sigma_1^* = \left(\frac{\tau}{\gamma}\right)^{\frac{1}{2}}$。由此可得仿冒主体的努力水平范围：$\sigma_1 \in \left(0, \left(\frac{\tau}{\gamma}\right)^{\frac{1}{2}}\right)$。

然后求解原创主体的利润最大化条件，使一阶条件：$\frac{\partial \pi_O}{\partial \sigma}=0$，即满足：$\frac{\partial \pi_O}{\partial \sigma}=\frac{\tau}{\sigma}-k^2\gamma\sigma+\frac{\delta\tau}{\sigma}=0$，由于 $\sigma>0$，解得：$\sigma_2^* = \left(\frac{(1+\delta)\tau}{k^2\gamma}\right)^{\frac{1}{2}}$。由此可得仿冒主体的努力水平范围：$\sigma_2 \in \left(0, \left(\frac{(1+\delta)\tau}{k^2\gamma}\right)^{\frac{1}{2}}\right)$。

在仿冒主体的利润达到最大值以前，其会愈加努力，以追求更大的利润，一旦达到最大值，其便选择停止追加努力，放弃与原创主体合作。因此，原创主体的最大化利润条件依赖于仿冒主体，需满足 $\sigma_2 < \sigma_1$。原创主体的最大化利润如下所示：

当 $0 < \frac{1+\delta}{k^2} \leq 1$ 时，$\max\limits_{\sigma=\sigma_2^*} \pi_O = \frac{(1-\delta)\tau}{2}\ln\left(\frac{(1+\delta)\tau}{\gamma}\right) + \delta\tau\ln k - \frac{(1+\delta)\tau}{2}$；

当 $\frac{1+\delta}{k^2} > 1$ 时，$\max\limits_{\sigma=\sigma_1^*} \pi_O = \frac{(1+\delta)\tau}{2}\ln\left(\frac{\tau}{\gamma}\right) + \tau\ln k - \frac{k^2\tau}{2}$。

三、容忍度水平分析

由上述分析可知，当 $0 < \frac{1+\delta}{k^2} \leq 1$ 时，原创主体所能容忍的最大仿冒水平为 $\left(\frac{(1+\delta)\tau}{k^2\gamma}\right)^{\frac{1}{2}}$；当 $\frac{1+\delta}{k^2} > 1$ 时，原创主体所能容忍的最大仿冒水平为 $\left(\frac{\tau}{\gamma}\right)^{\frac{1}{2}}$。以下通

过算例仿真分析来讨论原创主体利润函数随仿冒水平变化的趋势图。

算例分析：假定数字内容产品的研发成本系数为 $\gamma=1$，收益模型的常系数 $\tau=4$，原创主体相比仿冒主体的努力倍数 $k=3$。情形一：交叉收益系数 $\delta=5$；情形二：交叉收益系数 $\delta=10$；情形三：交叉收益系数 $\delta=20$；情形四：交叉收益系数 $\delta=50$；情形五：交叉收益系数 $\delta=100$。仿真结果如图 5-5 所示。

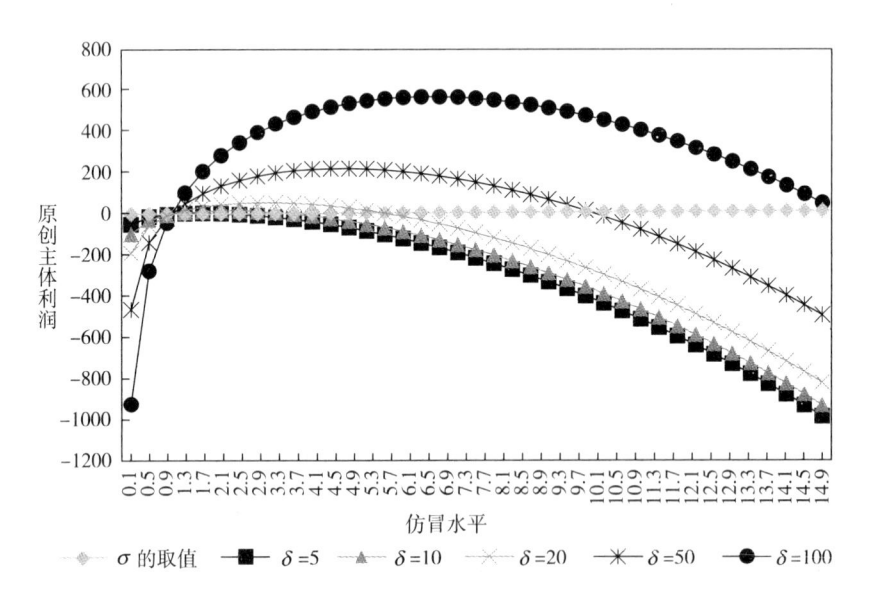

图 5-5 原创主体利润函数随仿冒水平变化的仿真结果

由图 5-5 的仿真结果可以直观看出，原创主体的利润会随着仿冒水平的增大而先增大后减小，中间存在一个极值点，该点对应的仿冒水平即为原创主体所能容忍的最大仿冒水平。另外，当其他参数值给定时，原创主体的利润会随着交叉收益系数 δ 的增大而先减小后增大，可容忍的最大仿冒水平 σ^* 也会随着交叉收益系数 δ 的增大而增大。运用同样的仿真方法，可以验证可容忍的仿冒水平 σ^* 与其他参数之间的增减变化关系如表 5-4 所示。

表 5-4 可容忍的仿冒水平 σ^* 与其他参数之间的增减变化关系

其他参数变化	可容忍的最大仿冒水平 σ^* 变化	原创主体利润
δ 增大	σ^* 增大	π_0 先减小后增大
τ 增大	σ^* 增大	π_0 先减小后增大

续表

其他参数变化	可容忍的最大仿冒水平 σ^* 变化	原创主体利润
k 增大	σ^* 减小	π_0 先增大后减小
γ 增大	σ^* 减小	π_0 减小

因此，在数字内容产品市场中，原创主体可以根据市场情况，适当采取一定的容忍度策略，在约束仿冒主体行为的同时，又能提高自身利润。具体情况分析如下：

随着仿冒交叉收益系数 δ 和收益模型常系数 τ 的不断增大，原创主体最大仿冒水平容忍度也不断增大。收益模型常系数不断增大，数字内容产品的利润率不断增高，少部分的市场份额流失不会引起原创主体过分关注；随着仿冒交叉收益系数的不断增大，仿冒主体所带来的收益增量大于其带来的损失，原创主体反而会鼓励仿冒主体努力开拓市场。因此，最大仿冒水平容忍度也会不断增大。

随着产品研发成本系数 γ 的不断增大，原创主体最大仿冒水平容忍度不断减小。数字内容产品研发成本系数不断增大，说明原创主体研发内容产品的成本变化率较大，由此导致盈利能力变小，若仿冒主体再削减一部分市场份额，势必会令原创主体利润减少。因此，原创主体会采取较低的仿冒水平容忍度。

随着原创主体的产品研发努力水平倍数 k 不断增大，原创主体最大仿冒水平容忍度不断减小。研发努力水平倍数不断增大，说明原创主体具有先进的技术手段，由此给仿冒主体造成较高的技术壁垒，原创主体由技术进步带来的收益逐步增大。因此，会对仿冒行为极度敏感，最大仿冒水平容忍度越来越小。

第四节 本章小结

本章利用演化博弈模型对数字内容产品版权保护制度的相关利益主体进行分析，得到如下结论：①数字内容产品的原创主体和仿冒主体均为受利益驱使的有限理性"经济人"。博弈双方的所有策略选择均依赖于收益大于成本这一前提条件。②在博弈过程中，综合考虑主客观因素，原创主体会对较小的仿冒水平存在一定的容忍度。③当仿冒水平较高时，原创主体会逐渐加大监管与维权力度，直至将仿冒主体驱逐出市场。总之，不同的初始状态选择比例会促进博弈过程演化出不同的稳定策略，这也是市场机制本身的运作过程。

为了进一步探究原创主体如何把握仿冒水平容忍度问题，构建了原创主体和仿冒主体的细化利润函数模型，通过模型求解和仿真分析表明：①原创主体的仿冒水平容忍度受仿冒交叉收益系数 δ、收益模型常系数 τ、产品研发成本系数 γ 和原创主体的产品研发努力水平倍数 k 四个因素共同影响。②当 $0<\dfrac{1+\delta}{k^2}\leqslant 1$ 时，原创主体所能容忍的最大仿冒水平为 $\left(\dfrac{(1+\delta)\tau}{k^2\gamma}\right)^{\frac{1}{2}}$；当 $\dfrac{1+\delta}{k^2}>1$ 时，原创主体所能容忍的最大仿冒水平为 $\left(\dfrac{\tau}{\gamma}\right)^{\frac{1}{2}}$。该结论为原创主体合理把握一定程度的仿冒水平容忍度，及时采取版权保护制度维护自身合法权益，规范数字内容产品市场主体行为提供了一定的理论借鉴。

第六章　电影版权价值场景分析及集成模型框架设计

第一节　场景分析

一、电影版权的概念

根据《中华人民共和国著作权法实施条例》，"电影作品和以类似摄制电影的方法创作的作品，是指摄制在一定介质上，由一系列有伴音或者无伴音的画面组成，并且借助适当装置放映或者以其他方式传播的作品"。版权即为著作权，依据《中华人民共和国著作权法》的规定，版权和著作权是同义的，著作权法其实也就是版权法。《中华人民共和国著作权法》第六十二条明确规定，"本法所称的著作权即版权"。著作权是无形的财产权，是法律赋予权利人对作品的一种专有、支配的控制权。

电影版权即影视作品著作权，是指电视剧、动画片、动漫、视频等影视作品的作者对其作品享有的权利（包括财产权、人身权）。版权是知识产权的一种类型，包含以下人身权和财产权：发表权、署名权、修改权、保护作品完整权、复制权、发行权、出租权、展览权、表演权、放映权、广播权、信息网络传播权、摄制权、改编权、翻译权、汇编权，以及应当由著作权人享有的其他权利。

关于电影版权的归属，《著作权法》第十七条明确规定，"视听作品中的电影作品、电视剧作品的著作权由制作者享有，但编剧、导演、摄影、作词、作曲等作者享有署名权，并有权按照与制作者签订的合同获得报酬。前款规定以外的视听作品的著作权归属由当事人约定；没有约定或者约定不明确的，由制作者享有，但作者享有署名权和获得报酬的权利。视听作品中的剧本、音乐等可以单独使用的作品的作者有权单独行使其著作权"。

二、电影版权价值的概念

目前，学术界对于电影版权价值的构成并没有统一意见，但总体来说电影版权价值可以划分为非货币价值与货币价值。非货币价值主要表现在电影作品对文化发展、文化交流的促进上，不会以实际货币来衡量。货币价值一般指电影作品的市场价值。

我国电影版权的收益来源主要是电影票房收入，电影票房收入占电影投资收益的九成（刘正山，2017）。因此，目前我国学术界对于电影版权价值的评估主要通过预测电影票房收入，并结合收益法构建电影版权价值评估模型（徐陆，2016）。

电影版权收益来源除了票房以外，还有电影周边商品收入，但我国的电影周边市场发展较晚，许多电影并没有开发电影周边。目前，我国学术界主要根据电影票房收入评估电影版权价值，极少有文献关注评估电影周边收益所带来的电影版权周边价值。

本章主要关注的是电影版权的货币价值，将电影版权的货币价值划分为电影版权票房价值和电影版权周边价值，基于多模型融合的算法对电影版权票房价值和电影版权周边价值进行评估。

三、电影版权票房价值影响因素

1985年，哈佛商学院的迈克尔·波特教授在其所著的《竞争优势》一书中首次提出了价值链的概念，他认为，每一个企业都是在设计、生产、销售、发送和辅助其产品的过程中进行各种活动的集合体，所有这些活动可以用一个价值链来表明。电影票房是电影版权价值收益的重要组成部分，本章参考价值链理论，从电影产生的过程进行考虑，将电影版权票房价值影响因素划分为电影创作因素、电影运营因素和外部环境因素。本章所选择的评估指标均根据数据的可获得性进行选择。

1. 电影创作因素

一个好的电影创作团队是电影取得高票房的保障。电影创作团队包括演员、导演、编剧、制片人、制片公司等。优秀的实力派演员或者流量艺人演员可以引起目标观影群体的兴趣，可以为电影带来更高的知名度。导演、编剧等也是同理。制片公司负责电影的制作与完成，实力雄厚、规模巨大的制片公司对电影制作有着更高的标准与要求，往往代表了不错的电影品质。观众往往相信优秀的电影创作团队可以带来优秀的电影作品，电影创作因素对观众的观看预期有很大的影响。

2. 电影运营因素

电影运营是对电影上映过程的计划、组织、实施和控制，是与电影制作与服务创造密切相关的各项管理工作。随着互联网技术的发展，网民获取信息的途径变得越来越多，从电脑网上冲浪到移动互联网时代，越来越多的网民采用搜索引擎的方式获取想要了解的信息，观影人也开始在互联网上获取上映电影的相关信息，例如，百度搜索是我国网民使用的主要搜索方式。良好的电影宣传可以使更多的影片目标受众关注到影片，这必然对电影的票房收益起到不小的助力作用。

3. 外部环境因素

改革开放以来，随着人民生活水平的逐渐提高，人们吃饱穿暖的物质生活需求已基本得到满足，在文化娱乐的精神生活方面，人民也有了越来越高的追求与向往。随着生活越来越富裕，电影院日益增多，越来越多的人开始走进电影院。

四、电影版权周边价值影响因素

知识产权（Intellectual Property，IP），是"基于创造成果和工商标记依法产生的权利的统称"。随着时代的发展，IP 概念逐渐泛化并衍生出新的含义，指能持续开发并能产生经济效益的内容产品，如电影、电视剧、故事 IP、形象 IP 等。IP 还承载了内容背后的文化、情感与意义，IP 本身对电影版权的周边价值有着直接的影响。本章参考价值链理论，将 IP 产生的过程划分为三个阶段，即创作—开发—推广，每一个阶段都会对电影周边的经济收益产生影响，所以本章从这三个方面归纳电影周边价值影响因素，将电影版权周边价值影响因素划分为 IP 创作因素、IP 开发因素和 IP 推广因素。本章的评估指标均根据数据的可获得性进行选择。

IP 创作因素。改革开放以来，我国经济迅速发展，90 后、00 后新生代消费群体逐渐崛起，越来越多的年轻人愿意为自己的兴趣爱好买单。与此同时，众多 IP 概念已相继诞生，要在众多 IP 中受到消费者青睐，IP 需要具备辨识度高、容易记忆、吸引消费者眼球的特点。例如，贝肯熊的形象给人一种傻傻的感觉，它还有一个"倒霉熊"的昵称，给人留下了深刻的印象。

IP 开发因素。为了持续保持 IP 的传播力度，可以通过漫画、表情包、动画、电影等途径来开发 IP 使之快速传播。电影上映可以扩大 IP 的知名度，一部电影的票房越高，代表观众对 IP 越喜欢与认可。例如，胡巴这一形象通过电影《捉妖记》进行传播，后来电影大卖也带动了电影 IP 周边商品的销售，IP 开发取得了非常好的效果。

IP 推广因素。IP 具有强关联性，比如，人们看到光头强玩偶，就会联想到《熊出没》，IP 可以将情感符号化、将用户粉丝化。IP 想要被普罗大众所熟知离不开宣传推广，消费者对 IP 越熟悉，越有可能为 IP 周边商品买单，IP 推广离不开各大视频媒体播放平台以及社交媒体平台。

第二节 集成模型框架设计

一、多模型融合方法适用性

多模型融合是当代机器学习集成方法中最为关键的提效手段之一。通过融合多个强学习器，可以大幅修正单一算法在偏差和方差方面的问题：当单一算法在一个样本上的偏差较高时，可以通过其他算法在该样本上的预测结果来修正这种高偏差；当单一算法在不同数据上的方差较大时，可以借助其他稳定的模型来消除单一算法的大方差带来的影响（Tan 等，2006）。在 Boosting 思想诞生之前，模型融合的许多经典方法就已经诞生了，甚至可以说 Bagging 也是融合思想的结晶之一。现在，使用比较广泛的模型融合策略有：均值法（Averaging）、投票法（Voting）、堆叠法（Stacking）、提升法（Boosting）、装袋法（Bagging）（周志华，2016）。

目前，多模型融合已经被广泛应用于机器学习任务，在数据挖掘竞赛与现实问题方面得到了应用，都取得了不错的效果（天池平台，2020）。例如，邝萌等（2021）以居民用电数据作为研究对象，采用 Stacking 的模型融合方法，以非线性核 SVM、KNN、DTree 为基学习器，SVM 作为元学习器建立异常用电检测模型，使得准确率有明显提升。葛娜等（2019）通过建立 Prophet-LSTM 组合预测模型预测某种产品销售量的短期及长期变化趋势，具有更强的准确性。冯晨和陈志德（2019）通过建立 ARIMA-XGBoost-LSTM 加权组合模型，使得商品销售预测效果更好，大大提升了模型的泛化性。贺小伟等（2021）通过建立 GRU-LSTM 模型，对云计算资源负载进行高效预测，结果显示该模型在预测精度上优于单一预测模型和其他组合预测模型。Zhao 等（2015）将 Logistic 曲线模型和多维预测模型相结合，利用果蝇算法对这两个模型在组合预测中的权重进行优化，模型具有较高的预测精度。Shen 等（2016）融合 PCR、PLSR、MPLSR 建立模型，以解决过程工业关键绩效评价，结果表明，融合模型预测精度高于单项预测方法。Fan 等（2017）将 Bass-Norton 模型与情感分析相结合，建立汽车销售预测模型，结果表明融合模型的预测准确率更高。

模型融合在数据挖掘竞赛与解决现实问题中有相当大的作用，它可以用来做市场销售模拟的建模，也可以用来预测疾病的风险等。本章同样采用多模型融合的算法进行建模,以此来提高模型的预测效果。

二、电影版权价值评估模型整体流程

本章所提出的集成模型由多个单独的机器学习模型组成,它们共同工作以提高整体性能。在集成模型中,每个子模型都有其特点和优缺点,将它们融合在一起可以实现比任何一个单独模型更好的预测结果,集成模型整体框架如图6-1所示。

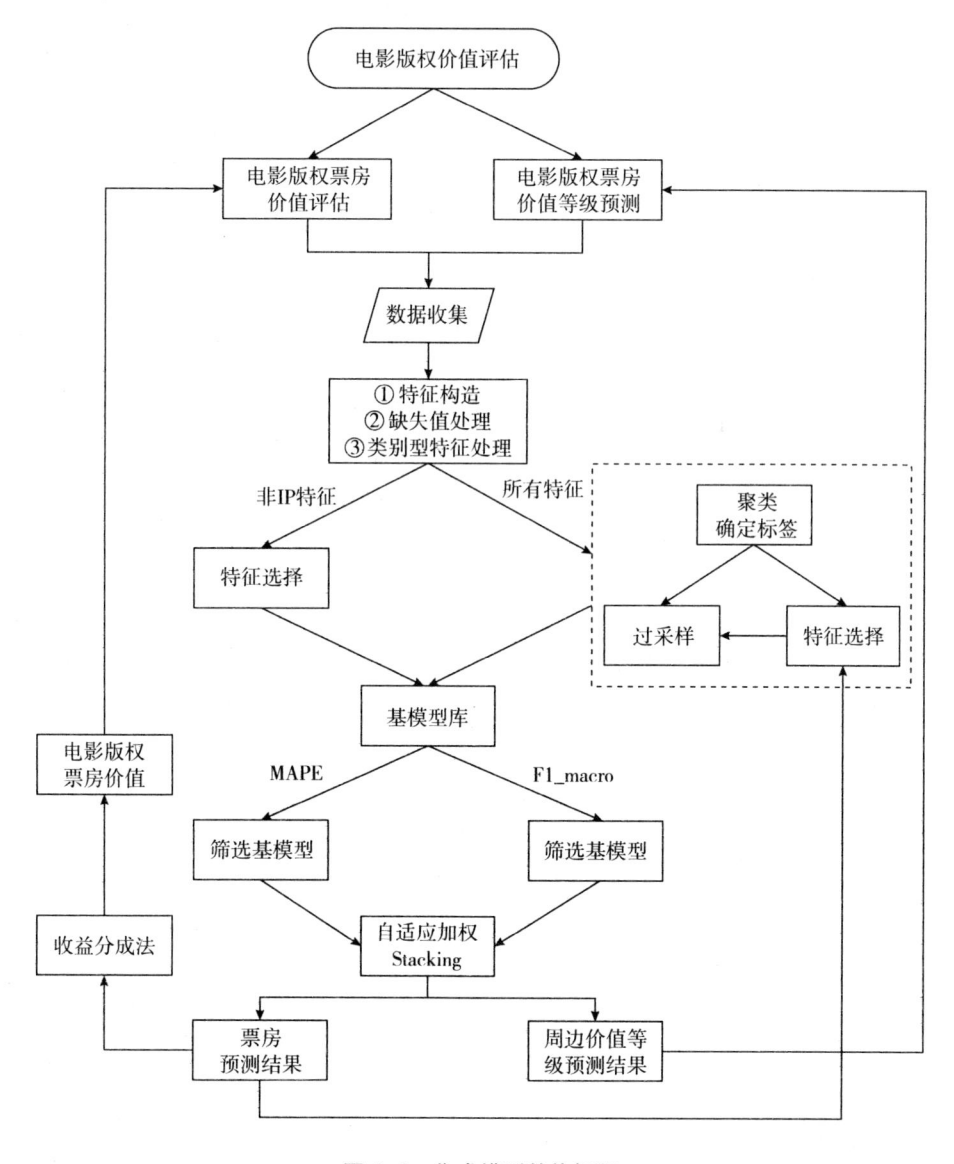

图 6-1 集成模型整体框架

三、SHAP 可解释性技术

SHAP（SHapley Additive exPlanations）是 Lundberg 和 Lee 所提出的一种模型可解释性技术，可以帮助解释任何机器学习模型的输出（Lundberg and Lee, 2017）。在机器学习中，SHAP 值可以用来度量每个特征对于某一个样本的重要性，通过计算每个特征对于所有可能的特征组合所产生的贡献值来确定每个特征的重要性。具体来说，对于一个给定的样本，SHAP 值测量了每个特征对于该样本预测输出与基准输出之间的差异贡献。

假设第 i 个样本为 x_i，第 i 个样本的第 j 个特征为 x_{ij}，模型对该样本的预测值为 y_i，整个模型的基线（通常是所有样本的目标变量的均值）为 y_{base}，那么 SHAP 值服从以下等式：

$$y_i = y_{base} + f(x_{i1}) + f(x_{i2}) + \cdots + f(x_{ik}) \tag{6-1}$$

其中，$f(x_{ij})$ 为 x_{ij} 的 SHAP 值，$f(x_{i1})$ 就是第 i 个样本中第 1 个特征对最终预测值 y_i 的贡献值，当 $f(x_{ij}) > 0$，说明该特征提升了预测值，起正向作用；反之，说明该特征使得预测值降低，起反向作用。

第三节 本章小结

本章首先对研究场景进行了分析，对电影版权以及电影版权价值的概念进行了界定，并对电影版权票房价值和周边价值的影响因素进行了分类；其次阐述了多模型融合在当前场景下的适用性，并对后文采用的算法框架进行了说明，对相关技术进行了介绍。

第七章 基于 LightGBM-AWStacking-PSM 的电影版权票房价值评估

第一节 引言

本章在前述文献综述部分介绍了电影版权价值评估目前的相关研究，学者主要根据电影票房收益评估电影版权价值，评估方式主要分为经验驱动和数据驱动。经验驱动多采用专家经验和问卷调查的方式对电影的收益进行预估与分析，这种评估方式的主观性太强，且评估效率低下。数据驱动多采用单模型的方式建立电影票房预测模型，采用单模型进行建模其准确度可能会受限，但多模型融合可以解决这个问题。

将多个模型融合可以提高整体的准确度，因为每个模型都有其专长和弱点，融合之后可以互相补充、协同工作以达到更准确的效果。在处理复杂场景时，单一模型可能无法胜任，但多模型可以通过组合、协同或互补的方式解决问题，提高模型的鲁棒性。目前，在学术界以及各大数据挖掘比赛中，回归任务的常用模型融合算法是 Stacking 算法，Stacking 算法将多个单模型的预测结果作为元学习器的训练集和测试集，用元学习器进行训练与预测，最终得到一个效果更好的模型。

本章基于原始的 Stacking 算法，提出了一种自适应加权 Stacking（Adaptive Weighting Stacking，AWStacking）回归集成算法，根据基模型的效果对基模型的预测结果进行加权，从而得到更准确的预测结果，并将其应用于电影票房预测，提高了票房预测的准确度。

第二节 算法整体流程及步骤

本章构建电影版权票房价值评估模型包含以下过程：数据收集、数据处理、特征选择、构建 AWStacking 模型预测票房、收益分成法评估。电影版权票房价值评估模型构建过程如图 7-1 所示。

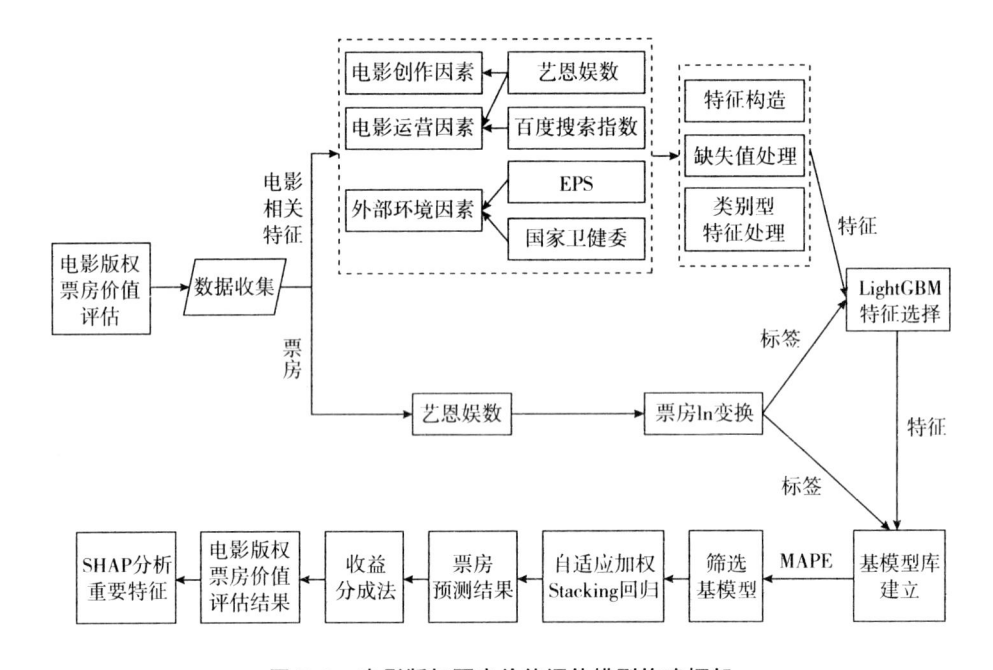

图 7-1 电影版权票房价值评估模型构建框架

数据收集。在艺恩娱数网、百度搜索指数平台、EPS（Easy Professional Superior）数据平台、国家卫健委官网收集电影票房以及相关特征。

数据处理。对收集到的数据进行特征构造、缺失值处理、类别型特征处理，对票房数据进行 ln 变换。

特征选择。使用 LightGBM 算法进行特征选择，降低模型复杂度。

构建 AWStacking 模型预测票房。构建基模型库，根据平均绝对百分比误差 MAPE 筛选基模型，采用 AWStacking 回归算法，对票房进行预测。

收益分成法评估。基于收益分成法折算电影版权票房价值，将票房收入预测值代入收益分成法计算公式，确定许可费用率、收益期限、折现率结合电影票房收益，得到电影版权票房价值，并使用 SHAP 算法分析模型的重要特征。

一、基于 LightGBM 的特征选择

通过特征选择可以减少特征维度，提高模型的泛化能力，提高模型的训练速度，减少训练时间。特征选择的方法有：过滤法（Filter）、包装法（Wrapper）和嵌入法（Embedded）。本章使用嵌入法进行特征选择，嵌入法特征选择是一种在模型训练过程中自动选择相关特征的方法。嵌入法特征选择具有如下优点：第一，相比于手动选择特征，用嵌入法自动进行选择更加便捷；第二，可以同时考虑特征间的相关性和特征对模型的影响，从而得到性能更好的模型；第三，可以结合正则化或者交叉验证的方式避免模型过拟合。

嵌入法的特征选择可以采用 sklearn 库中的 feature_selection 模块的 SelectFromModel 类进行实现。SelectFromModel 可以与任何在拟合后具有 coef_、feature_importances_ 属性或参数的评估器一起使用。本章选择 LightGBM 作为特征选择的模型评估器，使用 LightGBM 进行特征选择的步骤如下：

（1）将数据集划分为训练集和测试集。

（2）在训练集上使用 LightGBM 模型拟合数据。

（3）使用 LightGBM 内置的函数获取每个特征的重要性得分。

（4）根据特征重要性得分对特征进行排序，根据设定的特征重要性阈值选取得到重要特征集合。

（5）使用所选的特征集合重新拟合模型，并在测试集上评估模型性能。

二、AWStacking 回归集成策略

Stacking 算法是一种集成学习技术，可以通过组合多个预测模型，以提高模型的泛化能力，得到更好的预测效果。它的算法架构一般分为两层：第一层由多个不同的基学习器组成；第二层为一个元学习器。其算法过程是：第一层多个基学习器对原始数据集进行训练，然后将预测的结果作为第二层元学习器的输入，元学习器进行训练并且输出预测结果，元学习器的输出结果是该算法的最终输出结果。传统 Stacking 算法结构如图 7-2 所示。

在基于 Stacking 算法构建模型时，元学习器通常选择简单的模型，比如，在回归任务中通常选用多元线性回归模型作为元学习器，在分类任务中通常选用逻辑回归模型作为元学习器。此外，在训练第一层基学习器的过程中，通常采用 K 折交叉验证的方式，比如，当 K=5 时，将原始数据集划分为训练集和测试集，并将训练集等比例划分为 5 个子集，每次使用其中 4 个子集作为基学习器的训练集，剩余的 1 个子集作为基学习器的验证集，使用训练出的基学习器对验证集和

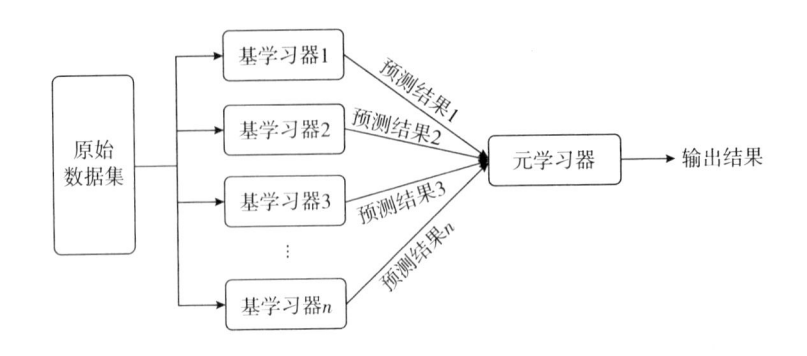

图 7-2 传统 Stacking 算法结构

测试集分别进行预测，并将 5 个验证集的预测结果进行拼接，组成元学习器训练集的其中一列特征，将 5 次对测试集的预测结果进行简单平均，作为元学习器测试集的其中一列特征。

不过，每次交叉验证所产生的基学习器对测试集的预测效果总是有不同的精度的。如果每次训练生成的基学习器精准度都很高，则正确的数据集占比高，最终的预测结果与真实值相近；相反，如果得到错误的数据集的数量占比较大，就会导致最终结果的准确率降低。所以对测试集的预测结果简单取平均的话，可能会导致精度失准。

因此，本章提出了 AWStacking 回归集成算法，使用基学习器预测验证集的预测效果平均绝对百分比误差（Mean Absolute Percentage Error，MAPE）的倒数来作为回归任务中基模型的"精度"。在基学习器对测试集预测结果进行组合时，使用该"精度"对基学习器对测试集的预测结果进行加权平均，从而增加预测效果好的基学习器对测试集的预测结果所占权重，降低预测效果差的基学习器对测试集的预测结果所占权重。最后将各基模型对测试集的预测结果进行拼接，组成元学习器的测试集，以期得到更好的预测效果。

以下是本章提出的 AWStacking 回归算法的实现思路：

（1）在基模型进行 K 折交叉验证时，每轮使用 K-1 折训练集训练生成一个基学习器，一共生成 K 个基学习器。

（2）针对每一轮交叉验证，使用训练好的基学习器对剩余的 1 折验证集进行预测并生成预测结果，计算出每一轮交叉验证时基学习器对验证集的预测效果 MAPE。

（3）使用每轮训练好的基学习器，对测试集进行预测并生成测试集的预测结果。

（4）将每轮验证集的预测结果进行 concat 连接，作为元学习器训练集的一列特征。

（5）采用每轮基学习器对验证集的预测效果 MAPE 的倒数作为每轮基学习器预测的"精度"，根据"精度"对测试集的预测结果进行加权平均，作为元学习器测试集的一列特征。

AWStacking 回归算法如图 7-3 所示。

三、基于 PSM 的电影版权票房价值折现

收益法，是指通过预估被评估资产的未来预期收益，然后按照一定的折现率折算成现值，以此来确定被评估资产价值的一种常用的评估方法。收益分成法（Profit Sharing Method，PSM）是将收益法运用于无形资产评估的一种变形，通过电影票房预测模型得到票房预测结果后，也就具备了使用收益分成法计算电影版权票房价值的基础，将其代入收益分成法公式，然后确定好被评估电影的电影票房分成率、收益期限、折现率参数，即可计算得到所评估电影版权的票房价值。

电影版权票房价值折现公式如下：

$$P = \sum_{i=1}^{n} \frac{R \times K}{(1+r)^i} \tag{7-1}$$

其中：

P——电影版权票房价值；

R——平均日票房收益；

K——电影票房分成率；

n——电影票房收益期限；

r——电影票房收益折现率。

1. 分成率的确定

根据《国家电影事业发展专项资金管理办法》与《财政部　国家税务总局关于国家电影事业发展专项资金营业税政策问题的通知》，我国所有县及县以上城市电影院的电影票房收入，按 5% 的标准向国家电影事业发展专项资金进行缴纳，另外还需要缴纳 3.3% 的特别营业税，所以剩余的 91.7% 为一部电影可用于分账的票房净收入。在可分账票房中，电影院及院线公司提留 57%，中国电影全资子公司中影数字会征缴 1%~3% 的发行代理费，剩余的 40%~42% 归于电影制片方和发行方。制片方和发行方之间通常会按照具体合作情况约定分账比例。一般情况下，发行方会收取分账票房的 2%~6% 作为发行代理费用，最后剩余的 38%~40% 归制作方所有，具体票房分成率要根据实际情况进行确定[①]。

[①] 突破40亿！《满江红》跃居中国影史票房第八，上市公司能分账多少［EB/OL］. 澎湃新闻，2023-02-09，https：//baijiahao.baidu.com/s？id=1757307995751367809&wfr=spider&for=pc.

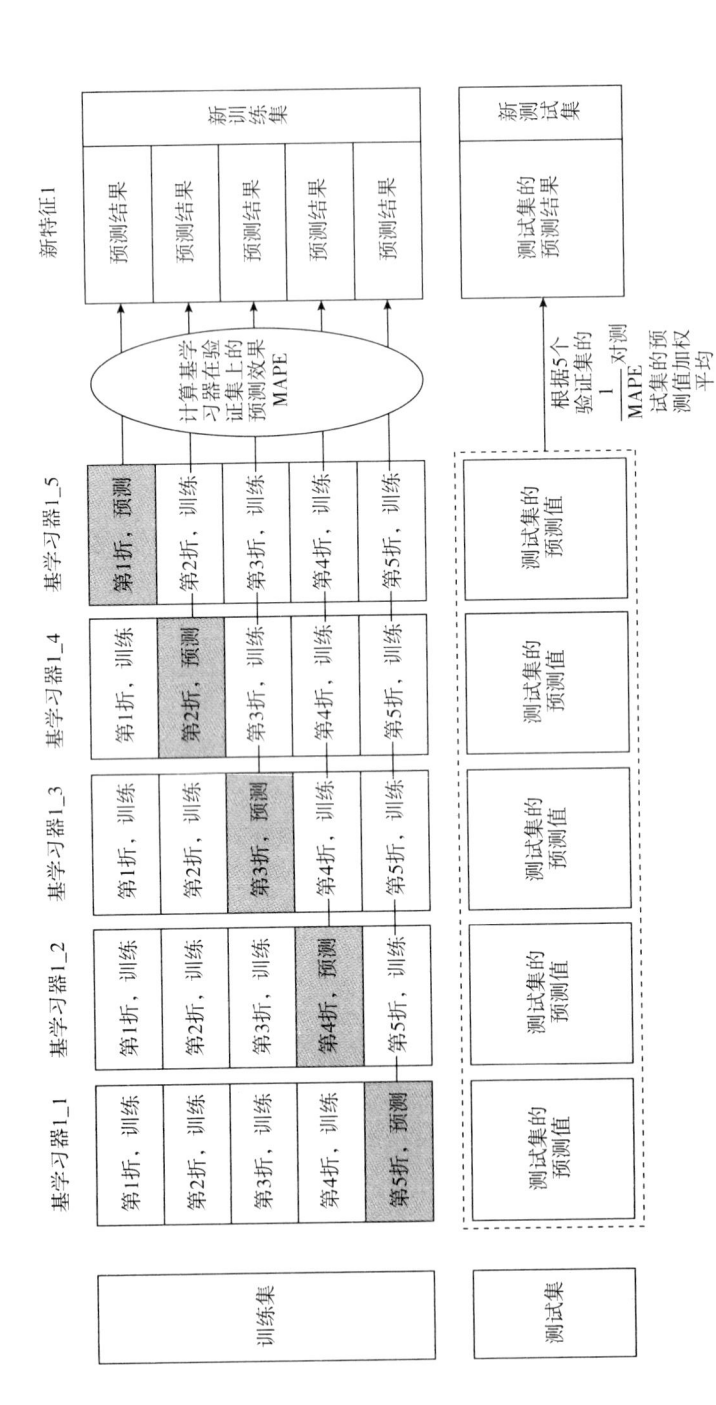

图 7-3 AWStacking 回归集成

2. 收益期限的确定

电影票房收益期限也就是电影放映期限，大部分电影票房放映期限较短，以天数为单位一般不超过30天，不过部分优秀的电影也会有所延期，电影票房越高，则代表越受观众欢迎，放映期限也就越长。也有部分电影因为某种原因导致票房惨淡，上映几天后就从电影院下线。

3. 折现率的确定

电影是一项高风险高收益的项目，风险累加法是通过量化无形资产的无风险报酬率和风险报酬率来求取折现率的方法。无风险报酬率是正常条件下的获利水平，风险报酬率是对投资风险的额外补偿，是投资者为了获取高于无风险报酬率的投资回报而担负的风险程度。风险累加法在无形资产价值评估中应用广泛，是确定电影版权折现率比较合适的一种方法，具体公式如下：

$$折现率 = 无风险报酬率 + 风险报酬率 + 个别风险调整 \tag{7-2}$$

无风险报酬率一般采用中国一年期国债收益率作为替代值，在中国人民银行官网经过查询得知为2.1682%。

风险报酬率一般采用电影行业投资回报率与无风险报酬率的差值，本章选取国内知名的3家影视公司2017~2021年的平均资产收益率来代替行业平均投资回报率，具体数据如表7-1所示，经过计算得到平均资产收益率为3.784%，减去无风险报酬率得到风险报酬率为1.6158%。

表7-1　2017~2021年三大影视公司总资产收益率　　　　单位：%

股票简称 \ 年份	2021	2020	2019	2018	2017
中国电影	1.25	-3.84	7.39	10.25	7.66
光线传媒	-3.10	2.77	8.67	12.02	7.81
上海电影	0.45	-14.69	3.76	7.50	8.86
平均值	\multicolumn{5}{c}{3.784}

资料来源：东方财富网。

个别风险调整。大多数学者在文章中将电影个别风险调整值设置为4%，在具体评估时可以根据实际情况自行设置。

第三节 数据收集与处理

一、数据收集

本书前文已经介绍了电影版权票房价值的影响因素，主要为电影创作因素、电影运营因素、外部环境因素。关于模型所需的数据收集，本章参考已有的研究并结合数据可获取的实际情况，采取下载以及爬虫的方式收集电影相关数据，共获取 5683 条电影数据，但由于低票房的电影数据存在数据特征缺失严重的问题，本章选择了票房排名在前 2000 的电影数据进行建模。

电影创作因素具体包括：导演、演员、编剧、出品人、监制、制片人、出品公司、制作公司、发行公司、整合营销公司、新媒体营销公司、电影类型、影片制式、投资规模、猫眼评分、淘票票评分、豆瓣评分等。本章选取的电影创作因素来自艺恩网，艺恩是我国最早成立的影视行业数据服务企业之一，艺恩数据在我国电影行业具有广泛认可性。

电影运营因素具体包括：平均票价、电影上映场次、猫眼想看人数、淘票票想看人数、豆瓣想看人数、百度搜索指数等。本章选取的电影运营因素来自艺恩网与百度搜索指数平台。当前互联网时代下，搜索引擎已成为消费者了解电影的重要途径，本章根据电影名称爬取电影上映前 30 天到上映后 30 天每一天的百度搜索指数。

外部环境因素具体包括：全体居民消费水平（元）、农村居民消费水平（元）、城镇居民消费水平（元）、全体居民消费水平指数（1978 年=100）、农村居民消费水平指数（1978 年=100）、第三产业所占比重（国内生产总值=100）、国内生产总值（亿元）、居民人均可支配收入（元）、电影院线（条）、电影院线内银幕（块）、互联网上网人数（万人）、互联网宽带接入端口（万个）、互联网国际出口带宽（Mbps）、开通互联网宽带业务的行政村比重（%）、互联网普及率（%）、互联网宽带接入用户（万户）。本章选取的外部环境因素来自 EPS 数据平台与国家卫健委官网，EPS 数据平台是一家专业的数据服务提供商，拥有宏观经济、产业运行、人文社科、普查数据等多个数据库，可以满足本章的相关数据需求。

二、数据处理

1. 电影票房数据处理

由于电影票房数据分布不均匀而呈现长尾分布的形态，少数电影的票房非常高，而多数电影的票房则相对较低，这会导致模型在训练过程中更多地关注极高值，而忽略多数的数据，从而影响模型的表现。通过对票房进行 ln 变换可以减小极端值的影响，缓解票房数据不平衡的问题，使模型更加准确与稳定。电影票房收入进行 ln 变换前后的分布情况如图 7-4 所示。

（a）电影票房收入的分布情况　　（b）电影票房收入的分布情况（ln变换）

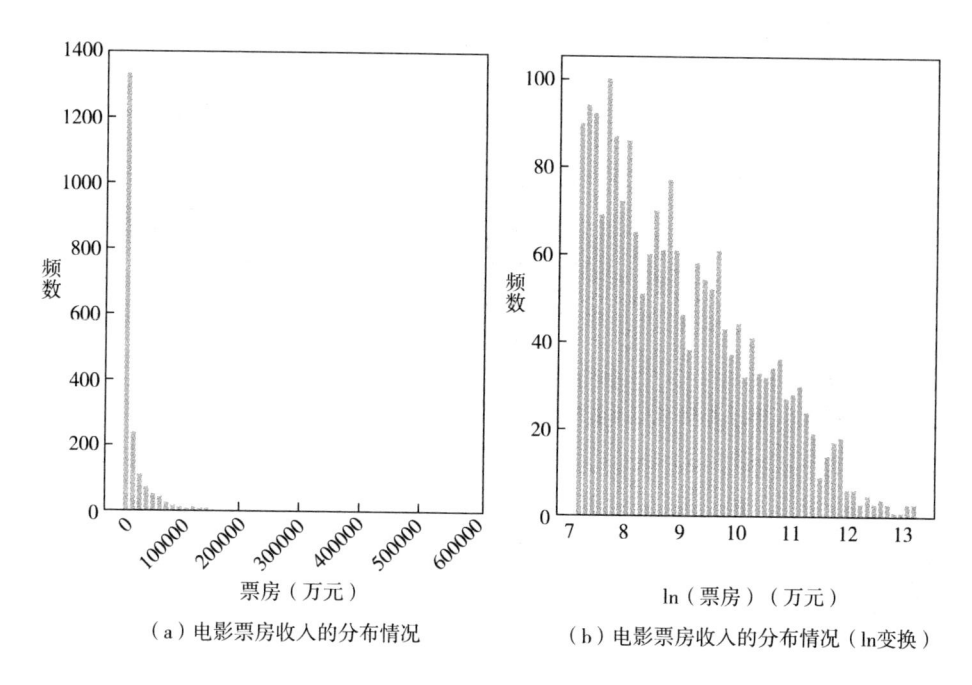

图 7-4　电影票房收入的分布情况

2. 国家宏观数据处理

本书在 EPS 网站获取了多种国家统计宏观数据，每一种数据均为年度数据，无法获得电影上映时的具体宏观数据。每一种年度宏观数据与时间之间的关系可能不是线性的。多项式回归可以用于拟合非线性关系的数据，因此本章根据已获得的年度数据对每一种数据使用多项式回归进行拟合，根据拟合后的多项式回归模型计算出每部电影上映时的宏观数据。由于宏观数据种类较多，本章以电影院线内银幕（块）数据为例说明如何使用多项式回归对宏观数据进行预测，具体预测过程如下：

Step1：电影院线内银幕（块）数据时间跨度为 2006~2021 年，本章将年份转化为当年的最后一天，再将日期转换为数字（1900 年 1 月 1 日为数字 1，1900 年 1 月 2 日为数字 2，以此类推），转换示例如表 7-2 所示。

表 7-2　电影院线内银幕（块）部分数据示例

年份	日期	将日期转换为数字	电影院线内银幕（块）
2015	2015 年 12 月 31 日	42369	31600
2017	2017 年 12 月 31 日	43100	50776
2019	2019 年 12 月 31 日	43830	69787

Step2：以日期数字作为自变量，电影院线内银幕（块）数作为因变量，使用 Python 建立多项式回归模型，设置多项式的最高次幂为 5，训练得到模型的拟合优度 R^2 为 0.9972，根据真实值与预测值画出的拟合曲线如图 7-5 所示。

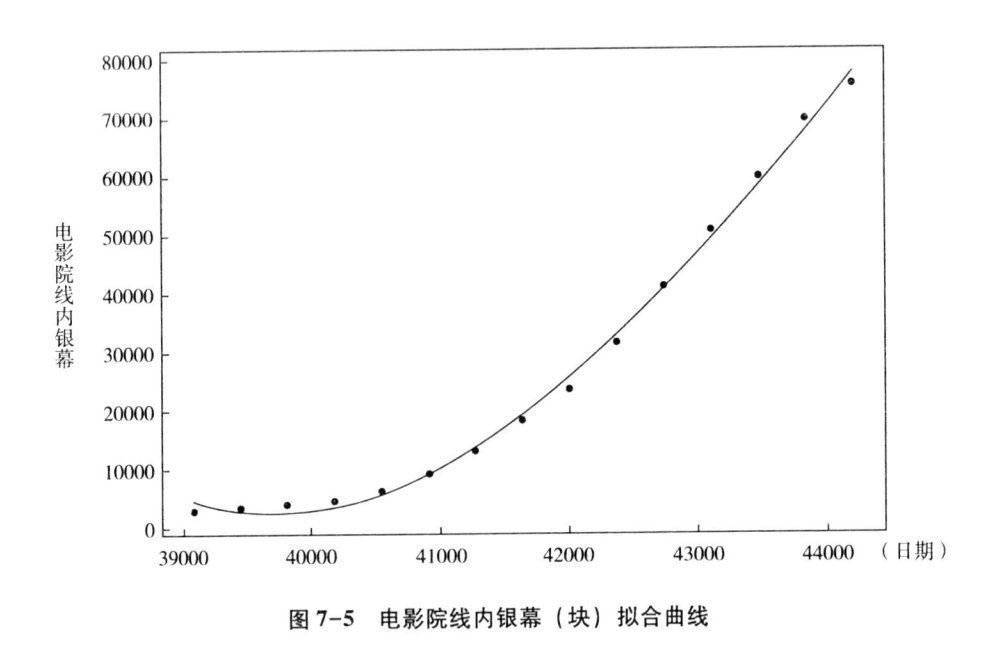

图 7-5　电影院线内银幕（块）拟合曲线

Step3：以每部电影的上映日期为自变量，使用 Step2 中得到的多项式回归模型预测每部电影上映时的电影院线内银幕（块），部分预测数据如表 7-3 所示。

表 7-3　电影院线内银幕（块）预测数据示例

电影名称	上映日期	将上映日期转换为数字	电影院线内银幕（块）预测值
《长津湖》	2021 年 9 月 30 日	44469	85346.67536984
《战狼2》	2017 年 7 月 27 日	42943	45625.00855624
《你好，李焕英》	2021 年 2 月 12 日	44239	79071.3646575
《哪吒之魔童降世》	2019 年 7 月 26 日	43672	63895.13502012
《流浪地球》	2019 年 2 月 5 日	43501	59454.47257928

通过上面的步骤对每一种宏观数据使用多项式回归模型进行训练与预测，并将每部电影上映时宏观数据的预测值作为模型的数据特征。

3. 百度搜索指数数据处理

根据收集到的百度搜索指数数据，为每部电影数据增加百度搜索指数特征，包括全端上映前 30 天平均搜索指数、全端上映前 7 天平均搜索指数、全端上映当天搜索指数、全端上映后 7 天平均搜索指数、全端上映后 30 天平均搜索指数、PC 端上映前 30 天平均搜索指数、PC 端上映前 7 天平均搜索指数、PC 端上映当天搜索指数、PC 端上映后 7 天平均搜索指数、PC 端上映后 30 天平均搜索指数、智能端上映前 30 天平均搜索指数、智能端上映前 7 天平均搜索指数、智能端上映当天搜索指数、智能端上映后 7 天平均搜索指数、智能端上映后 30 天平均搜索指数、上映前后 30 天每天的百度搜索指数。全端搜索指数代表 PC 端与智能端搜索指数之和，整理后部分电影的百度搜索指数数据如表 7-4 所示。

表 7-4　部分电影的百度搜索指数数据示例

电影名称	上映日期	全端上映前 30 天平均搜索指数	全端上映前 7 天平均搜索指数	全端上映当天搜索指数	全端上映后 7 天平均搜索指数	全端上映后 30 天平均搜索指数
《长津湖》	2021 年 9 月 30 日	30008.7	72595.43	502677	1059134	451876.7
《战狼2》	2017 年 7 月 27 日	24158.23	45348.71	256913	1262703	920833.4
《你好，李焕英》	2021 年 2 月 12 日	37625.4	104796.7	395390	748152.4	309665.4
《哪吒之魔童降世》	2019 年 7 月 26 日	16633.3	63845	283248	539412.1	331797.2
《流浪地球》	2019 年 2 月 5 日	31611.17	53317	471650	1099486	516540.5

4. 电影创作团队数据处理

为了更好地挖掘每部电影的导演、演员、编剧、出品人、监制、制片人、出品公司、制作公司、发行公司、整合营销公司、新媒体营销公司可能对票房产生的影响力，本章通过整理所有电影数据，构造出以下特征。

首先，将每部电影的演员的前三位设为主演，针对电影的创作团队如主演、编剧、导演、出品人、监制、制片人、出品公司、制作公司、发行公司、整合营销公司、新媒体营销公司，整理所有电影数据，为每部电影数据增添电影的这些主体的人数、历史参与电影总数、历史总票房、历史平均票房，比如，为每部电影增加导演人数、导演历史参与电影总数、历史总票房、历史平均票房等特征。

其次，为每部电影的导演、编剧以及每位主演增添历史总猫眼想看人数、历史最高猫眼想看人数、历史平均猫眼想看人数、历史总淘票票想看人数、历史最高淘票票想看人数、历史平均淘票票想看人数、历史总豆瓣想看人数、历史最高豆瓣想看人数、历史平均豆瓣想看人数、历史总猫眼评分、历史最高猫眼评分、历史平均猫眼评分、历史总淘票票评分、历史最高淘票票评分、历史平均淘票票评分、历史总豆瓣评分、历史最高豆瓣评分、历史平均豆瓣评分的特征。

再次，为每部电影的数据增添第一导演（即排序第一的导演）、第一编剧、第一监制、第一制片人、第一出品公司、第一制作公司、第一发行公司的历史电影总数、历史总票房、历史平均票房、最近1年历史总票房、最近1年历史电影总数、最近1年平均票房、最近3年历史总票房、最近3年历史电影总数、最近3年平均票房、最近5年历史总票房、最近5年历史电影总数、最近5年平均票房。

最后，根据所有电影数据，计算所有演员、编剧、导演、出品人、监制、制片人、出品公司、制作公司、发行公司的参与电影次数，以参与过电影次数排序前百分之一为门槛，确定劳模演员、劳模编剧、劳模导演、劳模出品人、劳模监制、劳模制片人、劳模出品公司、劳模制作公司、劳模发行公司名单。根据每部电影的工作人员，确定每部电影的劳模演员人数、劳模编剧人数、劳模导演人数、劳模出品人人数、劳模监制人数、劳模制片人人数、劳模出品公司数、劳模制作公司数、劳模发行公司数，将这些数据添加到模型数据特征中。

5. 上映日期数据处理

根据电影上映日期，为每部电影数据增添上映月份、上映日期为周几的数据特征。已有上映日期数据为字符串类型，上映日期格式统一化为"yyyy/MM/dd"，获取电影的上映月份特征，调用 Python 的 weekday（）函数加1得到上映当天是周几。为每部电影增加档期特征，档期有元旦档、春节档、情人节档、妇女节档、清明档、五一档、六一档、端午档、暑期档、七夕档、中秋档、国庆档、贺岁档，具体档期时间范围如表7-5所示。

表 7-5 档期时间范围

档期	时间
元旦档	每年 12 月 31 日至次年的 1 月 3 日
春节档	每年春节假期
情人节档	每年 2 月 13 日至 2 月 14 日
妇女节档	每年 3 月 7 日至 3 月 8 日
清明档	每年清明节假期
五一档	每年 4 月 30 日至 5 月 5 日
六一档	每年 5 月 31 日至 6 月 1 日
端午档	每年端午节假期
暑期档	每年 6 月 2 日至 8 月 31 日
七夕档	每年七夕节
中秋档	每年中秋节假期
国庆档	每年 9 月 31 日至 10 月 7 日
贺岁档	每年 11 月 30 日至 12 月 30 日
普通	其他档期时间范围外

6. 其他数据特征处理

为每部电影增添影片名长度的数据特征，并对数据的缺失值进行填充，对于类别型特征，常见的缺失值填充方法是使用众数（即出现次数最多的值）进行填充。因为类别型特征的取值是离散的，众数是一种合理的替代方法，可以保留类别特征的本质信息。对于数值型特征，常用的方法是使用平均值或中位数进行填充。使用平均值进行填充的好处在于可以使填充后的数据更符合整体分布情况，避免可能产生的偏差。

在进行缺失值填充前，首先使用 train_test_split（random_state = 2023）函数将经过处理的 2000 条数据集按照 8∶2 的比例划分为训练集和测试集，然后分别在训练集和测试集上使用众数对类别型特征（如投资规模、电影主类型、影片制式、国别等）的缺失值进行填充，使用均值对数值型特征的缺失值进行填充。通过在训练集和测试集中分别计算并填充，可以避免测试集数据泄露的问题。

在机器学习中，模型只能接受数字输入，不能接受类别型的非数字输入。因此，在训练模型之前，需要将类别型特征转换为数字特征。常见的类别型特征编码方法有：独热编码（One-hot Encoder）、标签编码（Label Encoder）、计数编码（Count Encoder）、目标编码（Target Encoder）。其中，独热编码将每个类别都转换为一个二元特征，存在该类别取值为1，否则取值为0，这种方法适用于类别数量较少的特征，当类别数量较大时，会导致高维度问题，影响模型训练效果。标签编码将每个离散变量的取值按照其出现顺序赋予一个数值，常用于无序离散变量。计数编码将每个离散变量的取值替换为该取值在数据集中出现的次数。目标编码将每个类别在目标变量上的平均值作为该类别的特征值。CatBoostEncoder是一种基于目标编码的方法能够有效地处理大量类别的特征，同时不会导致过拟合和数据泄露的问题。本章在处理类别型特征时，使用CatBoostEncoder在训练集上对类别型特征进行编码，使用同样的编码器对测试集的类别型数据进行特征编码，并删除训练集和测试集所有字符型数据，使得数据集能够被机器学习算法处理。部分类别型特征值转换结果如表7-6所示，类别型特征处理后的部分数据如表7-7所示。

表7-6 部分类别型特征值转换结果

特征	特征值				
档期转换前	春节档	中秋档	国庆档	七夕档	端午档
档期转换后	2.300212	2.228929	2.227128	2.219057	2.207606
投资规模转换前	超高成本	高成本	中高成本	中成本	未知
投资规模转换后	2.334763	2.267158	2.195150	2.182823	2.172974
电影主类型转换前	科幻	奇幻	灾难	动作	喜剧
电影主类型转换后	2.239966	2.221267	2.216937	2.204483	2.191734
影片制式转换前	3D/IMAX	3D/IMAX/中国巨幕	2D/3D/IMAX/中国巨幕	2D/IMAX/中国巨幕	2D/IMAX
影片制式转换后	2.353522	2.351267	2.341761	2.327628	2.285343
国别转换前	美国/日本	美国/中国	中国/日本	美国/芬兰	中国/美国/中国香港
国别转换后	2.367027	2.306978	2.286346	2.273301	2.226914

表7-7 类别型特征处理后的部分数据

档期	投资规模	电影主类型	影片制式	国别	ln（票房）
2.227128	2.172974	2.177544	2.327628	2.176592	13.266543

续表

档期	投资规模	电影主类型	影片制式	国别	ln（票房）
2.174153	2.334763	2.204483	2.341761	2.176592	13.251415
2.300212	2.172974	2.191734	2.253443	2.176592	13.201785
2.174153	2.172974	2.158768	2.351267	2.176592	13.129343
2.300212	2.334763	2.239966	2.341761	2.176592	13.057677
2.300212	2.334763	2.191734	2.327628	2.176592	13.021956

三、特征选择

经过上文对数据的处理以及对特征的构造，共生成了525维特征，为了降低模型的复杂度，本章使用LightGBM模型对数据特征进行选择，LightGBM的参数基学习器数量为100，其他为默认参数，使用LightGBM模型的特征重要性的平均数作为选择阈值，对训练集进行特征选择，选择出139个特征，然后在测试集上对特征选择前后的模型效果进行对比。部分特征重要性排序如图7-6所示。

在选择出特征后，验证特征选择前后模型的性能，采用平均绝对百分比误差（Mean Absolute Percentage Error，MAPE）、平均绝对值误差（Mean Absolute Error，MAE）、均方误差（Mean Squared Error，MSE）、均方根误差（Root Mean Square Error，RMSE）、拟合优度R^2来评估模型误差。

MAPE代表了预测值与真实值的相对误差，MAPE值越小代表预测准确率越高，误差越小，具体公式为：

$$MAPE = \frac{100\%}{n} \sum_{i=1}^{n} \left| \frac{\hat{y}_i - y_i}{y_i} \right| \qquad (7-3)$$

MAE表示预测值和真实值之间绝对误差的平均值，MAE值越小代表模型效果越好，具体公式为：

$$MAE = \frac{1}{n} \sum_{i=1}^{n} |(y_i - \hat{y}_i)| \qquad (7-4)$$

MSE是预测值和真实值之间误差的平方和的均值，MSE值越小代表模型效果越好，具体公式为：

$$MSE = \frac{1}{n} \sum_{i=1}^{n} (y_i - \hat{y}_i)^2 \qquad (7-5)$$

RMSE是MSE的平方根，RMSE值越小代表模型效果越好，具体公式为：

$$RMSE = \sqrt{\frac{1}{n} \sum_{i=1}^{n} (y_i - \hat{y}_i)^2} \qquad (7-6)$$

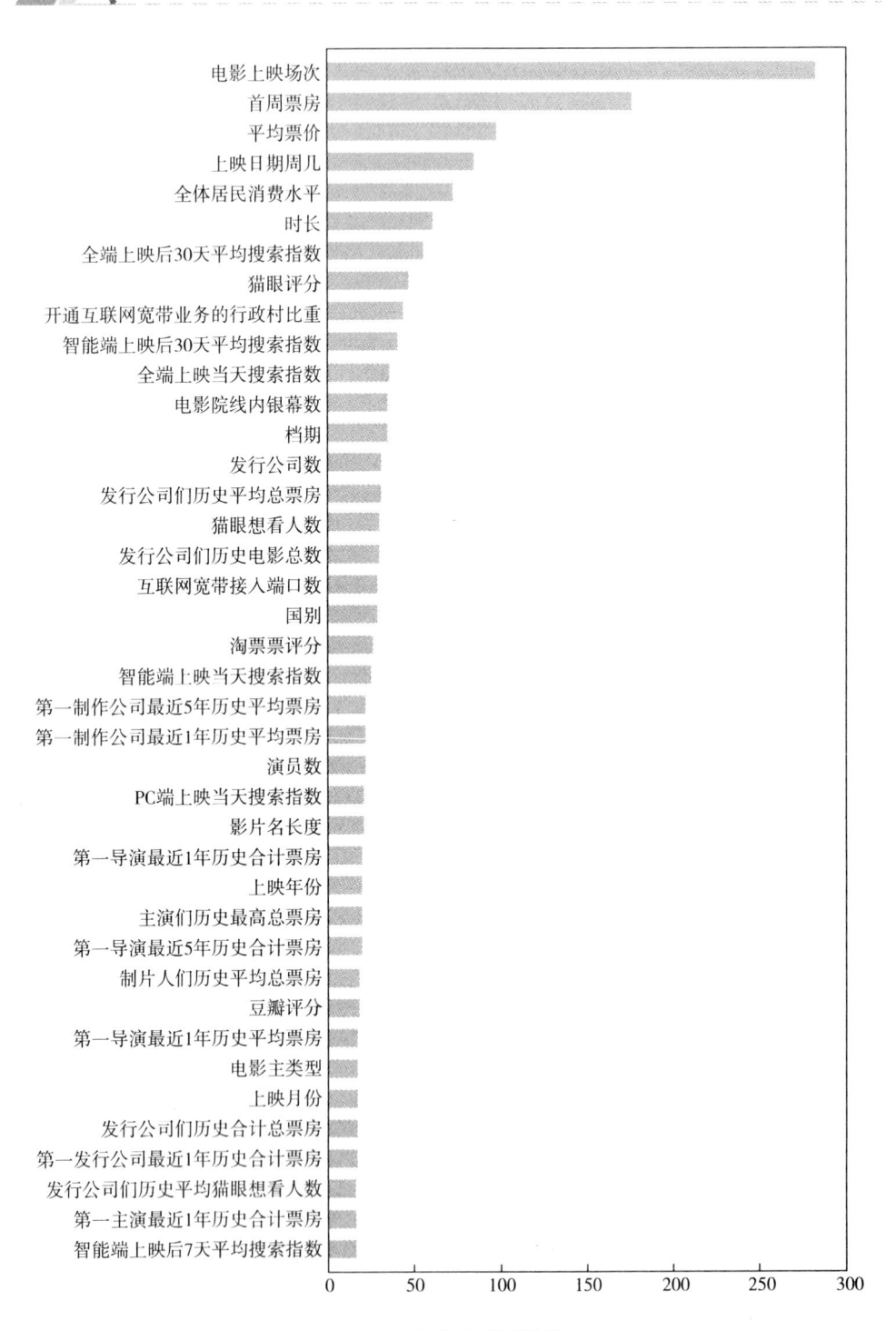

数字文化内容产品价值评估与定价

特征	重要性
电影上映场次	~280
首周票房	~175
平均票价	~95
上映日期周几	~80
全体居民消费水平	~70
时长	~58
全端上映后30天平均搜索指数	~55
猫眼评分	~45
开通互联网宽带业务的行政村比重	~42
智能端上映后30天平均搜索指数	~40
全端上映当天搜索指数	~35
电影院线内银幕数	~33
档期	~32
发行公司数	~30
发行公司们历史平均总票房	~30
猫眼想看人数	~28
发行公司们历史电影总数	~27
互联网宽带接入端口数	~25
国别	~25
淘票票评分	~23
智能端上映当天搜索指数	~22
第一制作公司最近5年历史平均票房	~21
第一制作公司最近1年历史平均票房	~20
演员数	~20
PC端上映当天搜索指数	~19
影片名长度	~18
第一导演最近1年历史合计票房	~18
上映年份	~17
主演们历史最高总票房	~17
第一导演最近5年历史合计票房	~16
制片人们历史平均总票房	~16
豆瓣评分	~15
第一导演最近1年历史平均票房	~15
电影主类型	~14
上映月份	~14
发行公司们历史合计总票房	~14
第一发行公司最近1年历史合计票房	~13
发行公司们历史平均猫眼想看人数	~13
第一主演最近1年历史合计票房	~12
智能端上映后7天平均搜索指数	~12

图 7-6 部分选择重要性排序

R^2 的取值范围为 [0, 1]。如果结果是 0，说明模型拟合效果很差。如果结果是 1，说明模型完全拟合。R^2 值越大，表示模型拟合效果越好，具体公式为：

$$R^2 = \frac{\sum_{i=1}^{n}(\hat{y}_i - \bar{y})^2}{\sum_{i=1}^{n}(y_i - \bar{y})^2} \qquad (7-7)$$

式（7-7）中 $\hat{y}_i$ 代表第 i 个样本的预测标签，y_i 代表第 i 个样本的真实标签，$\bar{y}$ 代表所有真实标签的平均值，n 代表样本数量。特征选择前后模型性能比较结果如表 7-8 所示，通过比较可以看出经过特征选择，模型的各项指标都得到了提升。

表 7-8　特征选择前后模型性能比较

	MAPE（%）	MAE	MSE	RMSE	R^2
特征选择前	2.5851	0.2246	0.1001	0.3163	0.9480
特征选择后	2.5513	0.2220	0.0992	0.3150	0.9484

第四节　实验过程与结果

一、单模型预测

本章采用平均绝对百分比误差、平均绝对值误差、均方误差、均方根误差、拟合优度 R^2 来评估模型的预测效果，相关公式在上一节已介绍过。

为了评价模型的预测效果，本章在得出各个模型的最优超参数组合的前提下，建立多个单模型进行票房预测，组成基模型库。在模型融合时，根据基模型的预测效果 MAPE，来选择要融合的模型。基模型库包括 XGBoost、LightGBM、CatBoost、GBDT、RF，其中 XGBoost、LightGBM、CatBoost、GBDT 是 Boosting 的代表性算法，RF 是 Bagging 的代表性算法，均具有良好的预测效果，各个单模型的超参数如表 7-9 所示。

表 7-9 单模型超参数取值

算法名称	超参数	超参数含义	值
XGBoost	learning_rate	学习率	0.08
	n_estimators	基学习器数量	200
	subsample	训练集采样比例	0.8
	colsample_bytree	每棵树的特征采样比例	0.9
	max_depth	树的最大深度	5
LightGBM	learning_rate	学习率	0.1
	n_estimators	基学习器数量	200
	num_leaves	每棵树的叶子节点数	10
	max_depth	树的最大深度	7
	min_child_samples	叶子节点最少包含的样本数	30
CatBoost	learning_rate	学习率	0.1
	iterations	执行迭代的次数	200
	subsample	训练集采样比例	0.6
	colsample_bylevel	每棵树每次节点分裂时列采样的比例	0.8
	max_depth	树的最大深度	5
GBDT	learning_rate	学习率	0.08
	n_estimators	基学习器数量	200
	subsample	训练集采样比例	0.6
	max_depth	树的最大深度	5
RF	n_estimators	基学习器数量	200
	max_depth	树的最大深度	5
	min_samples_split	节点划分为子节点的最少样本数	5
	min_samples_leaf	叶子节点要包含的最少样本数	2

相关模型的实验环境是 Jupyter Notebook，所用的库有 Python3.8.8、Scikit-learn0.24.1、Matplotlib3.5.1、Pandas1.2.1、Numpy1.21.5、CatBoost1.0.4，实验使用的计算机平台是 Windows11 操作系统、AMD Ryzen 5 5600H with Radeon Graphics、16GB 内存。各个单模型的评估指标对比结果如表 7-10 所示。

第七章 基于 LightGBM-AWStacking-PSM 的电影版权票房价值评估

表 7-10 单模型预测误差

	MAPE（%）	MAE	MSE	RMSE	R^2
XGBoost	2.5055	0.2175	0.0924	0.3040	0.9519
LightGBM	2.5099	0.2175	0.0968	0.3112	0.9496
CatBoost	2.7070	0.2372	0.1075	0.3278	0.9441
GBDT	2.6046	0.2247	0.0987	0.3142	0.9487
RF	3.4095	0.2988	0.1551	0.3938	0.9194

二、AWStacking 回归集成模型预测

AWStacking 回归集成模型的具体建模过程如下：

（1）采用 5 折交叉验证的方式建立基学习器，将特征选择后的训练集分为 5 折，其中 4 折作为基学习器的训练集，剩余 1 折作为基学习器的验证集，将训练集中的 4 折数据分别输入基学习器进行训练，一共训练 5 次。

（2）使用训练好的基学习器对验证集中的数据进行预测，得到验证集的预测结果和基学习器在验证集上的预测效果 MAPE，将所有基学习器对验证集的预测结果进行拼接，得到元学习器的训练数据。

（3）使用训练好的基学习器对测试集进行预测，根据验证集的预测效果 MAPE 的倒数对测试集的预测结果进行加权平均，将加权平均后的测试集预测结果进行拼接，得到元学习器的测试数据。

（4）使用元学习器的训练数据对元学习器进行训练，并在元学习器的测试集上进行预测。本章提出的 AWStacking 回归集成模型结构如图 7-7 所示。

本章基于 Stacking、AWStacking 算法融合多个单模型进行票房预测，使用多种不同的基模型组合方式进行对比分析，各单模型的超参数如表 7-9 所示。其中，由于每个 Stacking 算法的基模型不同，基模型在经过交叉验证后所产生的元学习器的训练集是不同的，故元学习器不必调参，使用默认参数即可。不同基模型组合方式如表 7-11 所示，不同模型融合算法的预测效果如表 7-12 所示。

图 7-7 AWStacking 回归集成模型结构

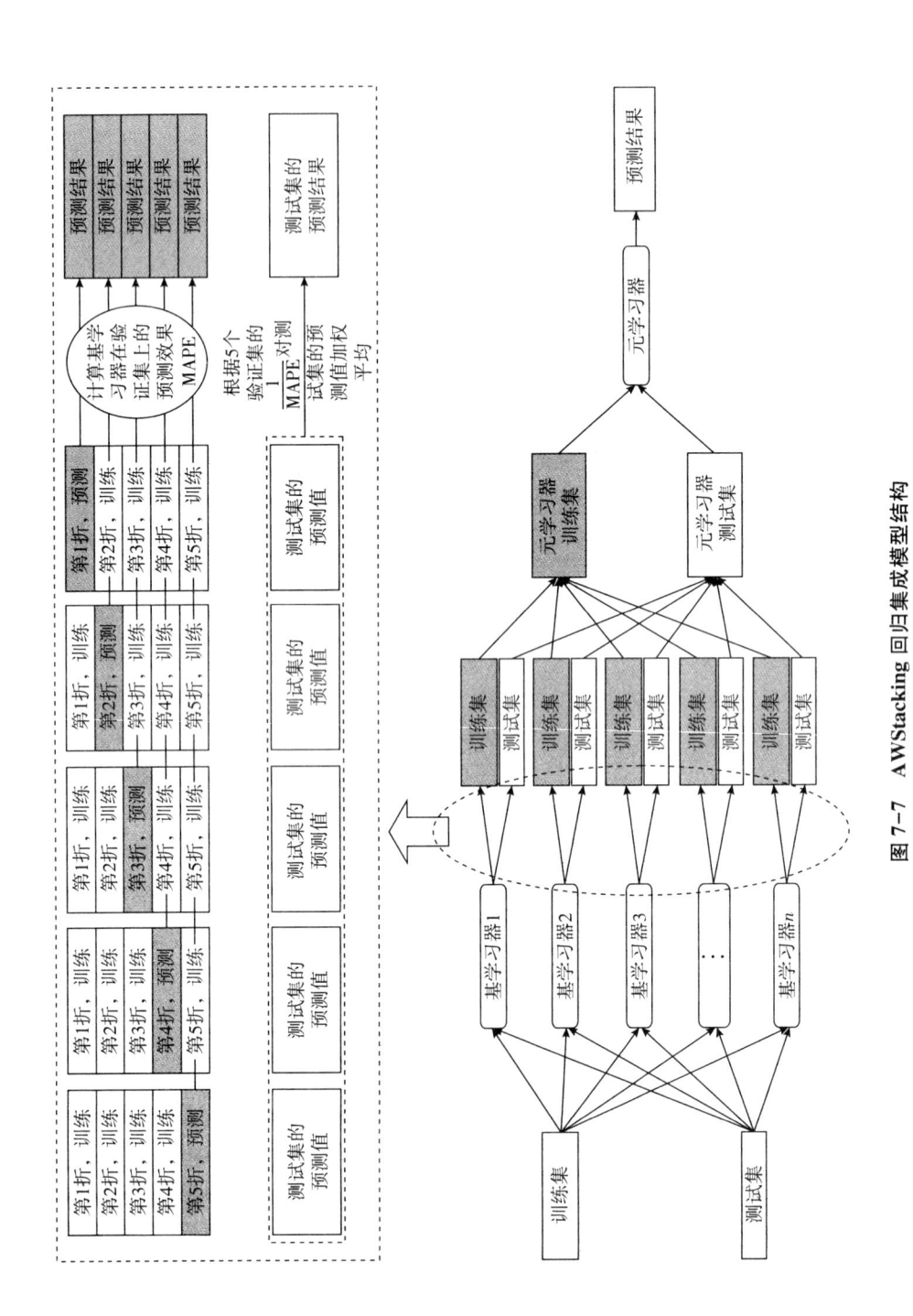

第七章 基于 LightGBM-AWStacking-PSM 的电影版权票房价值评估

表 7-11 不同基模型组合方式的多模型融合算法

多模型融合算法	融合的单模型
AWStacking1（3 个基模型）	基学习器：XGBoost、LightGBM、GBDT 元学习器：MLR
AWStacking2（4 个基模型）	基学习器：XGBoost、LightGBM、GBDT、CatBoost 元学习器：MLR
AWStacking3（5 个基模型）	基学习器：XGBoost、LightGBM、GBDT、CatBoost、RF 元学习器：MLR
Stacking1（3 个基模型）	基学习器：XGBoost、LightGBM、GBDT 元学习器：MLR
Stacking2（4 个基模型）	基学习器：XGBoost、LightGBM、GBDT、CatBoost 元学习器：MLR
Stacking3（5 个基模型）	基学习器：XGBoost、LightGBM、GBDT、CatBoost、RF 元学习器：MLR

表 7-12 不同模型融合算法的预测效果

	MAPE（%）	MAE	MSE	RMSE	R^2
AWStacking1	2.4882	0.2162	0.0937	0.3060	0.9513
AWStacking2	2.4530	0.2130	0.0931	0.3051	0.9516
AWStacking3	2.3960	0.2082	0.0899	0.2999	0.9532
Stacking1	2.4886	0.2163	0.0937	0.3061	0.9513
Stacking2	2.4632	0.2136	0.0924	0.3040	0.9519
Stacking3	2.4142	0.2094	0.0890	0.2983	0.9537

MAPE 代表了预测值与真实值的相对误差，从 MAPE 的角度来比较不同模型融合算法的预测效果，可以得到效果最优的融合模型是 AWStacking3 模型。整体来看，采用同种基模型组合方式的 AWStacking 模型不仅要略微优于 Stacking 模型，而且优于所有的单模型。需要注意的是，由于建模时为了使模型具有更好的鲁棒性，对票房进行了 ln 变换，所以在得到最终的票房预测结果时需要将模型的预测值进行 ln 逆变换，AWStacking3 模型对测试集的预测结果如图 7-8、图 7-9 所示。

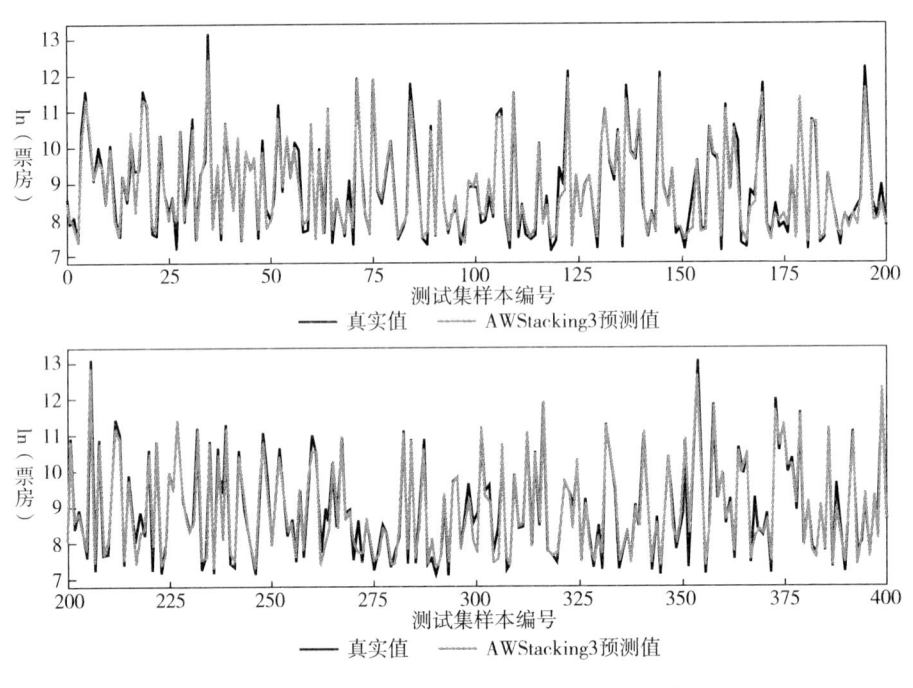

图 7-8　**AWStacking3** 模型对测试集的预测

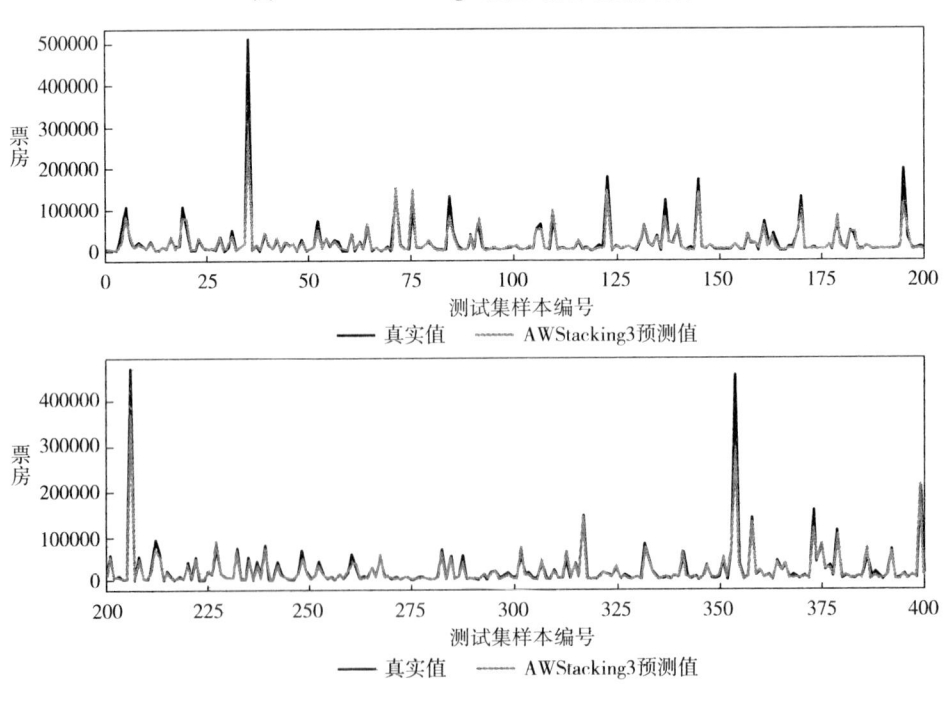

图 7-9　**AWStacking3** 模型对测试集的预测（**ln** 逆变换后）

第七章 基于 LightGBM-AWStacking-PSM 的电影版权票房价值评估

通过电影票房预测模型得到票房预测值后，就可以根据收益分成法进行电影版权票房价值折现。由于互联网上并没有披露电影版权票房价值的真实值，故本章仅在这里给出了电影版权票房价值预测值。电影版权归电影制作方所有，本章在折算电影版权票房价值时，将制作方的分成率设定为 40%，电影票房收益期限设定为 30 天，无风险报酬率设定为 2.1682%，风险报酬率设定为 1.6158%，个别风险调整设定为 4%，得到折现率为 7.784%，换算成日折现率为 $(1+7.784\%)^{\frac{1}{365}}-1$。在表 7-13 中显示了测试集中部分电影票房的预测结果与电影版权票房价值预测值。

表 7-13 部分电影版权票房价值预测结果

影片名称	影片英文名称	年份	总票房（万元）	预测票房（万元）	相对误差（%）	电影版权票房价值
《金蝉脱壳2》	Escape Plan 2: Hades	2018	9132.51	9499.08	4.01	3484.56
《加勒比海盗5：死无对证》	Pirates of the Caribbean: Dead Men Tell No Tales	2017	117990.97	113161.98	4.09	41511.32
《惊奇队长》	Captain Marvel	2019	103532.22	123632.08	19.41	45352.08
《摩天营救》	Skyscraper	2018	66980.72	71803.41	7.20	26339.72
《测谎人》	Lie Detector	2021	2788.05	3036.19	8.90	1113.77

三、SHAP 总体特征概要分析

SHAP 的总体特征图描述了特征的重要性和影响效应，图中每个点代表特征对应的每个样本点的 SHAP 值，点的颜色由浅到深表示特征值由低到高；图中的 x 轴表示 SHAP 值，当特征的 SHAP 值大于 0 时，则表明对模型的输出有正影响，当特征的 SHAP 值小于 0 时，则对模型的输出有负影响；y 轴表示特征，其中特征在 y 轴上的排序依据是特征的重要性。

由图 7-10 可知，"电影上映场次""首周票房""平均票价""全端上映后 30 天平均搜索指数""上映日期周几""电影院线内银幕数"对模型的输出值影响较大。其中，"电影上映场次"对模型的输出值影响最大，当特征"电影放映场次"的值逐渐增大时，其对应的 SHAP 值也随之增大；当特征"电影放映场次"的值逐渐减小时，其对应的 SHAP 值也随之减小。当特征"首周票房""平均票价""全端上映后 30 天平均搜索指数""上映日期周几"的值逐渐增大时，其对应的 SHAP 值也随之增大；当特征"首周票房""平均票价""全端上映后

30天平均搜索指数""上映日期周几"的值逐渐减小时,其对应的SHAP值也随之减小;对于特征"电影院线内银幕数"相较于其他特征有所不同,当其特征值增大时,其SHAP值小于0,对模型的输出有负影响,当其特征值减小时,其SHAP值大于0,对模型的输出有正影响。

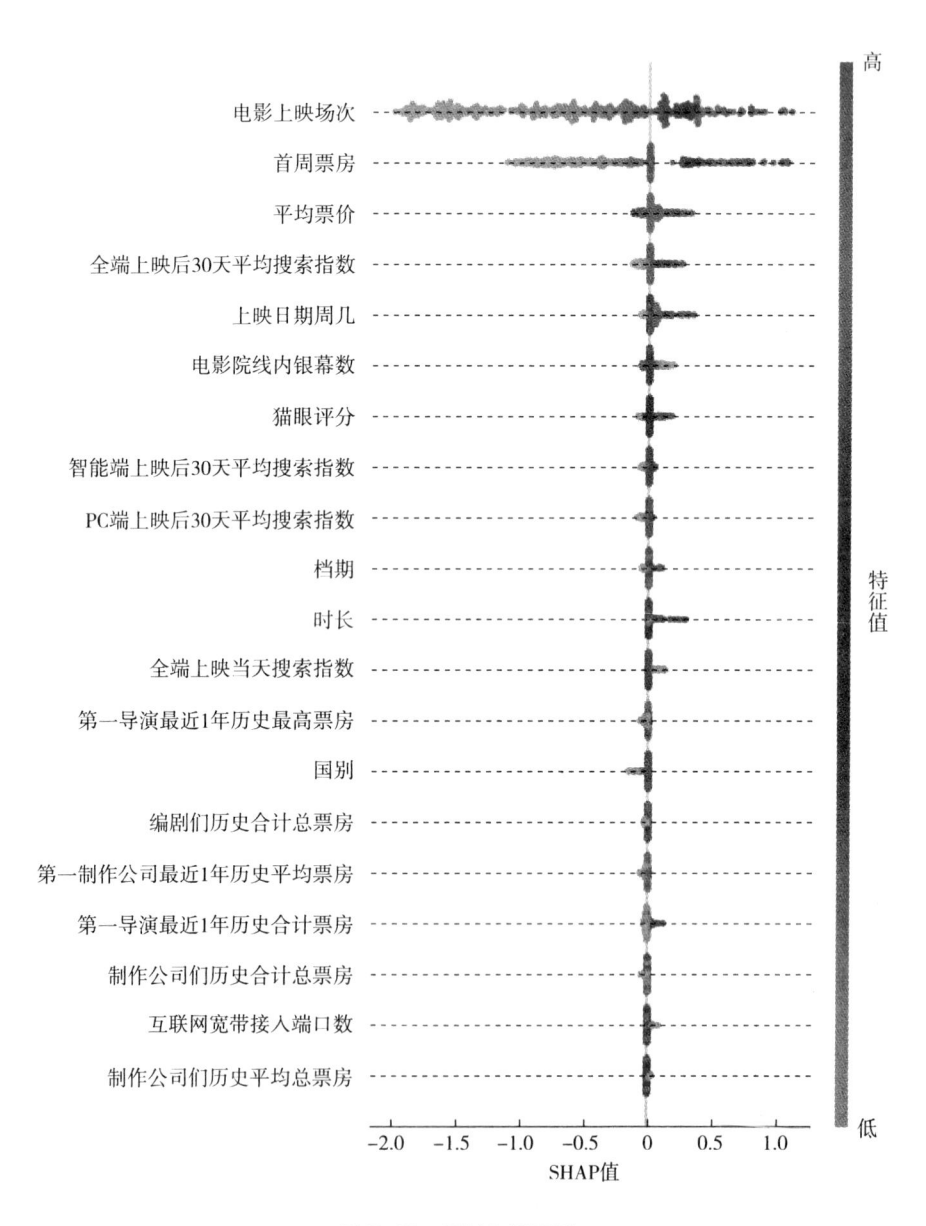

图 7-10 SHAP 概要图

第五节 本章小结

本章对基于 LightGBM-AWStacking-PSM 的电影版权票房价值评估模型的整体流程及步骤进行了介绍，并根据建模的过程进行展开。首先，在多个网站平台收集电影相关数据，对数据进行预处理，使用 LightGBM 对特征进行选择。其次，提出了一种 AWStacking 回归集成算法进行票房预测，先建立基模型库，根据 MAPE 筛选基模型，并采用 AWStacking 算法对模型进行集成，建立票房预测模型，然后结合收益分成法将票房收入折算为电影版权票房价值。最后，使用 SHAP 分析了特征对模型输出的影响。

第八章　基于 KLB-AWStacking 的电影版权周边价值评估

第一节　引言

目前，国内学者对于电影版权价值定量评估的研究，大多只关注电影票房收益。由于国内的电影周边市场近几年才开始发展起来，电影周边商品的总收益难以获得，所以想要根据电影周边商品的总收益，评估得到电影版权周边价值的具体数值并不具有可行性。原仓 IP 数据网是国内近几年才出现的 IP 数据平台，收录了全球大量的热门 IP，该平台提供了 IP 的相关数据，包括 IP 周边商品的月销售额、IP 类型、IP 子类型等数据。

因此，本章首先根据电影 IP 的相关数据进行聚类，划分电影版权周边价值的等级，其次使用 AWStacking 分类集成算法建立电影版权周边价值等级预测模型，丰富了电影版权价值评估领域的相关研究。

第二节　算法整体流程及步骤

本章构建电影版权周边价值等级预测模型包含以下过程：数据收集、聚类确定标签、数据处理、特征选择、过采样、建立基模型库、构建 AWStacking 分类集成模型。电影版权周边价值等级预测模型构建过程如图 8-1 所示。

第八章 基于 KLB-AWStacking 的电影版权周边价值评估

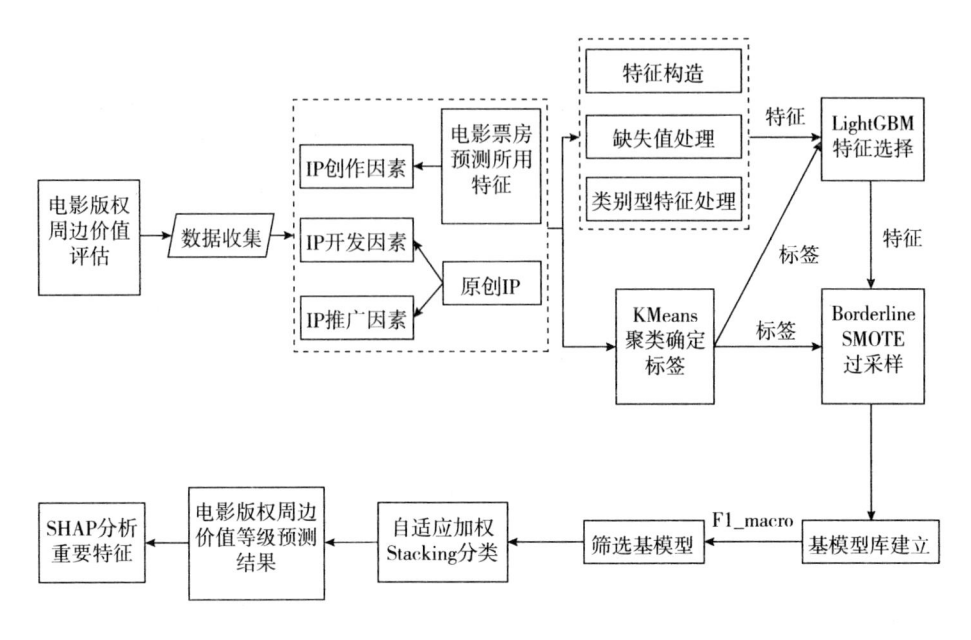

图 8-1 电影版权周边价值等级预测模型构建框架

（1）数据收集。在原仓 IP 数据网收集电影 IP 相关数据，包括 IP 周边商品月销售额、IP 类型、IP 子类型等。

（2）聚类确定标签。目前学术界并没有与电影版权周边价值等级相关的研究，本章采用 KMeans 算法，对数据进行聚类，为收集到的数据确定标签。

（3）数据处理。对收集到的数据特征构造、缺失值、类别型特征进行处理。

（4）特征选择。使用 LightGBM 进行特征选择，降低模型复杂度。

（5）过采样。由于聚类之后，各类别样本数量不均衡，所以本章采用 BorderlineSMOTE 过采样技术增加少数类的样本数量，从而提高模型正确分类的概率。

（6）建立基模型库并构建 AWStacking 分类集成算法。首先构建基模型库，根据 F1_macro 筛选基模型，采用 AWStacking 分类集成算法，预测电影版权周边价值等级，并使用 SHAP 算法分析模型的重要特征。

一、基于 KMeans 聚类确定数据标签

本章综合电影 IP 的周边商品月销售额、电影 IP 类型数、电影 IP 子类型数作为聚类的依据，确定电影版权周边价值等级标签。KMeans 聚类算法是一种无监督学习算法，目的是在不知道数据标签的情况下，将相似的数据分组到同一个簇中。该算法的基本思路是：首先，随机选择 K 个点作为质心，或者使用

一些聚类中心初始化方法（比如 KMeans++）来选择质心，然后根据每个样本点与每个质心的距离将它们分配到距离最近的质心所在的簇中；其次，重新计算每个簇的质心，通常采用平方欧氏距离作为距离度量方式，通过最小化簇内的平方误差和优化质心的位置。重复以上步骤直至质心不再发生变化或达到预定的迭代次数。

此外，本章选用轮廓系数来判断最优 K 值，轮廓系数是一种用于评估聚类质量的指标，它可以衡量聚类结果中簇内数据点的紧密度和簇间数据点的分离度。具体来说，对于某个数据点 i，轮廓系数计算公式如下：

$$s(i) = \frac{b(i)-a(i)}{\max\{a(i), b(i)\}} \tag{8-1}$$

其中，$a(i)$ 表示数据点 i 到其所属簇内其他数据点的平均距离，$b(i)$ 表示数据点 i 到与其最近的不同簇中的数据点的平均距离。轮廓系数的取值范围在 $[-1, 1]$，越接近 1 表示聚类效果越好，越接近 -1 表示聚类效果越差。

二、基于 LightGBM 的特征选择

本章选择 LightGBM 作为特征选择的模型评估器，使用 LightGBM 进行特征选择的步骤如下：

（1）将数据集划分为训练集和测试集；
（2）在训练集上使用 LightGBM 模型拟合数据；
（3）使用 LightGBM 内置的函数获取每个特征的重要性得分；
（4）根据特征重要性得分对特征进行排序，根据设定的特征重要性阈值选取得到重要特征集合；
（5）使用所选的特征集合重新拟合模型，并在测试集上评估模型性能。

三、基于 BorderlineSMOTE 的不平衡分类处理

鉴于 KMeans 算法聚类划分标签后，不同类别的样本数量差别较大，使用过采样技术增加少数类别的样本数量不仅可以平衡分类器中各个类别的样本数量，还可以有效地提高分类器对少数类别的识别能力，从而提升整个分类器的性能。

BorderlineSMOTE 是一种改进的过采样算法，它是在 SMOTE（Synthetic Minority Over-sampling Technique）算法的基础上发展而来的。与 SMOTE 算法相比，BorderlineSMOTE 更加关注那些位于决策边界上的少数类别样本，并且只针对这些样本进行合成。

四、AWStacking 分类集成策略

由于多数分类算法都可以输出预测类别和预测概率，而预测类别不利于加权运算，因此本章将每个基学习器输出的预测概率作为元学习器的训练特征。

本章提出了 AWStacking 分类集成算法，在基学习器进行 K 折交叉验证的过程中，计算基学习器对验证集中每一类样本的预测效果 F1，基学习器对测试集进行预测所输出的预测概率使用验证集中每一类样本的预测效果 F1 进行加权平均，增加预测效果好的基学习器对测试集的预测结果所占权重，降低预测效果差的基学习器对测试集的预测结果所占权重，然后将各基模型对测试集的预测结果进行拼接，组成元学习器的测试集，以期得到更好的预测效果。

以二分类任务为例，以下是本章提出的 AWStacking 分类集成算法的实现思路：

（1）在基模型进行 K 折交叉验证时，每轮使用 K-1 折训练集训练生成一个基学习器，一共生成 K 个基学习器。

（2）使用第一步中每轮交叉验证训练好的基学习器，对剩余的 1 折验证集进行预测并生成预测结果，然后计算每一轮交叉验证时基学习器对验证集的预测效果 F1_0 和 F1_1 值。其中，F1_0 代表基学习器在验证集中负类样本上的 F1 值，而 F1_1 则代表基学习器在验证集中正类样本上的 F1 值。

（3）使用第一步中每轮交叉验证训练好的基学习器，对测试集进行预测并生成测试集的预测结果。

（4）将每轮验证集的预测结果进行 concat 连接，作为元学习器训练集的特征。

（5）采用每轮基学习器对验证集的预测效果 F1_0、F1_1 对测试集的预测结果进行加权平均，作为元学习器测试集的特征。

以 5 折交叉验证的过程为例，AWStacking 分类集成算法如图 8-2 所示。

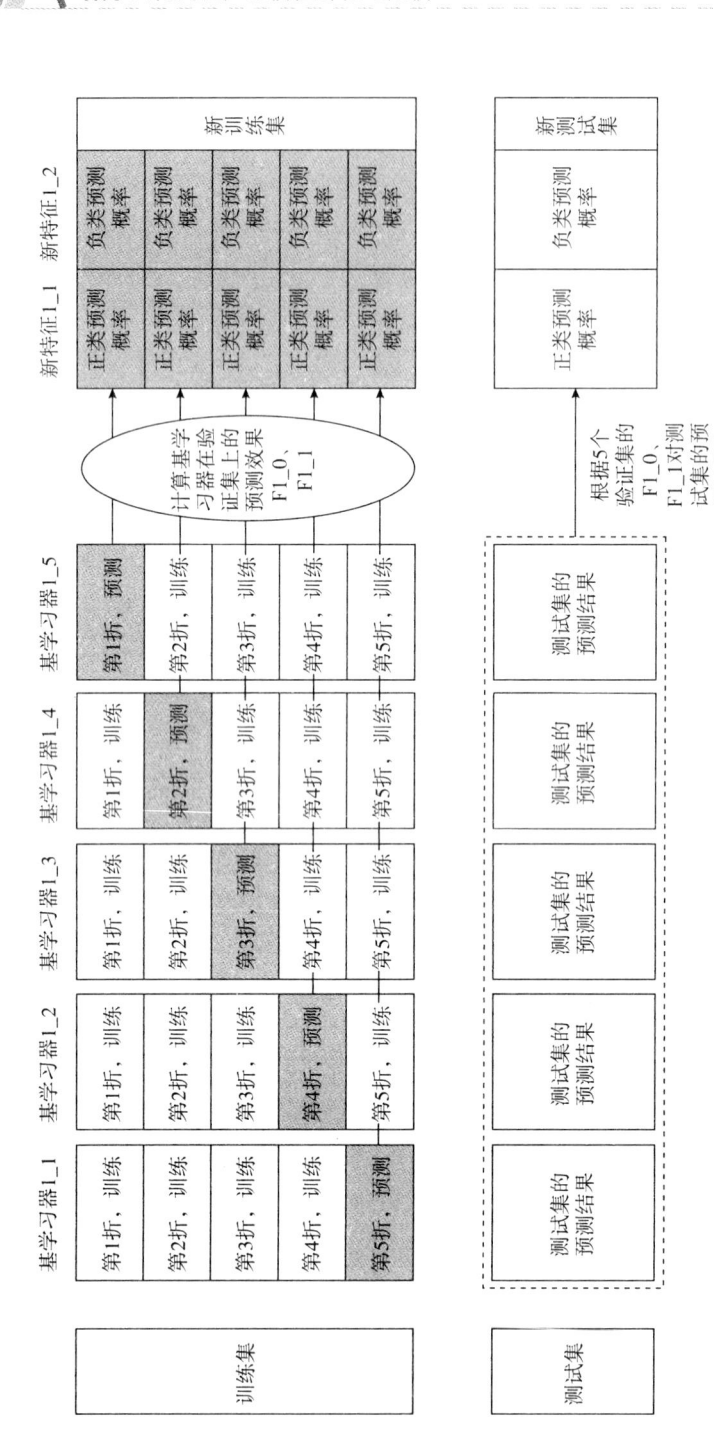

图 8-2 AWStacking 分类集成

第三节 数据收集与处理

一、数据收集

电影周边的含义是基于电影作品中包含的角色、场景、情节、原创物（包括道具、服装、造型等）等设计、开发、制作、销售的外在的有形及无形的周边商品（包括但不限于玩偶、生活用品、服饰、箱包、家居用品、电子产品等）。本章所用电影周边销售相关数据来源于原仓IP数据网，另外根据已收集到的电影数据中票房排名前2000部电影的电影名作为关键词，使用网络爬虫技术获取电影相关IP数据。

在原仓IP数据网中获取的数据有IP名称、IP类型、IP子类型、IP受众性别群体、IP产地、IP诞生年份、平台粉丝数、本月销售额（本章爬取的是2022年6月26日的数据）。根据原仓IP数据网的数据，可以将IP类型划分为：影视娱乐、社交娱乐、游戏、艺术设计、出版、企业品牌；可以将IP子类型划分为：卡通动漫、综艺/纪录片、电影/电视、短视频、表情包、虚拟偶像、游戏、博物馆/园林建筑、艺术设计作品、文学作品、漫画、绘本、出版社、时尚品牌、消费品牌、教育品牌、其他品牌、教育品牌。不同类型的IP吸引了不同的消费群体，IP本身对电影版权的周边商品销售收益有直接的影响。

本章选取的IP创作因素包括：IP类型、IP子类型、IP受众性别群体、IP产地和IP诞生年份。电影IP的开发过程可以看作电影的制作过程，所以本章选取的IP开发因素为前文电影票房预测所用到的特征以及电影票房。电影上映结束后，为了保持电影IP的热度，制片方会在各社交媒体平台上与网友互动，积累IP粉丝，所以本章选取的IP推广因素为平台粉丝数。

二、聚类确定数据标签

首先，根据收集到的数据，统计得到每个电影样本的IP类型个数、IP子类型个数。其次，基于KMeans聚类算法，对所有样本的IP类型个数、IP子类型个数、电影周边月销售额三个特征进行聚类，并计算不同聚类簇数下的轮廓系数。从图8-3可以看出，当聚类簇数为2时，轮廓系数值最大。根据聚类结果，电影版权周边价值属于低等级的样本有1831个，属于高等级的样本有169个。

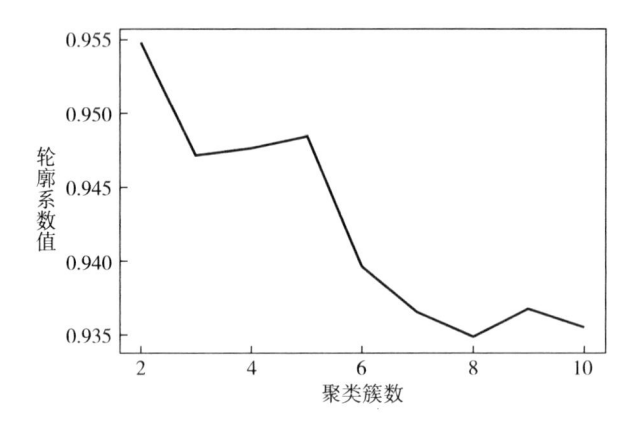

图 8-3 轮廓系数变化

图 8-4 展示了样本聚类为 2 簇后的可视化图,由于所有的样本中,IP 类型个数的范围是 0~3,IP 子类型个数的范围是 0~4,因此可视化以后,样本点的分布显得比较分散。另外,聚类确定标签后需要删除每个样本的电影周边月销售额特征、IP 类型特征、IP 类型个数特征、IP 子类型特征、IP 子类型个数特征。

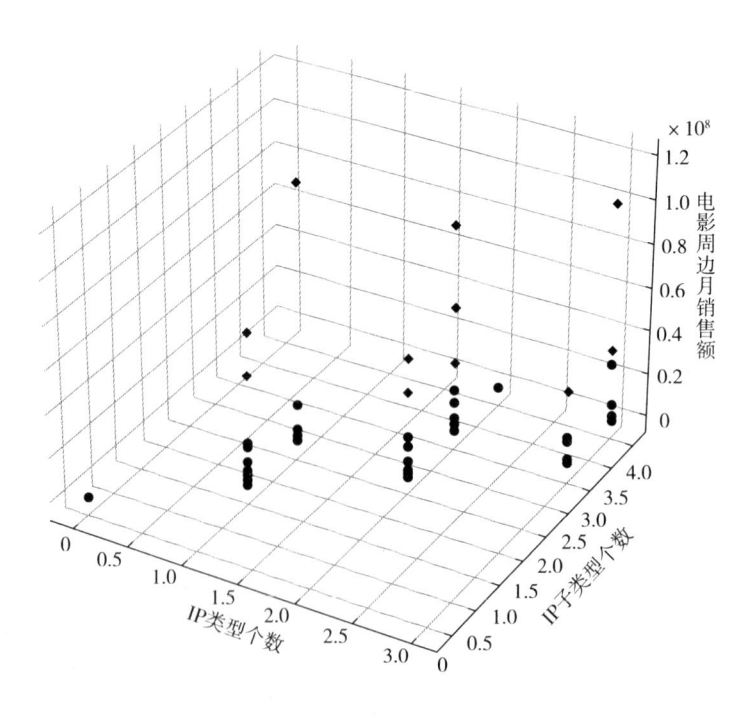

图 8-4 聚类结果可视化

三、数据处理

本章采用电影特征相关数据（构建电影票房测模型所用的数据特征以及电影票房数据）与电影 IP 数据共同建模，电影特征相关数值型数据处理过程与前文所述一致。对于电影 IP 数据的处理过程为：首先，对数据的缺失值进行填充，在填充前先使用 train_test_split 函数将经过处理的 2000 条数据集按照 7∶3 的比例划分为训练集和测试集；其次，分别在训练集和测试集上对类别型特征（IP 受众性别群体、IP 产地）的缺失值填充为"未知"，使用均值对训练集和测试集的数值型特征的缺失值分别进行填充，避免出现测试集数据泄露的情况。由于在机器学习中，模型不能使用非数值型特征进行训练，所以本章使用 CatBoostEncoder 对所有类别型数据特征进行编码，将类别型数据的值转换为数值型，并删除所有字符型数据。部分类别型特征值的转换结果如表 8-1 所示，类别型特征处理后的部分数据如表 8-2 所示。

表 8-1 部分类别型特征值的转换结果

特征	特征值				
档期转换前	六一档	五一档	春节档	暑期档	贺岁档
档期转换后	0.267594	0.123371	0.121054	0.102287	0.089330
投资规模转换前	未知	高成本	中小成本	中成本	中高成本
投资规模转换后	0.126663	0.062769	0.044314	0.042847	0.033893
电影主类型转换前	动画	奇幻	科幻	悬疑	动作
电影主类型转换后	0.243845	0.223560	0.167747	0.084286	0.069009
影片制式转换前	2D/3D/IMAX	3D/IMAX/中国巨幕	3D/IMAX	2D/3D/IMAX/中国巨幕	2D/3D
影片制式转换后	0.371299	0.207122	0.180714	0.177462	0.156492
国别转换前	日本	英国/美国	美国	中国/美国	英国
国别转换后	0.376756	0.338952	0.155908	0.154898	0.135536
IP 受众性别群体转换前	男粉多	女粉多	全部	—	—
IP 受众性别群体转换后	0.341122	0.194237	0.005307	—	—
IP 产地转换前	日本	中国广东省	韩国	英国	美国
IP 产地转换后	0.533884	0.414244	0.361429	0.346384	0.319785

表 8-2　类别型特征处理后的部分数据

档期	投资规模	电影主类型	影片制式	国别	IP受众性别群体	IP产地	衍生品价值级别
0.074260	0.126663	0.020021	0.089675	0.057365	0.194237	0.027411	1.0
0.102287	0.031580	0.069009	0.177462	0.057365	0.194237	0.053177	0.0
0.121054	0.126663	0.019277	0.071530	0.057365	0.005307	0.414244	0.0
0.102287	0.126663	0.243845	0.207122	0.057365	0.341122	0.053177	0.0
0.121054	0.031580	0.019277	0.089675	0.057365	0.194237	0.002218	0.0
0.074529	0.031580	0.069009	0.207122	0.155908	0.194237	0.319785	1.0

四、特征选择

采用 sklearn 库中的 feature_selection 模块的 SelectFromModel 类进行特征选择。特征选择的模型评估器选择 LightGBM，LightGBM 的参数基学习器数量为 100，其他为默认参数。LightGBM 建模的过程中可以得到每一个特征的重要性，使用所有特征重要性的平均数作为选择阈值，对训练集进行特征选择，选择出 130 个特征，然后在测试集上对特征选择前后的模型效果进行对比。部分特征重要性排序如图 8-5 所示。

在选择出特征后，验证特征选择前后模型在测试集上的表现性能，采用准确率、精确率、召回率、F1-Score 来评估模型效果。混淆矩阵（Confusion Matrix）是一个评估二分类问题常用的工具，用来记录分类器的预测结果。本章所研究的电影版权周边价值等级预测是一个二分类任务，相应混淆矩阵如表 8-3 所示。

TP（True Positives）：被正确地分类为正例的个数，即被分类器划分为正例，且本身也是正例的个数。TN（True Negatives）：被正确地分类为负例的个数，即被分类器划分为负例，且实际上也是负例的个数。FP（False Positives）：被错误地分类为正例的个数，即被分类器划分为正例，但实际上是负例的个数。FN（False Negatives）：被错误地分类为负例的个数，即被分类器划分为负例，但实际上是正例的个数。

准确率（Accuracy），指表示分类器正确预测的样本占总样本数的比例，比值越接近于 1 越好。具体的公式为：

$$Accuracy = \frac{TP+TN}{TP+TN+FP+FN} \qquad (8-2)$$

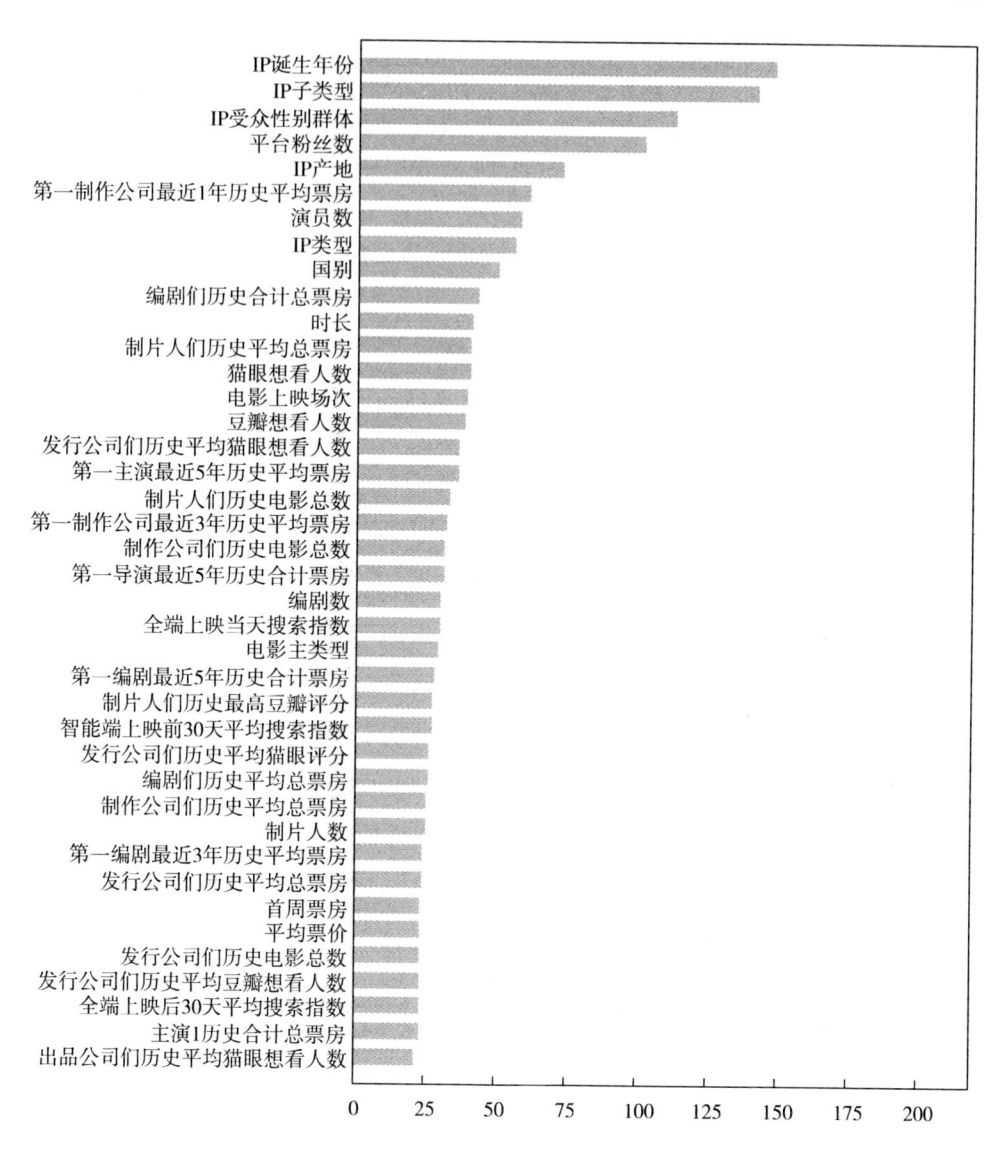

第八章 基于 KLB-AWStacking 的电影版权周边价值评估

图 8-5 部分特征重要性排序

表 8-3 混淆矩阵

混淆矩阵		真实结果	
		正例（Positive）	负例（Negative）
预测结果	正例（Positive）	TP	FP
	负例（Negative）	FN	TN

· 119 ·

精确率（Precision）又称为查准率，指分类器在所有被预测为某一类别的样本中，真正属于该类别的样本数与被预测为该类别的样本数之比，具体的公式为：

$$Precision = \frac{TP}{TP+FP} \tag{8-3}$$

召回率（Recall），指分类正确的正样本个数占真正的正样本个数的比例。召回率也是对部分样本的统计量，侧重对真实的正类样本的统计，具体的公式为：

$$Recall = \frac{TP}{TP+TN} \tag{8-4}$$

F1-Score 是精确率和召回率的调和平均值，它同时兼顾了分类模型的精确率和召回率，是统计学中用来衡量分类模型精确度的一种指标。它的最大值是1，最小值是0，值越大意味着模型越好，具体的公式为：

$$F1\text{-}Score = 2 \times \frac{Precision \times Recall}{Precision + Recall} \tag{8-5}$$

另外，宏平均是一种用于计算多个类别评价指标的方法。它通过对每个类别单独计算其精确度、召回率等指标，并将它们的平均值作为整体评估指标。通过计算多个评价指标的宏平均，可以综合得到模型在两个类别上的预测性能。例如，在一个二分类问题中，我们可以分别计算出正类和反类的精确率分别为0.8和0.9，那么宏平均精确率就是（0.8+0.9）/2=0.85。

特征选择前后模型性能比较结果如表8-4所示，特征选择前后模型宏平均性能比较如表8-5所示，其中 Precision_0、Recall_0、F1-Score_0（以下简写为F1_0）代表模型对样本类别为低等级的预测效果，Precision_1、Recall_1、F1-Score_1（以下简写为F1_1）代表模型对样本类别为高等级的预测效果。通过比较可以看出经过特征选择，模型的综合性能得到了提升。

表 8-4 特征选择前后模型性能比较

	Accuracy	Precision_0	Recall_0	F1_0	Precision_1	Recall_1	F1_1
特征选择前	0.9283	0.9518	0.9709	0.9612	0.6000	0.4706	0.5275
特征选择后	0.9317	0.9504	0.9763	0.9632	0.6389	0.4510	0.5287

表 8-5 特征选择前后模型宏平均性能比较

	Precision_macro	Recall_macro	F1_macro
特征选择前	0.7759	0.7207	0.7443
特征选择后	0.7946	0.7137	0.7459

五、过采样

过采样是为了解决数据不平衡问题而进行的，通过增加少数类样本数量，以提高模型在少数类上的性能。过采样应该在特征选择之后进行，因为过采样可以帮助我们更好地利用已经选择的特征。如果在进行过采样之前进行特征选择，可能会导致一些重要特征被丢弃，从而影响模型性能。

本章通过 BorderlineSMOTE 算法对训练集的高等级样本进行过采样，将高等级样本扩展到 1282 条，汇总形成的平衡数据集共有 2564 条，以此数据集为基础，使用 LightGBM 算法对过采样前的数据和过采样后的数据分别进行建模，比较模型在测试集上的预测效果，LightGBM 的初始参数是基学习器数量为 100，其他参数为默认值。从表 8-6、表 8-7 可以看出通过过采样，模型的综合性能得到了提升。例如，在表 8-7 中，过采样前模型的 F1_macro 为 0.7459，过采样后模型的 F1_macro 为 0.7849。

表 8-6 过采样前后模型性能比较

	Accuracy	Precision_0	Recall_0	F1_0	Precision_1	Recall_1	F1_1
过采样前	0.9317	0.9504	0.9763	0.9632	0.6389	0.4510	0.5287
过采样后	0.9367	0.9604	0.9709	0.9656	0.6444	0.5686	0.6042

表 8-7 过采样前后模型宏平均性能比较

	Precision_macro	Recall_macro	F1_macro
过采样前	0.7946	0.7137	0.7459
过采样后	0.8024	0.7697	0.7849

第四节 实验过程与结果

一、单模型预测

为了评价模型的预测效果，本章在得出各个模型的最优超参数组合的前提下，建立多个单模型并融合多个单模型进行电影版权周边价值等级预测。单模型包括 XGBoost、LightGBM、CatBoost、GBDT、RF，其中 XGBoost、LightGBM、CatBoost、GBDT 是 Boosting 的代表性算法，RF 是 Bagging 的代表性算法，均具有良好的预测效果，各个单模型的超参数如表 8-8 所示。

表 8-8　单模型超参数取值

算法名称	超参数	超参数含义	值
XGBoost	learning_rate	学习率	0.1
	n_estimators	基学习器数量	150
	max_depth	树的最大深度	13
	subsample	训练集采样比例	1
	colsample_bytree	每棵树的特征采样比例	1
LightGBM	learning_rate	学习率	0.1
	n_estimators	基学习器数量	200
	num_leaves	每棵树的叶子节点数	7
	max_depth	树的最大深度	10
	min_child_samples	叶子节点最少包含的样本数	30
CatBoost	learning_rate	学习率	0.1
	iterations	迭代次数	150
	subsample	训练集采样比例	0.8
	colsample_bylevel	每棵树每次节点分裂时列采样的比例	0.8
	depth	树的最大深度	5
GBDT	learning_rate	学习率	0.08
	n_estimators	基学习器数量	150
	subsample	训练集采样比例	0.8
	max_depth	树的最大深度	10
RF	n_estimators	基学习器数量	200
	max_depth	树的最大深度	10
	criterion	特征评价准则	gini
	max_features	每个节点中随机选取特征的数量	sqrt

相关模型的实验环境是 Jupyter Notebook，所用的库有 Python3.8.8、Scikit-learn0.24.1、Matplotlib3.5.1、Pandas1.2.1、Numpy1.21.5、Xgboost1.5.2、LightGBM3.3.2、CatBoost1.0.4，实验使用的计算机平台是 Windows11 操作系统、AMD Ryzen 5 5600H with Radeon Graphics、16GB 内存。各个单模型对

每一个类别（高等级、低等级）的预测效果对比结果如表 8-9、表 8-10 所示。

表 8-9　单模型预测效果

	Accuracy	Precision_0	Recall_0	F1_0	Precision_1	Recall_1	F1_1
XGBoost	0.9433	0.9606	0.9781	0.9693	0.7073	0.5686	0.6304
LightGBM	0.9400	0.9589	0.9763	0.9675	0.6829	0.5490	0.6087
CatBoost	0.9400	0.9655	0.9690	0.9673	0.6531	0.6275	0.6400
GBDT	0.9400	0.9572	0.9781	0.9676	0.6923	0.5294	0.6000
RF	0.9400	0.9589	0.9763	0.9675	0.6829	0.5490	0.6087

表 8-10　单模型预测效果宏平均值

	Precision_macro	Recall_macro	F1_macro
XGBoost	0.8340	0.7734	0.7999
LightGBM	0.8209	0.7627	0.7881
CatBoost	0.8093	0.7982	0.8036
GBDT	0.8248	0.7538	0.7838
RF	0.8209	0.7627	0.7881

二、AWStacking 分类集成模型预测

AWStacking 分类集成模型的具体建模过程如下：

（1）采用 5 折交叉验证的方式建立基学习器，将特征选择后的训练集分为 5 折，其中 4 折作为基学习器的训练集，剩余 1 折作为基学习器的验证集，将训练集中的 4 折数据分别输入基学习器进行训练，一共训练 5 次。

（2）使用训练好的基学习器对验证集中的数据进行预测，得到预测概率值和基学习器在验证集上的预测效果 F1_macro，将所有基学习器对验证集的预测概率值进行拼接，得到元学习器的训练数据。

（3）使用训练好的基学习器对测试集进行预测，根据验证集的预测效果 F1_macro 对测试集的预测概率值进行加权平均，将加权平均后的测试集预测概率值进行拼接，得到元学习器的测试数据。

（4）使用元学习器的训练数据对元学习器进行训练，并在元学习器的测试集上进行预测。

本章提出的 AWStacking 分类集成模型结构如图 8-6 所示。

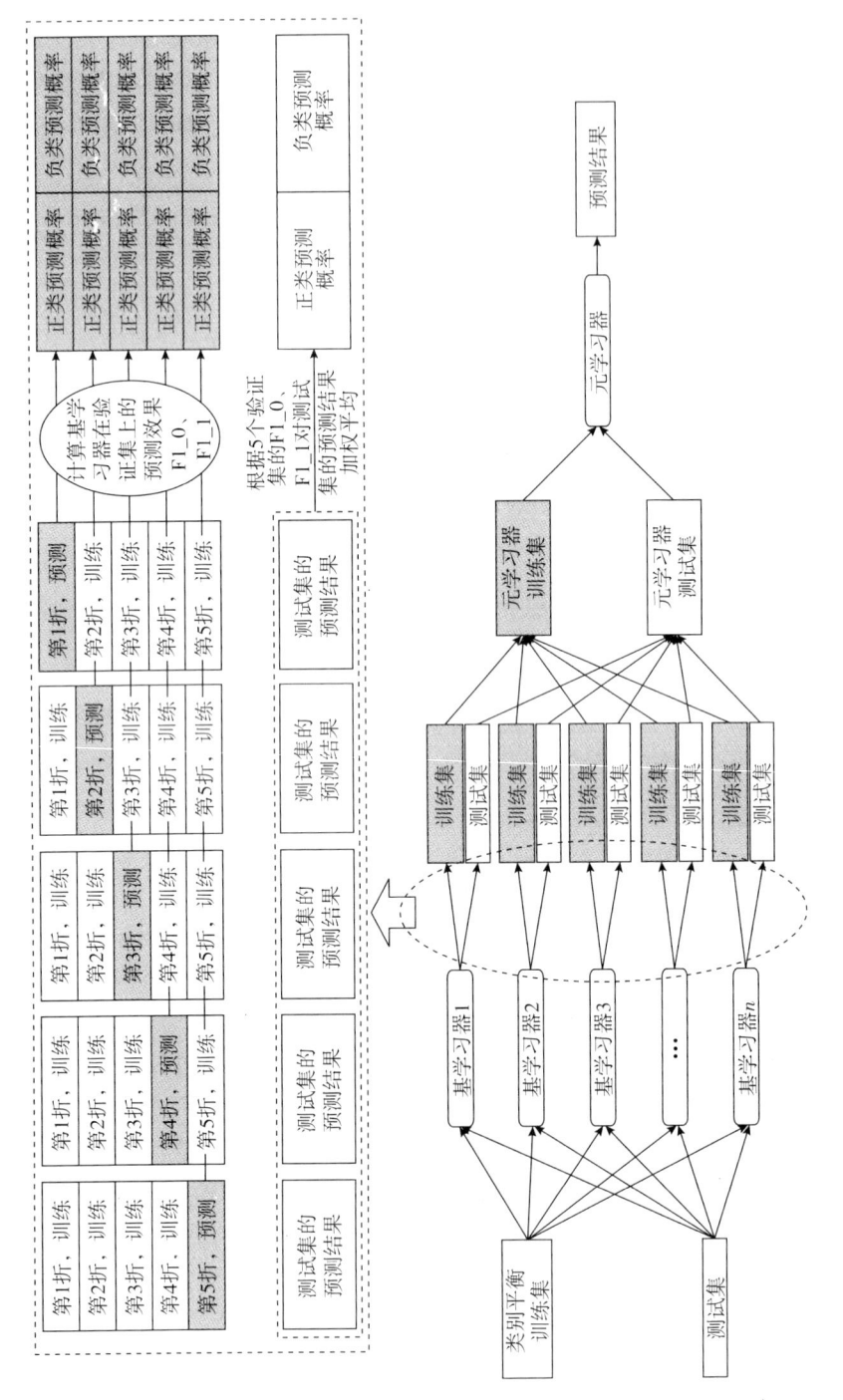

图 8-6 AWStacking 分类集成模型结构

本章采用 AWStacking、Stacking 算法对多个单模型进行融合，使用多种不同的基模型组合方式进行对比分析，各单模型的超参数如表 8-8 所示，其中 Stacking 算法的元学习器不做调参，使用默认参数。本章根据单模型的预测效果 F1_macro 进行基模型的组合，组合方式如表 8-11 所示，各个多模型融合算法的评估指标对比结果如表 8-12 所示。

表 8-11　不同基模型组合方式的多模型融合算法

多模型融合算法	融合的单模型
AWStacking1（3 个基模型）	基学习器：XGBoost、LightGBM、CatBoost 元学习器：LR
AWStacking2（3 个基模型）	基学习器：XGBoost、CatBoost、RF 元学习器：LR
AWStacking3（4 个基模型）	基学习器：XGBoost、LightGBM、CatBoost、RF 元学习器：LR
AWStacking4（5 个基模型）	基学习器：XGBoost、LightGBM、CatBoost、GBDT、RF 元学习器：LR
Stacking1（3 个基模型）	基学习器：XGBoost、LightGBM、CatBoost 元学习器：LR
Stacking2（3 个基模型）	基学习器：XGBoost、CatBoost、RF 元学习器：LR
Stacking3（4 个基模型）	基学习器：XGBoost、LightGBM、CatBoost、RF 元学习器：LR
Stacking4（5 个基模型）	基学习器：XGBoost、LightGBM、CatBoost、GBDT、RF 元学习器：LR

根据表 8-12 和表 8-13，综合对比各个多模型融合算法的预测效果，可以看出 Stacking 方法的表现整体来说稍逊于 AWStacking 方法，AWStacking2 的预测效果最好。

表 8-12　不同模型融合算法的预测效果

	Accuracy	Precision_0	Recall_0	F1_0	Precision_1	Recall_1	F1_1
AWStacking1	0.9483	0.9625	0.9818	0.9720	0.7500	0.5882	0.6593
AWStacking2	**0.9500**	0.9626	0.9836	0.9730	0.7692	0.5882	0.6667
AWStacking3	0.9467	0.9591	0.9836	0.9712	0.7568	0.5490	0.6364
AWStacking4	0.9433	0.9590	0.9800	0.9694	0.7179	0.5490	0.6222
Stacking1	0.9400	0.9605	0.9745	0.9675	0.6744	0.5686	0.6170

续表

	Accuracy	Precision_0	Recall_0	F1_0	Precision_1	Recall_1	F1_1
Stacking2	0.9417	0.9557	0.9818	0.9686	0.7222	0.5098	0.5977
Stacking3	0.9433	0.9590	0.9800	0.9694	0.7179	0.5490	0.6222
Stacking4	0.9417	0.9573	0.9800	0.9685	0.7105	0.5294	0.6067

表8-13 不同模型融合算法的预测效果宏平均

	Precision_macro	Recall_macro	F1_macro
AWStacking1	0.8562	0.7850	0.8157
AWStacking2	**0.8659**	**0.7859**	**0.8198**
AWStacking3	0.8580	0.7663	0.8038
AWStacking4	0.8385	0.7645	0.7958
Stacking1	0.8175	0.7716	0.7922
Stacking2	0.8399	0.7458	0.7831
Stacking3	0.8385	0.7645	0.7958
Stacking4	0.8339	0.7547	0.7876

表8-14显示了使用AWStacking2算法对测试集中的部分电影周边价值等级预测结果。

表8-14 部分电影周边价值预测结果

影片名称	影片英文名称	年份	周边价值等级	周边价值等级预测值
《熊出没之雪岭熊风》	Boonie Bears: Mystical Winter	2015	1（高）	1（高）
《哆啦A梦：新·大雄的日本诞生》	Doraemon: Shin Nobita no Nippon tanjou	2016	1（高）	1（高）
《沉默的证人》	Bodies at Rest	2019	0（低）	0（低）
《一代宗师》	The Grandmasters	2013	0（低）	0（低）
《名侦探柯南：零的执行人》	Detective Conan: Zero The Enforcer	2018	1（高）	1（高）
《十月围城》	Bodyguards and Assassins	2009	0（低）	0（低）
《人再囧途之泰囧》	Lost In Thailand	2012	0（低）	0（低）
《末日浩劫》	The Last Days	2014	0（低）	0（低）
《金龟子》	The Ladybug	2018	1（高）	0（低）
《罗小黑战记》	The Legend of Hei	2019	1（高）	1（高）

三、SHAP 总体特征概要分析

由图 8-7 可知,"IP 产地""平台粉丝数""IP 受众性别群体""电影主类型""IP 诞生年份"对模型的输出值影响较大。其中,"IP 产地"对模型的输出影响最大,当特征"IP 产地"和"IP 受众性别群体"的值逐渐增大时,其对应的 SHAP 值也随之增大;当特征"IP 产地"和"IP 受众性别群体"的值逐渐减小时,其对应的 SHAP 值也随之减小;当特征"平台粉丝数"和"电影主类型"的值逐渐增大时,其对应的 SHAP 值变化较小,保持在 0 附近;当特征"平台粉丝数""电影主类型"的值逐渐减小时,其对应的 SHAP 值也随之减小;当特征"IP 诞生年份"的值逐渐增大时,其对应的 SHAP 值逐渐减小;当特征"IP 诞生年份"的值逐渐减小时,其对应的 SHAP 值逐渐增大。

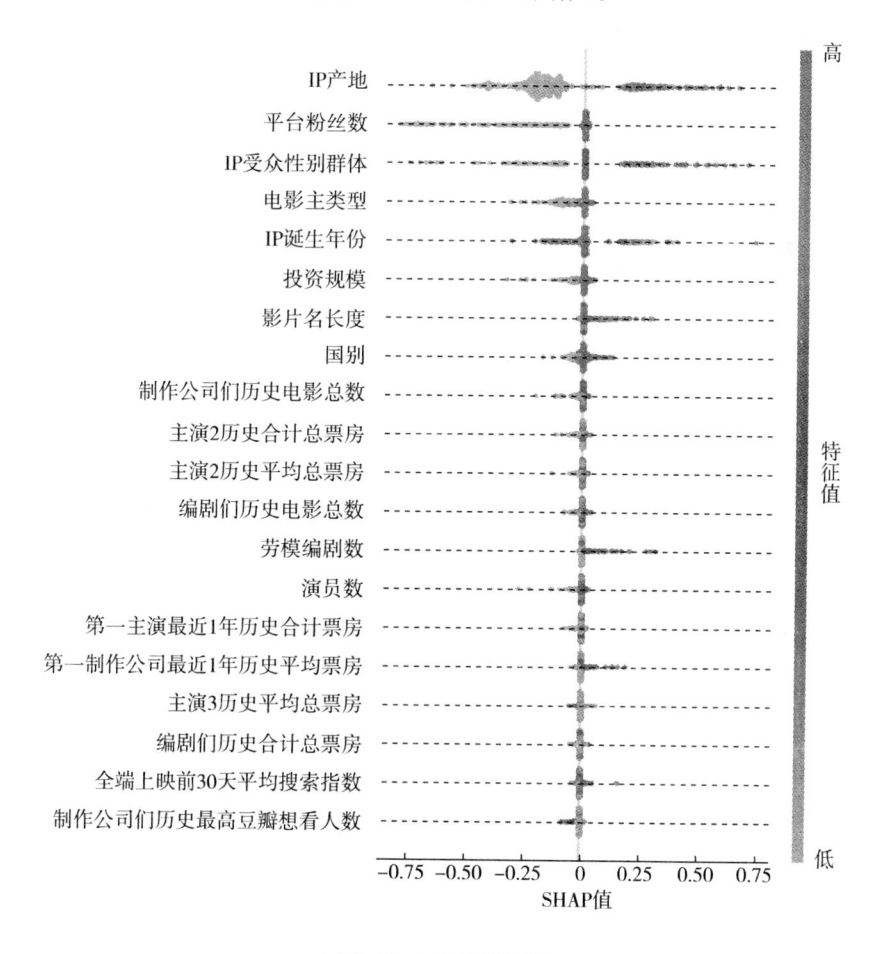

图 8-7 SHAP 概要图

本书前面对类别型特征进行了处理，将类别型特征转换为了数值型特征，结合类别型特征的转换结果，可以得知目前拥有高等级周边价值的电影多数在日本诞生；电影主类型属于动画的电影更容易获得高等级的周边价值；高等级周边价值的电影多数在六一档上映。

第五节　本章小结

本章对基于 KLB-AWStacking 的电影版权周边价值评估模型的整体流程及步骤进行了介绍，然后根据建模的过程进行展开。首先，数据方面使用原仓 IP 网的 IP 数据与第七章所用到的电影数据，由于目前互联网上没有电影周边商品的总收益数据，因此无法根据周边收益计算得到电影周边价值，所以采用 KMeans 算法对部分 IP 特征进行聚类，划分电影周边价值等级，确定数据集标签。其次，采用 LightGBM 算法对特征进行选择。另外，由于数据集的样本类别不均衡，采用 BoderlineSMOTE 算法对训练集进行过采样。最后，提出了 AWStacking 分类集成算法，并将其应用于电影版权周边价值等级预测，取得了不错的效果，并使用 SHAP 分析了部分特征对模型输出的影响。

第九章　电影版权价值评估系统实现

第一节　系统概要

一、系统背景

电影版权价值评估系统是一种主要用于对电影版权进行估值的工具。随着互联网技术的发展和电影产业的不断壮大，电影版权已成为重要的资产之一，因而对电影版权的准确估值对于电影公司和相关从业人员的经营和投资决策至关重要。

传统的电影版权估值方法往往依赖于专业人员的经验和判断，其结果存在主观性和不确定性。而电影版权价值评估系统采用计算机技术实现电影版权价值评估，通过对电影的相关数据、市场数据等进行综合分析，得出准确的估值结果，提高了估值的客观性和准确性。

电影版权价值评估系统还可以为电影公司和投资者提供其他有价值的信息，如电影数据可视化，为他们的决策提供参考和支持，这样可以促进电影市场的健康发展，提高电影版权的流通性和交易效率。

二、系统功能性需求

实现一个电影版权价值评估系统是为了帮助电影产业相关人员更准确地评估电影版权的价值，以便做出更好的商业决策。这个系统可以根据多种因素来评估电影版权的价值，如电影的导演、演员阵容、类型、发行地区等。通过这个系统，电影公司可以更好地了解电影的版权价值，帮助他们做出更好的商业决策，以提高他们的收益。此外，该系统对电影版权价值进行评估可以帮助电影产业相关人员更好地了解市场趋势，以及制定更有效的市场营销和推广策略，以便更好地满足观众的需求。

电影版权价值评估系统主要功能包括电影票房预测、电影版权票房价值评估、电影版权周边价值评估。

三、系统非功能性需求

为了提供更好的用户使用体验，除了上述功能类需求以外，电影版权价值评估系统还应实现以下非功能性需求：

1. 易操作性

本系统用来辅助电影从业人员评估电影版权价值，系统不仅应该具有使用方便、操作简单等特点，还应尽量减少用户学习该系统所产生的成本，提升用户使用体验。

2. 易维护性

为了更好地维护系统，使得代码在将来的系统迭代升级中可移植性高，应该对系统中每个主要功能的关键代码进行模块化封装。这样，将来在升级系统中的某个功能时，只需要修改对应模块中的代码即可。

第二节　系统设计

一、系统开发环境

本系统开发所使用的硬件环境和软件环境如表 9-1 所示，硬件环境为开发所用电脑配置，软件环境主要包括系统前后端实现所用的语言以及使用的开发框架。

表 9-1　系统开发环境配置

运行环境		环境配置
硬件环境	中央处理器（CPU）	AMD Ryzen 5 5600H with Radeon Graphics
	内存	16GB
	显卡	NVIDIA GeForce GTX 1650
	操作系统	Windows11

续表

运行环境		环境配置
软件环境	开发软件	Java8、MySQL、Navicat、IDEA、WebStorm、Python3.8、Jupyter Notebook
	系统框架	SpringBoot、Spring、SpringMVC、Mybatis、Vue、Echarts
	机器学习框架	Scikit-learn、Pandas、Numpy 等

二、系统技术架构

在本系统中，系统的核心功能是对电影版权票房价值和电影版权周边价值等级进行预测，因为需要使用 Python 对用户输入的电影数据进行分析与预测，所以将电影版权票房价值评估模型和电影版权周边价值等级预测模型置于系统架构的最底层，系统整体架构使用了前后端分离的开发模式，除了最底层的电影版权票房价值预测模型和电影版权周边价值等级预测模型。电影版权价值评估系统技术架构如图 9-1 所示。

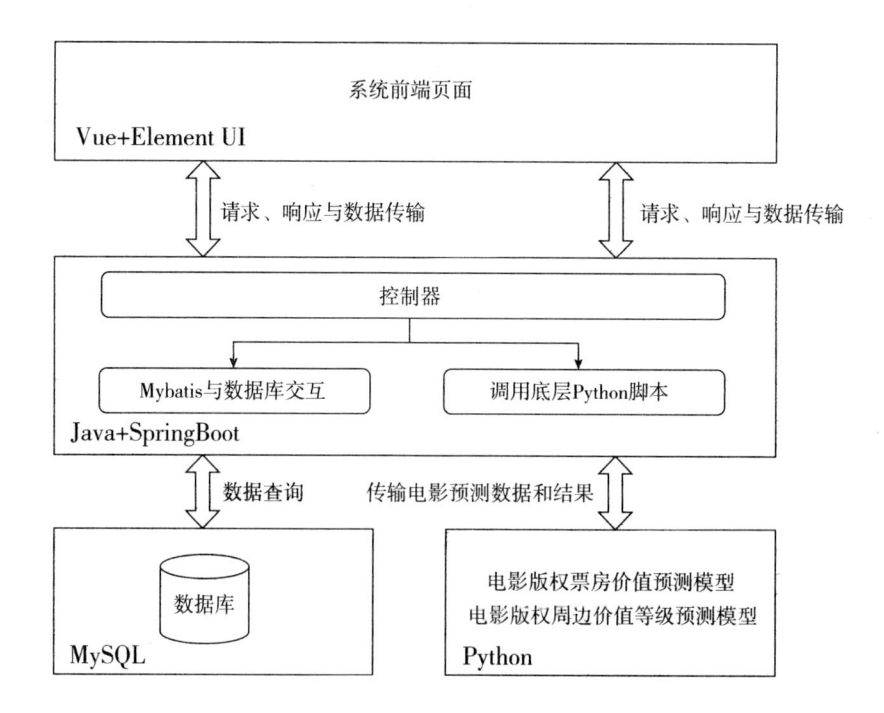

图 9-1 电影版权价值评估系统技术架构

系统前端的开发采用 Vue 和 Element UI 进行实现。Vue 是一个渐进式 JavaScript 框架，可以使前端开发专注于视图层，不需过多关注数据绑定；ElementUI 则是一个基于 Vue 框架的 UI 库，提供了丰富的前端组件和交互方式，用于快速构建漂亮、易用的 Web 界面。在系统后端开发中使用 SpringBoot 框架简化 Spring 应用的初始搭建和开发过程，在控制器中接收前端的请求数据，以及向前端响应数据，使用 Mybatis 从 MySQL 数据库查询数据。SpringBoot 遵循"约定优于配置"的原则，只需要很少的配置或使用默认的配置就可以搭建一个 Spring 应用，能够使用内嵌的 Tomcat、Jetty 服务器，不需要部署成 war 文件，只需部署成 Jar 包就可以直接运行，可以提供定制化的启动器 Starters，简化了 Maven 的配置。

三、数据库表设计

系统的数据库采用 MySQL 存储，主要包含用户信息、电影信息、电影 IP 信息和用户上传的电影信息，数据表结构如表 9-2 到表 9-5 所示。

表 9-2　用户信息

属性	含义	主键	类型
u_id	用户 ID	是	int
u_email	用户账号	否	varchar（32）
u_pwd	用户密码	否	varchar（32）
u_name	用户名	否	varchar（32）

表 9-3　电影信息

属性	含义	主键	类型
item_movie_id	电影 ID	是	int
item_movie_title	电影名	否	varchar（50）
item_movie_duration	时长	否	int
item_movie_synopsis	剧情简介	否	text
item_movie_actor	演员名单	否	text
item_movie_screenwriter	编剧名单	否	text
item_movie_director	导演名单	否	text
item_movie_publisher	出品人名单	否	text
item_movie_executive_producer	监制名单	否	text
item_movie_producer	制片人名单	否	text

续表

属性	含义	主键	类型
item_movie_PC	出品公司名单	否	text
item_movie_MC	制作公司名单	否	text
item_movie_DC	发行公司名单	否	text
item_movie_IMC	整合营销公司名单	否	text
item_movie_NMC	新媒体营销公司	否	text
item_movie_release_date	上映日期	否	date
item_movie_schedule	档期	否	varchar（32）
item_movie_main_type	电影主类型	否	varchar（32）
item_movie_format	影片制式	否	varchar（32）
item_movie_country	国别	否	varchar（32）
item_movie_investment	投资规模	否	varchar（32）
item_movie_boxoffice	总票房（万）	否	double
item_movie_img_url	电影海报路径	否	varchar（255）
item_movie_ip_id	电影IP_ID	否	varchar（32）

表9-4 电影IP信息

属性	含义	主键	类型
item_ip_id	IP_ID	是	varchar（32）
item_ip_type	IP类型	否	varchar（255）
item_ip_subtype	IP子类型	否	varchar（255）
item_ip_fans	IP受众群体	否	int
item_ip_addr	IP产地	否	varchar（32）
item_ip_birthyear	IP诞生年份	否	int
item_ip_fans_num	IP平台粉丝数	否	int
item_ip_level	电影版权周边价值等级	否	tinyint

表9-5 用户上传的电影信息

列名	含义	主键	数据类型
item_movie_id	电影ID	是	int
u_id	用户ID	否	int

续表

列名	含义	主键	数据类型
item_movie_title	电影名	否	varchar（50）
item_movie_duration	时长	否	int
item_movie_synopsis	剧情简介	否	text
item_movie_actor	演员名单	否	text
item_movie_screenwriter	编剧名单	否	text
item_movie_director	导演名单	否	text
item_movie_publisher	出品人名单	否	text
item_movie_executive_producer	监制名单	否	text
item_movie_producer	制片人名单	否	text
item_movie_PC	出品公司名单	否	text
item_movie_MC	制作公司名单	否	text
item_movie_DC	发行公司名单	否	text
item_movie_IMC	整合营销公司名单	否	text
item_movie_NMC	新媒体营销公司	否	text
item_movie_release_date	上映日期	否	date
item_movie_schedule	档期	否	varchar（32）
item_movie_main_type	电影主类型	否	varchar（32）
item_movie_format	影片制式	否	varchar（32）
item_movie_country	国别	否	varchar（32）
item_movie_investment	投资规模	否	varchar（32）
item_movie_boxoffice	总票房（万）	否	double
item_movie_days	票房收益期限	否	double
item_movie_share_rate	票房分成率	否	double
item_movie_discount_rate	票房收益折现率	否	double
item_movie_value	电影版权票房价值	否	double
item_ip_fans	IP受众群体（男粉多、女粉多、全部）	否	varchar（32）
item_ip_addr	IP产地	否	varchar（32）

续表

列名	含义	主键	数据类型
item_ip_birthyear	IP 诞生年份	否	int
item_ip_fans_num	IP 平台粉丝数	否	int
item_ip_predict_level	电影周边价值预测等级	否	tinyint
item_predict_date	预测时间	否	datetime

第三节 系统功能实现

一、电影票房预测功能实现

用户进入系统后首先点击电影版权价值评估页面，其次输入待评估的电影信息，包括影片名称、影片时长、上映日期、投资规模、预计平均票价、影片档期、影片主类型、影片制式、国别/地区、导演、演员、编剧、出品人、监制、制片人、出品公司、制作公司、发行公司、整合营销公司、新媒体营销公司、电影上映场次，然后点击票房预测按钮，后台接收请求数据，调用模型，将预测结果返回到前端页面（见图 9-2、图 9-3）。

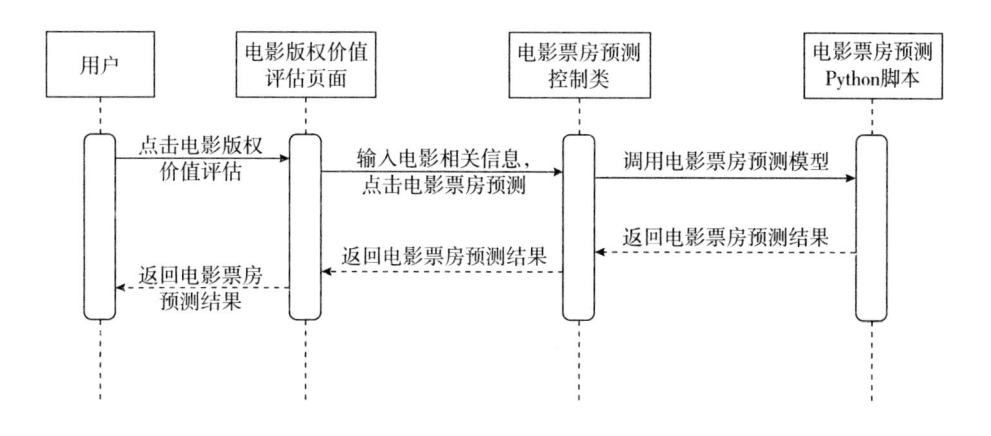

图 9-2 电影票房预测时序

图9-3 电影票房预测功能实现

二、电影版权票房价值评估功能实现

得到电影预测票房后，就可以运用收益分成法计算电影版权票房价值，用户输入电影票房分成率、电影票房收益期限、电影票房收益折现率，点击电影版权票房价值评估按钮，系统调用收益分成法公式计算得到电影版权票房价值，并将结果返回到系统前端（见图9-4、图9-5）。

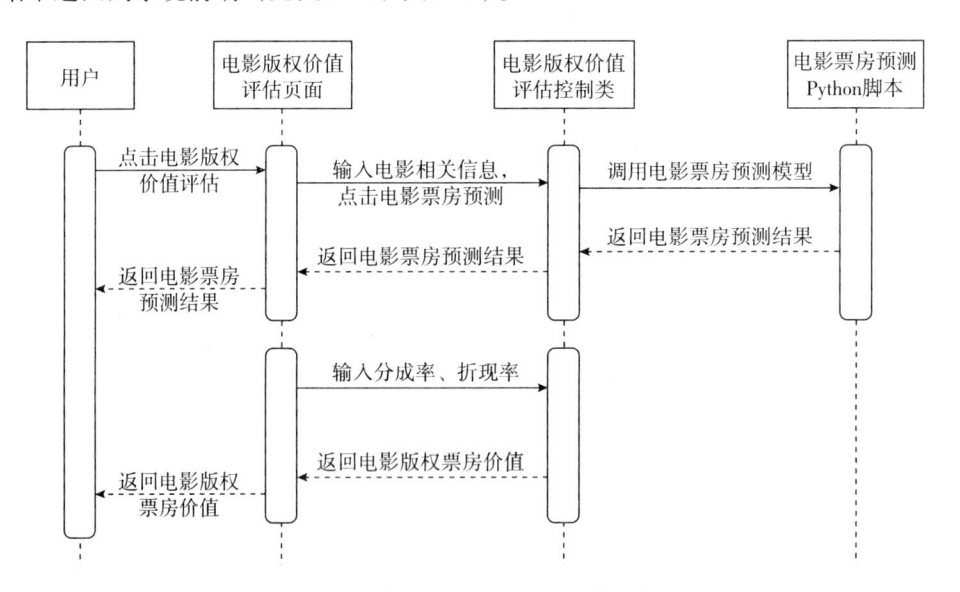

图9-4 电影版权票房价值评估时序

第九章 电影版权价值评估系统实现

图 9-5　电影版权票房价值评估功能实现

三、电影版权周边价值评估功能实现

用户输入电影 IP 受众性别群体、电影 IP 产地、电影 IP 诞生年份、平台粉丝数，点击电影版权周边价值等级预测按钮，后台调用电影版权周边价值等级预测模型 Python 脚本，并将结果返回给前端（见图 9-6、图 9-7）。

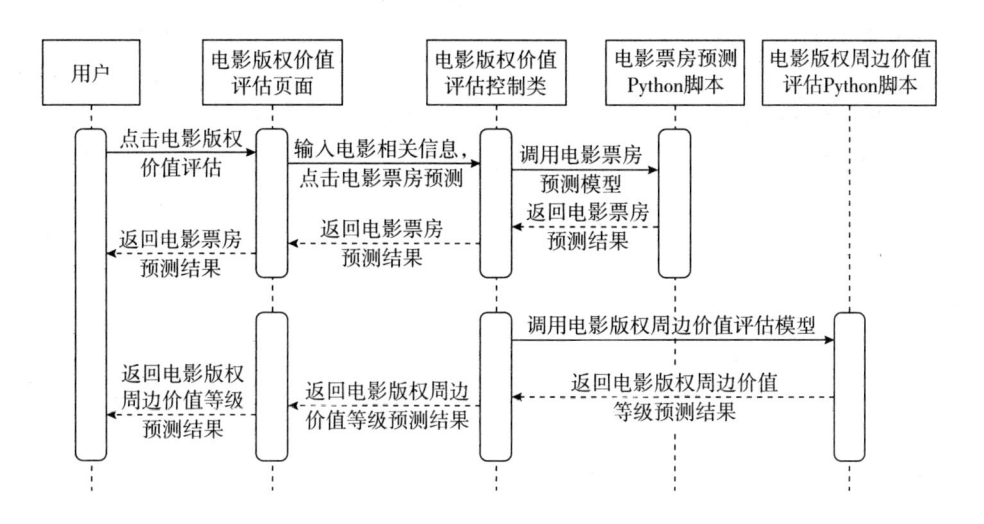

图 9-6　电影版权周边价值评估时序

· 137 ·

图 9-7　电影版权周边价值评估功能实现

第四节　本章小结

　　本章首先指出了电影版权价值评估系统的背景与意义，对该系统的功能性需求与非功能性需求进行了分析。其次介绍了系统的开发环境、技术架构和数据库表结构设计。最后分别介绍了电影票房预测、电影版权票房价值评估、电影版权周边价值评估的功能，并展示了这些功能的系统页面。综上所述，该系统具有一定的实用价值。

第三部分

评估方法篇

　　数字文化内容产品价值的测度是保障内容产品顺利交易的前提，测度的精准性决定了内容产品的传播效果和市场前景。因此，数字文化内容产品价值评估方法的探讨是本书的重点，本部分包含内容较多，既包括整体层面对数字内容产品开展价值评估指标体系的构建、价值评估方法模型的探讨，又包括选取文化类综艺节目开展价值评估方法应用的分析。本章探讨的价值评估方法既包含传统的计量模型，又融合了计算机智能算法，是大数据技术在数字文化内容产品价值评估领域的先进应用。本章所做的方法探讨和优选工作，为同行和业界开展相关研究提供了技术支持和思路。

第十章　数字内容产品价值评估指标体系研究[*]

第一节　引言

借助"三网融合"和"Web 2.0"的东风，信息与通信行业重新洗牌，内容 IP（Intellectual Property）从幕后走向台前，成为媒体企业价值增值的核心资源（叶丹，2010）。在 2023 年公布的《中国 500 最具价值品牌》排行榜中，通信电子 IT 有 36 个品牌上榜，传媒行业有 31 个品牌上榜。其中，腾讯以 4653.83 亿元的品牌价值傲视群雄。传统媒体通过上映热播剧、开发综艺节目等夯实内容红利的地基，网络媒体便顺势添砖加瓦。《2023 中国网络视听发展研究报告》显示，2022 年泛网络视听产业的市场规模为 7274.4 亿元，较 2021 年增长 4.4%。其中，短视频领域市场规模为 2928.3 亿，占比为 40.3%，是产业增量的主要来源。传统媒体与新媒体通过融合互通，进一步提升了内容 IP 在数字经济中的结构占比。

《2021-2022 中国数字出版产业年度报告》显示，数字出版行业已跨越"流量为王"到达"内容为王"的新时代，数字内容生产持续专业化、精品化。随着《内容资源数据化加工》等 10 项国家标准的立项，数字内容出版将日趋规范。另外，网络文学 IP 运营生态逐渐成熟，在纸质图书基础上，改编电影、电视剧、动漫、游戏等多元化内容 IP 开发模式屡见不鲜。适逢政策层面国家对版权保护重视力度不断加大，数字内容产业在释放数字的经济效力方面将发挥长足作用。

---

[*] 本章内容发表于《情报科学》2019 年第 37 卷第 9 期，第 96-102 页。

以内容为核心的网络平台为数字内容产品提供了活跃的交易市场,此类平台本质上属于 C2C 的服务模式,即内容生产者(Content Creator)面向消费者(Customer)的服务。在该类服务模式中,网络平台实际上发挥了传播渠道的作用,相当于数字内容产品的发布商,如此便形成了一条完整的数字内容产品交易供应链。随着网络平台下的数字内容产品交易需求日益增多,数字内容产业在支撑经济发展的道路上高歌猛进,但数字内容产品的价值在会计报表中却很少出现。究其原因,主要有四个方面:①数字内容产品质量参差不齐,尚无明确的出版标准。传统媒体的节目质量相差很大,从观众对各大电视台的偏爱程度可略见一二。由于网络媒体发展的速度迅猛,激发了自媒体用户的创作热情,各类直播平台、微信公众平台等如雨后春笋般大量出现,目前国家尚未颁布明确的出版标准,使得网络上随处可见的长短视频质量同样差别甚大。②多与其他服务(如广告、会员等)捆绑变现,具体价值难以区分。传统媒体的收益来源主要是广告、有线电视收费等,网络媒体的收益来源则主要是广告收益、会员费、单片付费等。这种依托于其他服务的捆绑定价政策,使得数字内容产品的特有价值难以精确体现。③数字内容产品全生命周期涉及因素较多,有些主观因素难以计量。数字内容产品有别于普通商品,人力资源在生产环节的投入中占了很大比重,创意和设计是决定内容资源创新性的主要竞争优势,而该部分价值却很难精确衡量。另外,在数字内容产品消费环节,消费者对内容产品服务质量的反馈也是较为主观的因素,因而难以计量其具体价值。④数字内容产品核心要素——内容版权的界定及其价值评估尚无统一标准。内容版权是数字内容产品的价值核心,也是内容 IP 的主要组成部分,学术界对版权价值的讨论一直存在争议,尚无统一定论和核算方法。对数字内容产品的价值评估方法研究也是刚刚起步,并未形成规范化的评估标准。

尽管如此,内容平台依旧通过优质的独家内容、多样化的运营措施不断探索发展模式。《2023 中国网络视听发展研究报告》显示,截至 2022 年 12 月,我国网络视听用户规模达 10.40 亿,超过即时通信(10.38 亿),成为第一大互联网应用。网络视听网民使用率为 97.4%,同比增长 1.4 个百分点,保持了在高位的稳定增长。网络视听用户规模迅速激增,使得业界和学术界逐渐增大对数字内容产品价值评估和付费方式的研究。在这样的背景下,为促进数字内容产业蓬勃健康发展,长期较好地平衡内容生产者、平台和用户之间的利益关系,构建合理的数字内容资源价值评估指标体系已经迫在眉睫。但是,目前关于数字内容产品价值评估的研究较少,本章拟借鉴版权价值评估以及知识性资源专利价值评估的相关文献,以"价值链理论"为主线开展探索性研究,梳理出可能影响数字内容产品价值的相关因素,并据此构建数字内容资源价值评估指标体系,进而以京东

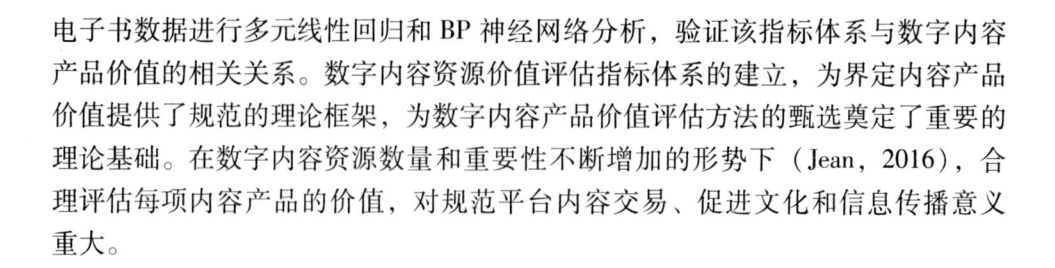

电子书数据进行多元线性回归和 BP 神经网络分析，验证该指标体系与数字内容产品价值的相关关系。数字内容资源价值评估指标体系的建立，为界定内容产品价值提供了规范的理论框架，为数字内容产品价值评估方法的甄选奠定了重要的理论基础。在数字内容资源数量和重要性不断增加的形势下（Jean，2016），合理评估每项内容产品的价值，对规范平台内容交易、促进文化和信息传播意义重大。

第二节　数字内容产品价值的影响因素分析

之前的相关研究倾向于将数字内容资源定义为一种"无形资产"（李国民和李洁璇，2018），借鉴"价值链理论"，本书认为数字内容产品价值的形成实际上是虚实价值链通过复杂交互作用的结果。正如前文所言，实体价值链主要是通过数字内容产品设计、生产、销售等过程实现；虚拟价值链则是通过作用于实体价值链而实现无形资产的价值合成，该过程主要包括数字内容产品的版权确定、售后服务以及用户评价等。在二者的完美结合下，数字内容产品的无形价值才得以完整表达。根据前文对数字内容产品的价值构成分析可知，价值链理论视角下的数字内容产品价值基本涵盖四个层面，由内而外依次为数字内容产品价值形成的生产流程层、价值活动层、商业活动层、价值增值层。生产流程层对应价值链的最前端，主要包括数字内容产品的设计、研发、生产、制造等环节，该部分势必要分析数字内容产品的成本投入，从成本管理视角体现价值链理论的优势，因此，成本因素是生产流程层需要考虑的主要问题；价值活动层对应价值链的中前端，主要包括数字内容产品的价值确认环节，该部分难免要分析数字内容的版权范围及其相关因素，版权价值的确定是价值流动层需要考虑的主要问题；商业活动层对应价值链的中后端，主要包括数字内容产品投放市场以后由供求状况造成的价值体现，数字内容产品的销量、收益、利润等是利益主体关心的主要问题，该部分会重点分析可能导致需求变化的市场因素；价值增值层对应价值链的末端，主要包括交易完成后可能带来价值增值的相关因素，该部分将重点从服务因素带来的增值环节进行挖掘，服务的好坏可能直接影响顾客的黏度，影响顾客的忠诚度，另外通过用户口口相传带来的经济增值将是不可估量的，同时，较差的用户体验给产品带来的损失也是不可估量的，因此，服务因素是价值增值层需要重点考虑的问题。根据以上分析，结合网络平台的服务环境，本章以"价值链理论"为主线，依次梳理了数字内容产品生产制作、版权确认、市场交易、平台服务的整个流程，确定了以成本因素、版权因素、市场因素、服务因素为核心的影响因素集合，充分挖掘数字内容产品价值评估指标体系的重要价值指标，为构建较为完善的指标体系奠定理论基础。基于"价值链理论"的数字内容产品价值影响因素如图 10-1 所示。

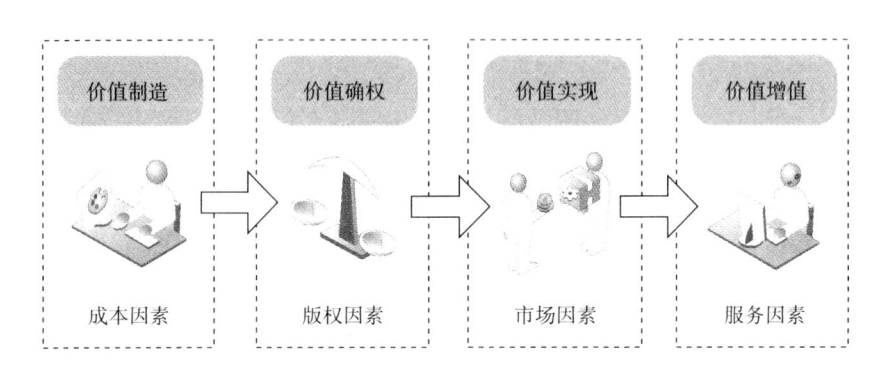

图 10-1 基于"价值链理论"的数字内容产品价值影响因素
资料来源：笔者绘制。

一、成本因素

数字内容产品的生产成本可分为固定成本和变动成本。其中，固定成本主要是指数字内容产品生产制作过程中的费用投入，包括硬件投入、软件投入、智力人员薪酬等；变动成本主要是指随产品数量增加而不断增加的成本，包括复制设备投入、复制人员薪酬等。实际上，数字内容产品的特殊性就在于其变动成本较固定成本微乎其微，边际成本几乎为零（Ho 等，2017）。在通信技术和计算机技术的支持下，数字内容产品在网络平台中的复制、分发、再播映过程涉及的成本投入少之又少。仅需要考虑少量的人工成本和资源存储成本，如视频课程刻录的光盘、网络资源再复制和再储存的资源消耗等。但这部分成本支出相对于产品开发、生产过程中的大量投入而言，几乎可以忽略不计。因此，在数字内容产品的成本因素方面，本章仅考虑极具代表性的设备投资、技术投资、人力投资三大因素。

设备投资主要包括场地设备、生产设备等相关物品投入。设备是生产活动所必需的基础资料，狭义上讲，设备投入可以理解为一般可消耗性物品的投入，该类支出会随着生产活动的进行不断加大，且投资成本通常为沉没成本，很难在短期内快速收回。以文学作品创作为例，写作过程中使用的计算机设备、手写稿消耗的纸笔、参阅的图书、耗费的宽带网络资源等都属于硬件设备投入。而在视频创作中的硬件投入类目更多，除了上述类目外，还包括录音录像设备、播映设备、道具、计算机设备及网络资源、存储设备等。另外，还包括生产制作过程中需要租用的场地费用、办公地址费用等。设备投资是数字内容产品成本中需要重点考虑的因素，与其他普通商品一样，几乎占据了生产成本的半壁江山。

技术投资是指具有技术性特征资源的投入，一般指能够大大提高工作效率的软件投入等。例如，音视频制作过程中需要用到的数据处理软件、音视频处理软件、色彩处理软件、编程软件、数据库构建软件等。Palmer（2014）研究发现，在数字内容产品制作过程中，通常需要大量的手动步骤来实现导出、传输、转码、导入和重新链接媒体及其相关的元数据或上下文等操作，通过软件技术的使用，可以对以上烦琐步骤实现自动化处理，大大提高了工作效率和单位时间产出的内容价值。技术性资源的投入，不仅方便了内容提供者的工作、融合了互联网特性，也增强了数字内容产品使用者的可操作性（Krueger 和 Swatman，2016）。数字内容产品的技术投资在成本因素中的占比高于普通商品，这与其产品特性有关。

人力投资一般包括原始数字内容产品生产制作过程中的技术人员、智力劳动者的薪酬，不包含数字内容产品在复制、传播过程涉及的人员薪酬。原始数字内容产品是指第一次制作的内容产品，如文章的终稿第一版、原始种子音视频等。数字内容产品的初次制作工作通常需要耗费工作人员大量的脑力劳动，且必须有一定知识储备或一定技术含量的人员才能胜任，如视频拍摄中的编剧、导演、演职人员等，文字内容创作过程中的作者，在线教育中的讲师等均属于相关人力投资范畴。不同于此，复制工作则是在原始资源的基础上大量机械复制，复制人员的薪酬因产品数量的增加而增加，因此，在内容资源复制、再传播过程中工作人员的薪酬应归结于变动成本，这里忽略不计。

二、版权因素

内容版权是数字内容产品的核心要素，版权价值反映了内容资源价值的大小。只有在版权价值确定以后才能讨论内容资源的价值，没有确认版权的内容资源可能沦为互联网资源中的公共福利。而核定版权的重要特征是对其原创性的判断，原创性是指内容产品是独立创作完成，有别于其他内容资源，是一次史无前例的革新。篡改、抄袭、剽窃他人创作而完成的作品均不属于原创作品，但随着网络 IP 开发模式多元化，将经典文学作品改编成电影、电视剧等属于内容资源的再创作，具有原创性（姜波，2018）。随着内容创作者对版权的重视力度不断加大（赵艳等，2019），网络环境迫切呼唤维护内容原创。因此，在衡量数字内容产品价值的版权因素时,要重点把握能够体现内容版权原创性特征的因素。本书通过梳理相关文献,认为可以将内容资源的版权因素归纳为专业性、时效性、丰富度、版权范围四个方面。

专业性是指数字内容产品受到某一专业领域的认可,所传达的信息能够反映该专业领域的观点及专业化水平。专业性同时是确定数字内容产品类别归属的重要指标,是使用者发现、甄别该类资源的重要索引,因此,专业性是能够体现版权价值的重要因素。比如,网络上的电子书种类繁多,小说类属于一般性读物,经济管理类则属于专业性读物,因为经管类电子书内容多数阐述的是经济管理理论,专业术语较多,非专业人员阅读起来可能晦涩难懂。技术类电子书专业性更强,受众更小,但只要能够给读者带来专业性帮助和指导,便体现了该电子书的专业性价值。经调查研究发现,确实存在专业性较高的电子书价格高于大众图书价格的现象(雷兵和钟镇,2018),从某种意义上讲,该现象体现了专业性为数字内容产品价值做出的贡献。

时效性则强调数字内容产品的推出时间、更新时间以及更新频率等。数字内容产品与一般产品不同,不会因为长期储存发生缩水、变质等问题。但是,数字内容产品因时效性差异导致的价值贬值可能是致命性的。在信息爆炸的大数据时代,谁掌握了信息的时效性谁就拥有了主动权。微信推文的发布时间、电视电影的定档时间、文学创作的连载频率、游戏版本的更新频率等,都是在利用时效性抢占人们碎片化的时间。数字内容产品价值实现的前提是获取关注,而时效性使获取关注成为可能。通常在搜索引擎的排序系统里,发布时间先后是信息被推荐为新闻的重要依据,一条爆炸性新闻的关注也不过持续一段时间,随后会被其他信息逐渐覆盖。当然,也常有经久不衰的经典存在,依然能在流量市场占得一席之地,但相较于其首次发布后带来的指数级增长收益而言,该部分收益已经是微乎其微了。因此,在数字互联网平台下,时效性是影响数字内容产品价值的又一重要版权因素。

丰富度是指数字内容产品的完整性、清晰度、知识保有量等。该指标是直接反映产品质量的可视化指标,消费者可以通过对数字内容产品的消费做出直接评价。例如,可以通过一本电子书的页数或者视频时间的长短大致判断该产品的内容丰富程度,并能通过视频清晰度、试听效果等,判断是否有先进技术被引进。另外也可根据数字内容产品宣传时提到的重要关键词大致判断该产品的内容翔实程度。事实上,随着信息技术的不断发展,人们对数字内容产品的要求越来越高,画面质量一度从标清提升为高清再被提升为超清。视频内容讲究故事完整、条理清晰、富含哲理和文化底蕴。文学作品注重艺术情操,字斟句酌均需匠心打磨。丰富度是版权确认的重要指标之一,赵峰等(2017)曾通过层次分析法构建电子文件价值评估指标体系，量化验证了完整性等丰富度指标的重要影响。

版权范围包括内容资源的素材、播映、新媒体开发、衍生品开发等版权项，属于确认版权价值的必备法律因素（史辉，2016）。同专利产品类似，数字内容产品也应该明确解释其版权范围，这是数字化产品需要格外关注的。比如，一部原创电影制作完成，该电影的创作者不仅拥有电影中歌曲、配乐、配舞、视频片段、服饰等所有素材的版权，还拥有播映、重播、改编、开发电影相关衍生品等版权。现实中，小猪佩奇就是一个典型案例，凭借动画片的大热，"eOne"公司2016年在全球仅通过授权IP协议，就获得了11亿美元的销售收入。García和Gil（2010）的研究表明，对版权的整个价值链范围进行界定，更有利于加强对版权内容及其衍生品的管理。因此，版权范围是影响数字内容产品价值的重要版权因素。

三、市场因素

数字内容产品制作完成以后，势必要投放于市场进行交易。一旦进入市场，就会像其他产品一样存在替代品的竞争和威胁。但不同的数字内容产品可能互为补充品，也可能互为替代品（Kannan等，2009），如何历经大浪淘沙而依然保持其独特价值，需要从市场因素把握。首先，稳定性是数字内容产品进行市场交易的前提，通过保持数字内容产品本身形态、性能稳定，才能在市场交易中保持稳定价值。比如，网络平台上提供的音乐或者视频资源，可以满足随时随地下载或在线播放，下载后的内容也能保证稳定的播放效果，不会因时间、网络或播放设备的改变而影响数字内容产品的使用体验，只有表现出产品的稳定性能，才能进一步提升顾客黏性，促进数字内容产品的进一步交易。Jonathan等（2010）在对数字音乐发行服务调查时发现，网络覆盖范围等稳定性因素是影响消费者付费意愿的重要产品属性，可作为衡量数字内容产品价值的重要参考因素。但由于该因素是数字内容产品的必备因素，产品间并不存在基于该因素的价值差异，因此这里不再将该因素纳入价值评估指标。由此，本章将市场因素归纳为流行性、垄断性和网络外部性三个方面。

流行性是指数字内容产品包含了当前最新技术、思路和方法，或迎合了热门话题。数字内容产品的价值和流行性指标之间相辅相成，一项数字内容产品会因为某个专题而流行于网络，正是因为广泛流行和传播，才使得其市场价值更大。目前，许多短视频存在蹭热点现象，均是出于流行性会带来流量，进而提升市场价值的考虑。前些年的综艺节目中，相亲交友栏目收视率火爆，反映了当时我国大龄男女的焦虑，便是迎合了人们交友的意愿；近期综艺节目中，文化类栏目不断推陈出新，受到人们广泛关注，如《上新了·故宫》《中国诗词大会》等，正好响应了国家弘扬传统文化的号召。从不同角度迎合热门话题或时下政策，既是保证数字内容产品流行性的前提，也是内容资源能够广泛传播的先决条件。Rao（2014）在研究在线视频内容定价时发现，当用户高度重视内容的流行性时，内容提供商具有较高的议价能力。因此，流行性属于一种影响数字内容产品价值的重要市场因素。

垄断性是指数字内容产品在市场上的替代品较少，或者内容提供商数量唯一。由于数字内容产品同时具有版权特性，这就保障了数字内容产品的垄断性。除了版权因素中的数字内容产品的独家原创性以及数字内容提供商的个数较少所体现垄断性外，还有从平台角度考虑的垄断性。例如，中国知网（CNKI）平台通过从各个出版社购买文献资源版权，构建文献数据库，以知识付费的形式供用户下载使用，此时，中国知网（CNKI）既是一个平台中介，也是数字内容发布商，其独家内容资源便具有垄断性。实际上，我国数字内容产品交易市场还处于不成熟状态（周晓英和张秀梅，2015），加强对数字内容提供商以及内容平台的管理，对完善数字内容产品产业价值链具有重要意义。

网络外部性是指随着数字内容产品消费数量的增加，其总价值或经济收益也不断增加。由于多数数字内容产品具有可复制性、易传播性等特点，其在市场中频繁流转、共享，使外部性效益也不断增加。比如，一部影片可以译成多国语言，这样大大增加了其可流通的范围，有助于提高外部性收益。但是，出于保护内容产品版权，或者提高内容资源转移成本的考虑，一些电子出版物常有消费锁定的做法，如亚马逊电子书配有 Kindle 阅读器、京东电子书配有京东阅读 APP，这样的消费锁定能在一定程度上提高了电子书的定价空间（王骅琪等，2013）。因此，不同类型的数字内容产品其网络外部性特征可能不同，网络外部性是衡量数字内容产品价值不可忽视的因素。

四、服务因素

数字内容产品经过版权确认以后，通过在市场上交易确定价值，而用户体验决定了数字内容产品能否持续交易，能否获得源源不断的价值增值。对于数字内容产品而言，数字平台扮演了非常重要的角色，它们之间是鱼和水的关系。优质的数字内容产品能够提高平台知名度，优质的平台同样可以保障内容资源的质量，反之亦反。同时，良好的服务也是提高顾客黏度、促进数字内容产品传播的重要保障。因此，有必要将平台的用户体验作为影响数字内容产品价值的因素进行考虑。本章将用户体验归结为服务因素，可从交互性、便捷性、易获得性三个方面总结。

交互性是指平台与用户之间的交互渠道多样，便于双方之间的沟通反馈。通过交互按钮，可以拉近买卖双方的距离，实现虚拟交易与实体场景的有机衔接。Siering 等（2018）的研究发现，在线评论不仅能够提供有关在购买决策过程中对消费者有价值的产品和服务的信息，而且还可以引起其他在线零售商的关注，从而为在线零售商提供额外的价值。消费者可以针对数字内容产品填写个人评价，也可以反映其他问题，通过该交互活动，可以及时获取消费者的反馈，了解数字内容产品的市场受欢迎度，拓宽平台发现问题的途径，及时做出应答。例如，知乎平台有专门的问答模式，平台可以对优质回答给予推广和点赞；京东电子书平台有专门的客服为用户跟踪服务；大多数内容资源公众平台可以在公众号后台留言……这些都是良好的交互模式，对提高用户体验具有重要作用。

便捷性是指平台对用户的需求响应速度较快。主要体现在某些技术支持的响应速度上，比如，特定内容资源的订阅、平台维护、售后服务等方面具有较高效率。有研究表明，平台的访问速度是影响平台性能价值的重要因素（侯治平，2013）。由于互联网连接速度可变，内容提供商可以为相同的内容资源提供不同的便捷性服务，比如，128kbps 就要比 56kbps 收费更高（Jagannathan 等，2002）。此外，这里的技术支持还包括平台对用户信息安全的保障技术等。在大数据时代，信息泄露时有发生，人们越发重视信息的安全问题。除了个人基本信息、账户信息以外，数字内容平台的访问记录、购买记录、评价记录等信息也是需要保障的对象。Kumar 和 Sethi（2009）研究表明，内容资源网络付费模式实际上是一种占优的可持续发展模式。但如何保障用户付费安全、信息安全是数字内容产品平台在任何发展阶段都不容忽视的问题。这些在技术上提供便利支持，在安全上为顾客解除后顾之忧的平台服务，都是便捷性指标反映的具体内容。

易获得性是指用户在搜寻数字内容产品时容易获得。主要体现为平台内容资源丰富，可以满足用户多元化的需求，比如，在同一个视频播放器上可以满足音乐、电影、电视剧、综艺等多种需求，不会因为搜寻不到而转去另一个平台。Kim 等（2015）研究发现，平台的易获得性可以提高用户的使用密集度，从而提高平台价值。此外，如果数字内容产品在购买、下载、播映等过程中操作流程简便，能给用户良好引导，也是易获得性的重要体现。在智能设备广泛应用的今天，简洁高效是所有平台不断追求的工作原则，是能够直接影响用户体验的价值指标。唐兆琦（2017）研究发现，用户对平台的易获得性较为敏感，用户的敏感度将直接影响其对内容资源的价值评估。因此，数字内容产品的易获得性是影响其价值大小的重要服务因素。

第三节　数字内容产品价值评估指标体系构建

通过以上对数字内容产品价值的影响因素梳理，本章以"价值链理论"为主线，将影响数字内容产品价值的重要因素作为具体指标，将数字内容产品价值形成的生产流程层、价值活动层、商业活动层、价值增值层分别与一级指标相对应，形成了成本价值、版权价值、市场价值、传播价值构成的4个一级指标。二级指标则是根据每个层级下的重要影响因素进行梳理，将其与一级指标相互对应。由此，本书构建了基于价值链理论的数字内容产品价值评估指标体系，确定一级指标4个，二级指标13个，如表10-1所示。

表10-1　数字内容产品价值评估指标体系

一级指标	二级指标	指标示意
成本价值	设备投资	硬件、软件设备，场地设备等设备成本
成本价值	技术投资	数据库等软件资源的构建成本
成本价值	人力投资	智力、技术人员薪酬
版权价值	专业化	在相关领域的专业化程度或权威性
版权价值	时效性	内容资源的推出时间、更新频率等
版权价值	丰富度	内容资源的完整性、清晰度、知识保有量等
版权价值	版权范围	素材、播映、新媒体开发、衍生品开发等版权项
市场价值	流行性	包含最新的技术或迎合热点主题
市场价值	垄断性	供需双方是否数量唯一
市场价值	网络外部性	可复制性、易传播性等
传播价值	交互性	平台的问答与反馈模式
传播价值	便捷性	技术支持响应快，信息安全有保障
传播价值	易获得性	搜寻便利性、购买、下载、播映等过程操作简便

资料来源：笔者整理。

需要说明的是，在影响因素梳理中服务因素涉及的相关指标均是从平台视角出发，分析其可能带来的服务效果的提升。实际上，服务的提升即是传播效果的提升，良好的平台服务质量也是为数字内容产品能够广而传之提供保障，只有获得消费者的良好口碑才能有助于数字内容产品在网络平台上广受欢迎，进而提升数字内容产品总收益。因此，这里将服务因素表示为数字内容产品的传播价值。

由此，数字内容产品价值评估指标体系构建而成，那么，如何确定该指标体系的合理性和有效性呢？本章需要借助一定的实证计量方法，对该指标体系的有效性进行探索性验证。目前，学术界关于数字内容产品价值评估方法的研究较少，类似研究是将数字内容产品作为一种无形资产，采用会计学科常用的成本法、市场法、收益法等进行简单评估（周正柱和朱可超，2015）。但会计核算方法公式较为固定，成本收益界定清晰，对于价值链视角的数字内容产品并不适用。考虑到指标体系二级指标众多，本阶段仅需大概判断这些指标与数字内容产品总价值之间的相关性，从而判断指标体系的合理性和有效性，而恰好多元线性回归是判断指标向量间因果关系的常用方法，因此，本章选择使用多元线性回归方法作为初探的计量方法。但多元线性回归是线性模型，不一定能保证较好的评价效果，本章拟同时采用基于大数据思维的 BP 神经网络方法作为非线性评估方法进行对比分析。BP 神经网络方法具备非线性映射能力、快速并行处理数据能力、自学习自适应能力、完备的联想能力等，已在经济领域广泛应用，适用于指标权重不确定的模糊评价，是一种相对成熟的机器学习方法，因此也比较适用于本研究。综上，本章在已构建的数字内容产品价值评估指标体系基础上，将采用多元线性回归和 BP 神经网络方法分别进行指标体系合理性和有效性的初探，并在评价结果的基础上比较线性方法和非线性方法对数字内容产品价值评估方法的效果优劣，同时，为下文探索高效的数字内容产品价值评估方法提供思路和方向。

第四节 指标体系有效性的实证研究

一、数据获取与数据处理

京东电子书平台是国内比较典型的内容资源交易平台，拥有丰富的电子书交易数据。本章选取京东电子书数据作为数字内容产品的代表，选择经济管理类图书分类，借助八爪鱼数据挖掘软件，按照综合排序依次进行数据爬取，共获得 8698 条电子书数据，每条数据包含的项目名称分别为：书名、作者、出版社、出版时间、电子书价格（单位：元）、电子书评价数、纸书定价（单位：元）、正文语种、出版版次、文件大小（单位：M）、ISBN 号、字数、文件格式、纸书售价（单位：元）、纸书折扣（单位:%）、纸书评价数、商品编码、品牌、包装、开本、用纸。

然后对获取的数据进行数据清洗，包括删除、替换数据单元格中的文字，将所有数据项实行数值化格式，将纸书价格、电子书价格、字数为空的数据项删除，其他条目项空格填充为0，最终获得可用数据5578条。具体数据爬取情况如表10-2所示。

表10-2　京东电子书数据爬取情况

数据类别	数据总条数	有效数据条数	收集时间	采用软件
经管类电子书	8698	5578	2018年12月23日	八爪鱼

资料来源：笔者整理。

二、指标选取

在以上数据项中，将不能量化的条目项删除，可量化的条目用以实证分析，最终选取电子书价格为因变量，已出版天数、电子书评价数、正文语种、出版版次、文件大小、字数、文件格式、纸书售价、折扣、纸书评价数10个指标为自变量。

其中，以平台交易的电子书价格等价于电子书价值。纸书售价和折扣反映了电子书的生产成本。纸书售价是经过市场认可的反映内容资源价值的指标，将其整合成数字资源放在平台交易后，纸书价格应该能以某种函数关系反映电子书的生产成本，因此可以用该指标指代成本价值；已出版天数是电子书出版日期距离2019年1月1日的出版天数，可用于衡量电子书的新鲜度，反映了电子书的时效性特征；正文语种分别为中文、英文、中英对照，数据化处理为1、2、3，反映了电子书的专业化特征；文件大小和字数反映了电子书的丰富度特征；纸书评价数可等价于纸书的销量，销量的多少以及出版版次的多少对应了电子书的流行性特征；由于京东电子书平台消费者可自行评价或默认好评，评价内容一定程度上反映了对平台的反馈，因此，电子书评价数可反映电子书内容的传播价值特征；不同的文件格式反映了服务的多样性，符合电子书的易获得性特征。文件格式分别为加密EPUB、加密PDF，数据化处理为1、2。以上选取的指标均可以量化处理，且正好对应部分数字内容产品价值二级评估指标。由于二级指标对应不全面，这里以一级指标作为对照。通过数据分析，可以验证以上指标与数字内容产品的相关关系。指标对照如图10-2所示。

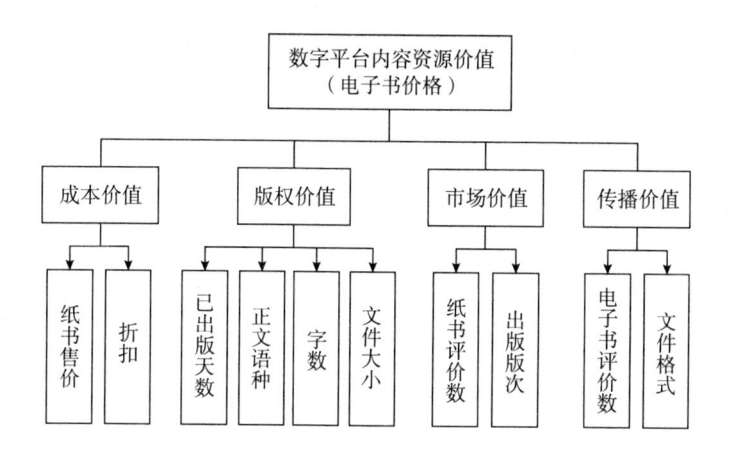

图 10-2 电子书数据与数字内容产品价值评估指标对照

资料来源：笔者绘制。

三、实证分析

由于平台的规范性问题，每条数据后台可获取的公开数据有限，且目前平台对每个电子书的相关信息介绍条目较少，能获取的有效条目并不能与数字内容指标体系的二级指标一一对应，所以，这里由于平台原因并未获取该指标体系全部二级指标数据，因此，本节对评估方法不做精细探究，仅根据已有数据做相关性实证分析，验证以上电子书数据对应的相关指标是否具有有效性，并探索价值评估方法的研究方向。数据来源则为从京东电子书平台获取的经济管理类图书数据，经数据清洗后有 5578 条数据，分别采用多元线性回归模型和 BP 神经网络模型，对已有数据进行拟合训练，从线性分析和非线性分析两个方面论证该指标体系的合理性和有效性。

1. 多元线性回归模型

借助 Stata14.0 数据处理软件，对以上选取指标做多元线性回归分析，采用逐步回归后退法，依照判断变量进入回归模型的原则，经过多次验证，得到最终回归模型，如式（10-1）所示。

$$Y=-0.001\times YCBTS-0.002\times DZSPJS-2.482\times ZWYZ-0.027\times WJDX+$$
$$0.691\times ZSSJ-0.097\times ZK+0.001\times ZSPJS+6.648 \tag{10-1}$$

式（10-1）中，Y 为电子书价格，$YCBTS$ 为已出版天数、$DZSPJS$ 为电子书评价数、$ZWYZ$ 为正文语种、$WJDX$ 为文件大小、$ZSSJ$ 为纸书售价、ZK 为折扣、$ZSPJS$ 为纸书评价数、C 为常量。其他变量在模型优化中被排除。模型检验的相关数据如表 10-3 所示。

表 10-3　多元线性回归模型相关检验数据

变量	估计系数	标准误差	T统计值	P值
YCBTS	−0.001	0.000	−11.71	0.000
DZSPJS	−0.002	0.000	−3.09	0.002
ZWYZ	−2.482	1.180	−2.10	0.035
WJDX	−0.027	0.007	−3.70	0.000
ZSSJ	0.691	0.008	84.19	0.000
ZK	−0.097	0.015	−6.51	0.000
ZSPJS	0.001	0.000	4.67	0.000
C	6.648	1.595	4.17	0.000

资料来源：笔者整理。

然后根据最优回归模型预测电子书价格，导出电子书价格的拟合预测值，并借助 Python 软件绘制多元线性回归模型的拟合效果图，如图 10-3 所示。

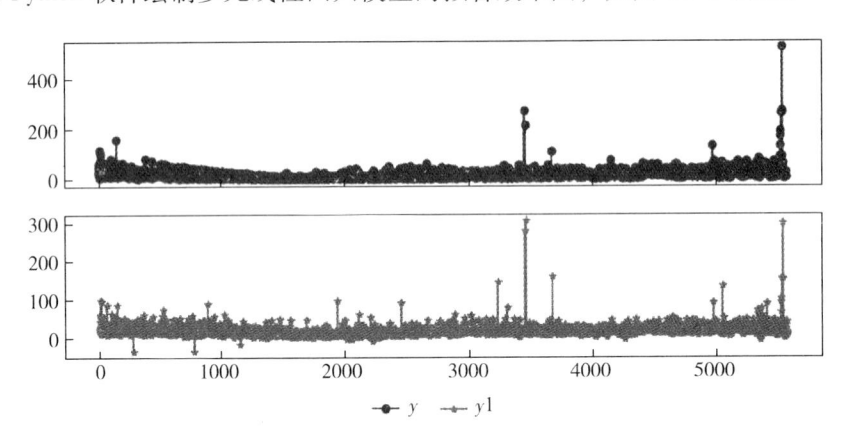

图 10-3　多元线性回归拟合效果

资料来源：笔者借助 Python 软件绘制，图中 y 为电子书价格实际值，y1 为多元线性回归模型中电子书价格的预测值。

由表 10-3 可知，在 5% 的置信水平下，t 检验对应的 p 值均小于其显著性水平，说明通过了 t 检验。$R^2 = 0.613$，说明模型拟合程度良好，能够在一定程度上解释以上自变量与电子书价格之间的相关关系。从图 10-3 中可以更为直观地看到多元线性回归模型能够基本拟合电子书价格，总体趋势保持一致。但个别预测值偏差较大，甚至出现负数情况，说明该方法仍存在较大改进空间。总而言之，该回归结果表明，已出版天数、纸书评价数、电子书评价数、正文语种、文件大小、纸书售价、折扣等指标均与电子书价格存在显著相关关系，即时效性、流行

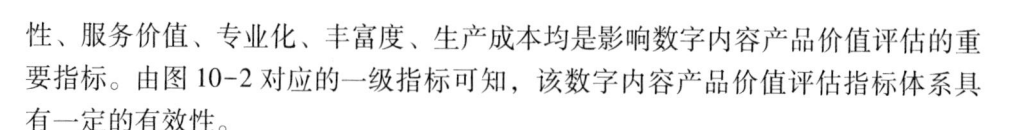

性、服务价值、专业化、丰富度、生产成本均是影响数字内容产品价值评估的重要指标。由图 10-2 对应的一级指标可知，该数字内容产品价值评估指标体系具有一定的有效性。

2. BP 神经网络模型

BP 神经网络（Ding 等，2011）是一种误差反向传播的多层前馈型神经网络，对于求解内部机制复杂的非线性问题具有很大优势。它通常具有输入层、隐含层和输出层三层网络结构，通过各层之间的连接函数、连接方式和连接权值阈值进行信息处理。本章选取 BP 神经网络模型训练电子书数据，借助其大数据处理的功能优势，相较于一般非线性模型更具有说服力。

本章采用的神经网络模型拓扑结构如图 10-4 所示。其中，输入层有 10 个节点，为 10 个自变量指标；输出层有 1 个节点，为 1 个因变量指标；隐藏层又分为三层结构，节点个数分别为 256、128、64。激活函数为 relu 函数，能够大幅提高预测数据的准确度。算法代码与 BP 神经网络模型代码类似，仅作部分微调处理。

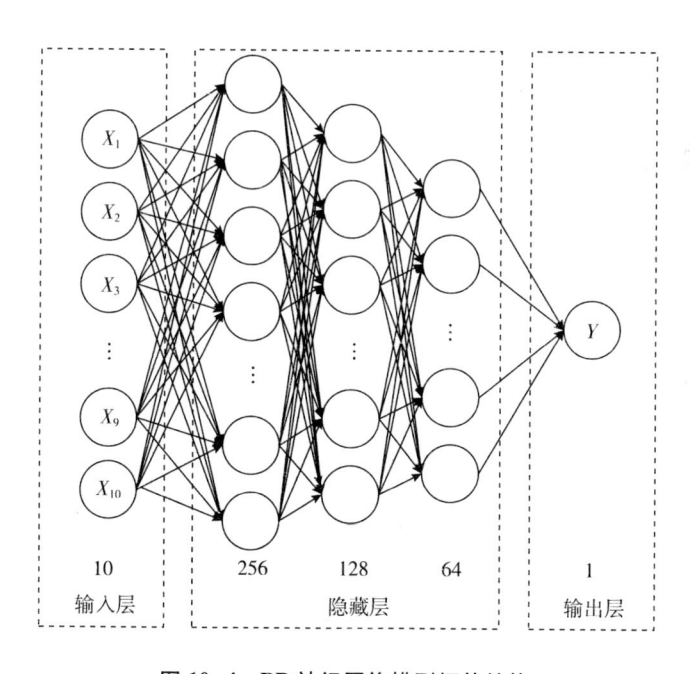

图 10-4　BP 神经网络模型拓扑结构

资料来源：笔者绘制。

然后，选取有效数据中前 5000 条为训练数据，后 578 条为预测数据，进行 BP 神经网络模型训练，并导出预测数据结果，预测结果对比如图 10-5 所示。

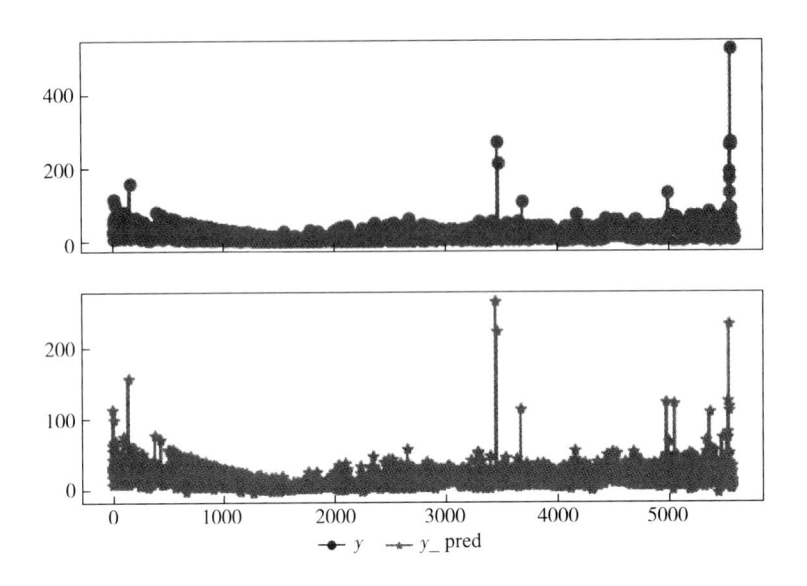

图 10-5　BP 神经网络模型预测结果对比

资料来源：笔者借助 Python 软件绘制，图中 y 为电子书价格，y_pred 为 BP 神经网络模型中电子书价格的预测值。

由图 10-5 可直观看到，BP 神经网络模型的拟合效果较好。电子书价格预测值的基本趋势与真实值较为一致，奇异值个数相对较少，预测偏差在可容许的范围内。说明以上选取的 10 个自变量能够较好地解释电子书价格，即时效性、流行性、服务价值、专业化、丰富度、生产成本均是影响数字内容产品价值评估的重要指标。图 10-2 中的一级指标同样可以验证该数字内容价值评估指标体系具有一定的有效性。

3. 两种模型的比较分析

将电子书价格真实值、多元线性回归拟合值、BP 神经网络预测值导出整理，借助 Python 软件绘制三者的对比效果，如图 10-6 所示。

观察图 10-6 可发现，总体而言，三者大致趋势基本一致，说明多元线性回归和 BP 神经网络模型均能验证电子书相关指标与电子书价格的相关性，即验证了该数字内容资源价值评估指标体系具有一定的有效性。但两种模型在评估效果上存在较大差异，仔细观察图 10-6 可知，BP 神经网络模型的拟合效果与真实值更为吻合，多元线性回归的拟合效果则显得较为粗糙，波动性较大。在直观观测效果的基础上，进一步通过误差分析比较两者的拟合效果，能够从客观层面实现二次验证。然后根据两种方法的拟合值与真实值进一步计算其相对误差，可以客观地比较两种方法的拟合效果。这里的相对误差指预测值相对于真实值的误差百

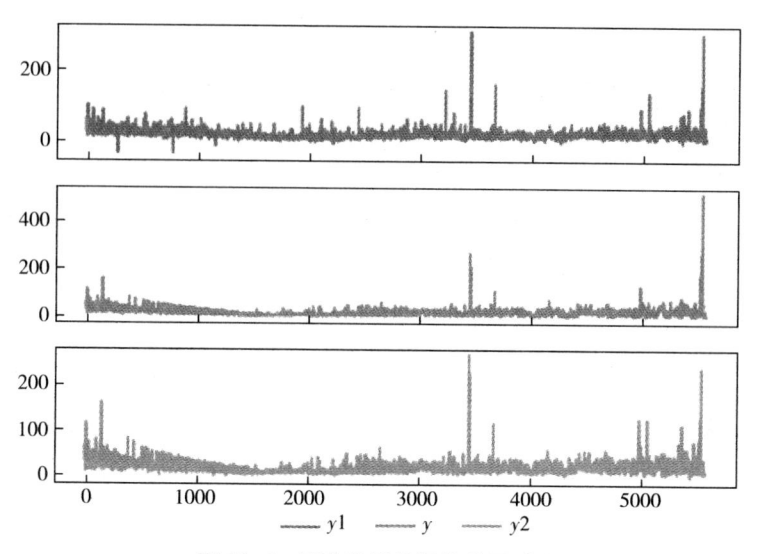

图 10-6　两种模型的评估效果对比

资料来源：笔者借助 Python 软件绘制，图中 y 为电子书价格，$y1$ 为多元线性回归模型拟合值，$y2$ 为 BP 神经网络模型预测值。

分比，为便于清晰观察拟合效果的图线趋势，仅从预测样本中选取 23 个样本的数据进行展示。基于多元线性回归和 BP 神经网络模型的拟合效果误差对比如图 10-7 所示。

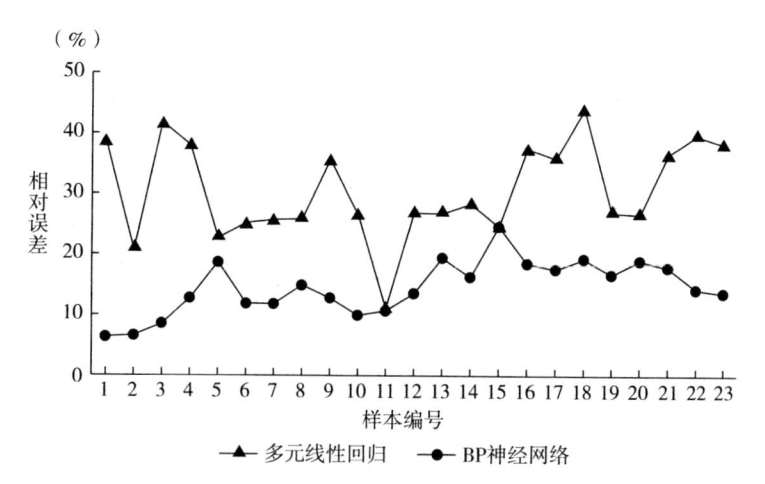

图 10-7　基于多元线性回归和 BP 神经网络模型的相对误差

资料来源：笔者借助 Excel 绘制。

由图 10-7 可以看出，多元线性回归模型的相对误差较大，普遍高于 BP 神经网络模型。多元线性回归模型的相对误差基本在20%~40%，而BP神经网络模型的相对误差大致在5%~20%，由此说明，BP神经网络模型的拟合效果较好。但两种模型的误差范围波动均较大，在方法稳定性上存在缺陷，说明模型存在很大优化改进的空间。BP神经网络模型既然表现出相对较优的拟合效果，说明非线性模型对数字内容产品价值评估方法的适用性更高，为未来探索精细化的评估模型和方法提供了思路和方向。

在该实证分析中，由于平台的限制，可获取的客观数据有限，不能与指标体系一一对应，但以上实证分析结果，已验证了该指标体系的一级指标具有合理性和有效性，部分二级指标也得到同样的验证。若能通过其他平台或其他途径获取足够的实证数据，将会对该指标体系进行更加全面的验证。后文在数字内容产品价值评估方法探索方面将在样本数据选择和指标对应问题上作进一步努力。

第五节　本章小结

本章通过梳理数字内容产品价值评估的影响因素，深刻把握各个影响因素的内涵，进而以"价值链理论"为主线，对应数字内容产品价值构成流程结构，构建了以成本价值、版权价值、市场价值和传播价值为一级指标的数字内容产品价值评估指标体系，在此基础上对每个价值层梳理了典型的二级指标，用以细化价值链的具体组成。其中，成本价值的二级指标包括设备投资、技术投资、人力投资；版权价值的二级指标包括专业化、时效性、丰富度、版权范围；市场价值的二级指标包括流行性、垄断性、网络外部性；传播价值的二级指标包括交互性、便捷性、易获得性。在此基础上，通过对京东电子书数据的实证分析，验证了该指标体系的有效性和合理性。另外，通过对多元线性回归方法和BP神经网络方法的对比分析，发现非线性的评估方法对指标体系的拟合效果较好，更加适用于数字内容产品价值评估方法的探索。

数字内容资源价值评估体系的建立，为开展数字内容产品价值评估提供了合理的理论框架，对填补数字内容产品领域的理论研究具有重要意义。在实践应用方面，指标体系的建立对合理评估数字内容产品价值、规范数字内容产品交易、促进数字内容平台有序发展具有重要意义。随着大数据技术的成熟和数字内容交易平台发展的不断完善，数字内容产品价值评估指标体系也会在足够的数据支撑下得到不断检验和完善。基于该指标体系的数据获取、指标验证、数字内容产品价值评估方法和定价机制研究，将是下一步的研究重点。

第十一章 基于 GCA-RFR 模型的数字内容产品价值评估[*]

第一节 引言

在验证了数字内容资源价值评估指标体系的有效性之后，本书进行了简单的价值评估方法探究。研究发现，在评估效果的比较上，非线性的价值评估方法优于线性的评估模型，但如何构建简单且易操作的价值评估方法，探索高效的数字内容产品价值评估模型，是进行数字内容产品价值评估的关键。本章基于非线性价值评估方法，采取进一步的优化，考虑到前文的指标体系在实证分析时存在二级指标数据对应不全的问题，本章将另外选取指标字段更为全面的样本数据，加强对样本的谨慎筛选工作，客观确定指标权重，进而继续借助智能评价方法的优势，探索更为精准高效的数字内容产品价值评估模型，为数字内容平台进行内容资源定价提供重要的先决条件。

关于模型优化方案的具体思路如下：首先，根据获取的样本数据对前文的指标体系作进一步的细化验证，以确保该指标体系的有效性。其次，采取优化样本的思路，在获取的大量样本中筛选出关联性较高的样本集合，通过机器学习训练样本数据，这样训练得到的数据模型才会尽量降低因数据原因导致的系统内部误差，模型结构才会更加可靠。最后，在优化样本的基础上，提出一种新的非线性评估模型——随机森林回归分析，该模型借助分类回归的思想，能够对样本的指标向量进行最大限度的分类抽取，继而通过机器学习训练预测模型，提升数字内容产品价值的评估效果。通过将该方法与 BP 神经网络方法的实证结果进行对比，比较两种非线性评估方法的效果优劣，从而探索出更为高效且易于推广的数字内容产品价值评估方法。

---

[*] 本章内容发表于《统计与信息论坛》，2022 年第 37 卷第 2 期，第 12—22 页。

第二节　数字内容产品价值评估模型构建

基于以上考虑，本章提出了一种基于灰色关联分析和随机森林回归的 GCA-RFR（Grey Correlation Analysis-Random Forest Regression）模型用于数字内容产品的价值评估，通过该模型对数字内容产品价值进行预测的具体思路如下：

首先，基于广义灰色关联分析法（GCA）进行指标验证及筛选。鉴于所选指标广泛且略显主观性，可能包含与数字内容产品价值相关性较弱的影响因素，若将其全部放进预测模型，可能会降低模型的运行效率和预测的精准性。因此，可通过更为客观的方式对价值评估指标先行验证，以实现对相关指标的初步筛选，从而保证指标体系的合理性和预测模型的准确性，同时能够弥补实证数据与二级指标对应不全的缺陷，借此实现全指标的验证与筛选。灰色关联分析法是探究系统内部各个因素间关联程度大小的数学模型（刘思峰等，2010）。广义灰色关联是其典型的研究方向之一，主要机理是通过反映两个序列间发展趋势和曲线几何形状的相似程度，来判断序列间的联系是否紧密（韦保磊和谢乃明，2019）。该方法需分别计算绝对灰色关联度、相对灰色关联度和综合灰色关联度，其中，绝对灰色关联度体现了被比较序列与参考序列在几何形状上的相似性；相对灰色关联度体现了被比较序列与参考序列相对于始点变化速率的相似性；综合灰色关联度是绝对灰色关联度和绝对灰色关联度的线性加权之和，权重比例一般取 $\rho = 0.5$，表示对序列间的几何相似性和变化速率相似性给予同样的关注程度。最终，本章选择综合灰色关联度大于 0.5 的指标作为符合条件的筛选指标。

其次，基于熵值—邓氏灰色关联分析法进行初始样本筛选。熵值法是一种客观赋权法，该方法的优点是通过信息熵客观评判评价指标的重要性（叶晓倩和陈伟，2019），并可以根据权重大小对指标的重要性进行排序，其具体计算过程包括数据获取、数据清洗、数据标准化处理、指标熵值和差异系数的计算、权重计算等。鉴于数字内容产品网络平台发展时间短、字段维度凌乱、信息差异性大、高质量的实证数据获取难度较大，对预测模型的精度挑战性较高。但熵值法评估数字内容产品价值的评价指标较多，样本数据量不够大，难以准确反映指标间相对重要程度的大小，因此结合邓氏灰色关联分析法，能够在一定程度上降低单方法评估的误差，使得指标间的关联系数实现更为客观的评价。邓氏灰色关联是灰色关联分析的重要研究方向之一，其评价结果能够直观体现评价对象与参考序列间的发展过程或量级的相近性。具体分析步骤包括选定参考序列、构建标准化评价矩阵、计算邓氏灰色关联系数、得出参考序列与初始样本间的邓氏灰色关联度。因此,基于熵值-邓氏灰色关联分析法获取的灰色关联度更具有科学性,通过对该关联度进行排序实现样本筛选,可以进一步精确样本选择,降低模型运行误差,精确价值评估方法的评价效果。最终,基于熵值-邓氏灰色关联分析法筛选出与预评估样本关联度较高的其他样本构成最终样本集T。

最后,基于随机森林回归(RFR)模型进行数字内容产品价值预测。鉴于数字内容产品价值的影响因素众多、影响机制复杂等原因,本章选择 RFR 模型作为数字内容产品价值预测的基本模型。随机森林回归是一种以分类回归树 CART(Classification and Regression Tree)为基础的非线性集成学习算法,已被广泛应用于各种分类和非线性回归预测问题研究中(杨思琪和赵丽华,2017;武华华等,2018;曾子明和王婧,2019),具有训练速度快、通用性强等特性。该方法将样本集 T 中代表数字内容产品总价值的指标作为输出,其他价值指标序列作为输入,实现前者与后者间的非线性关系建模。该方法的基本原理是采用 Bootstrap 重抽样法从样本集中随机选取训练样本,训练生成若干个相互独立的 CART,构成若干子样本集。在建立子样本集的过程中,每个分裂节点通过随机抽取特征空间里的若干特征向量,从中选择最优特征进行分裂。然后,无剪枝的最大限度生成 CART,将所有 CART 综合便得到 RFR 模型。最后,输入预评估样本的价值评估指标序列即可得到数字内容产品价值的预测值。

为探索该非线性评估方法的评估效果,可将该方法的评估效果与基于 GCA-BP 方法的评估效果进行对比。这样一来,一方面可探究基于灰色关联分析的样本筛选是否能够优化非线性评估方法的精度;另一方面通过评估效果的对比,可选出切实可行的数字内容产品价值评估方法,为进行广泛的数字内容产品价值衡量奠定理论和方法基础。数字内容产品价值评估模型建模流程如图 11-1 所示。

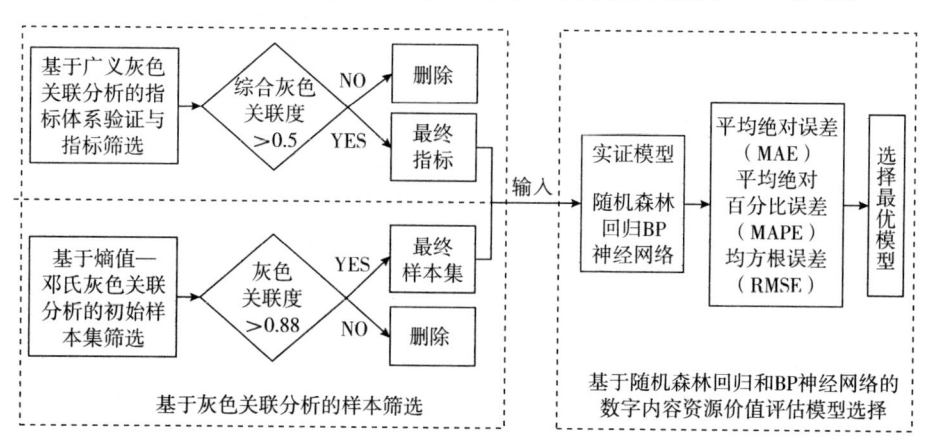

图 11-1 网络平台数字内容产品价值预测模型

资料来源:笔者绘制。

第三节 数字内容产品价值评估模型的实证分析

一、数据获取与数据处理

1. 数据获取

根据数字内容产业各细分产业的占比可知,比重较大的当数互联网广告和移动出版(见图11-2)。第十章中用于实证分析的电子书资源占比较低,且获取的电子书数据字段与指标体系对应性较为笼统,难以反映具体的指标价值。因此,本章获取的数字内容产品数据将有所改变。在互联网广告和移动出版领域中比较典型的代表是视频资源,得益于近两年视频播放平台的迅猛发展,许多自媒体和公众媒体大力发展视频业务。面对视频资源数量日益增加,且内容付费模式正在初步探索阶段的客观现实,本章拟选取视频资源作为数字内容产品的代表进行分

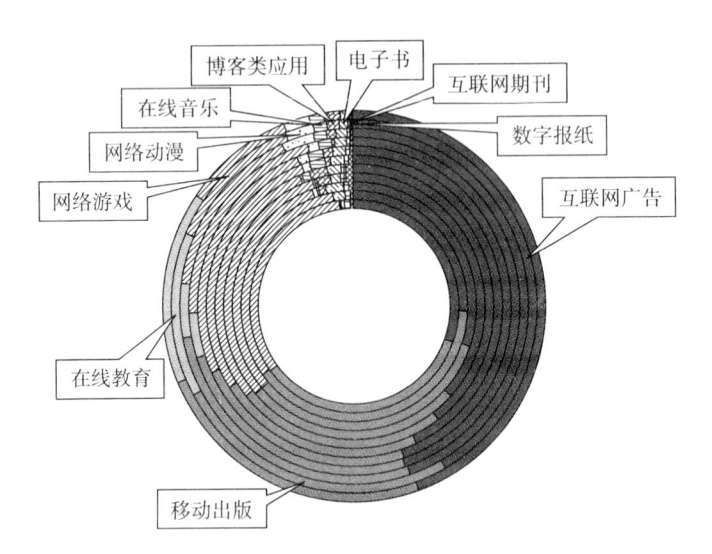

图 11-2 2008~2018年数字出版产业收入占比情况

资料来源:笔者借助 Excel 绘制而成,饼形图由内至外分别为 2008~2018 年的数据,数据来源于《2018-2019 中国数字出版产业年度报告》。

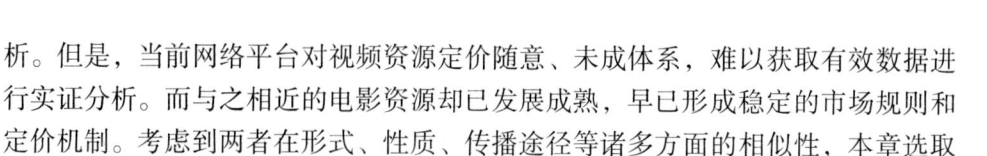

析。但是，当前网络平台对视频资源定价随意、未成体系，难以获取有效数据进行实证分析。而与之相近的电影资源却已发展成熟，早已形成稳定的市场规则和定价机制。考虑到两者在形式、性质、传播途径等诸多方面的相似性，本章选取网络平台下的电影资源数据作为实证数据，以验证本章所构建的数字内容产品价值评估模型的评价效果。

在数据获取阶段，本章数据先后选取了中国票房、猫眼专业版、腾讯视频、互联网电影资料库（Internet Movie Database，IMDb）四个平台作为数据来源平台，通过 Python 编程，根据各平台的特征和数据开放程度，在目标平台可查询需要获取的字段数据值。这里通过人工判别和谨慎分析，可将相关字段与数字内容产品价值评估指标体系的二级指标相对应，根据二级指标释义进行相关字段数据爬取，以尽可能多地获取满足二级指标释义的相关字段数据值。由此获得初步数据资源，如表 11-1 所示。

表 11-1 初步获取的数字内容产品数据情况

平台名称	获取字段名称	数据条数
中国票房	影片名、票房、上映国家或地区、上映时间、影片时长、电影类型、主演数、导演数、制式、制作公司数	4921
猫眼专业版	影片名、票房、平均票价、上映国家或地区、上映时间、影片时长、电影类型、影片评分、影评人数、演职人员数、出版和发行公司数	2700
腾讯视频	影片名、播放量、资费类型、豆瓣评分、上映国家或地区、影片类型、影评数、影片时长	4942
IMDb	影片名、票房、预算、上映国家或地区、上映时间、影片时长、电影类型、语言、混音色彩、制式、关键词、演职人员数、出版和发行公司数、IMDb 评分、用户评论数、图片和视频数	250

资料来源：笔者整理。

2. 数据处理

由于平台的不同，各平台获取的字段存在差异；由于不同平台的后台技术规范性存在差异，每条数据可获取的字段数也存在差异，导致获取的数据质量参差不齐。例如，腾讯视频平台上的电影资源可爬取的有用字段较少，难以充分对应指标体系的二级指标，更难以从该平台获取每部影视资源的票房情况，因此难以把握其总价值；中国票房平台虽然能够获取大量数据，但依然存在有效字段不足的问题，尤其在反映影视资源的服务价值因素方面缺乏相应的字段数据支撑；猫眼专业版平台虽然可获取字段较多，但是由于平台自身的规范性问题，导致大量数据的不同字段出现缺失的情况，严重影响数据样本的一致性，并且其在反映影视资源的成本价值方面也缺乏有效字段支撑；IMDb 平台数据虽然可获取的样本数较小，但有效字段较多，与之前构建的数字内容资源价值评估指标体系对应性最高，并且数据缺失较少。因此，本章选取 IMDb 平台数据作为样本数据，进行数字内容产品价值评估模型的实证分析，弥补了之前数字内容资源指标体系的二级指标与客观数据对应不全面的缺陷。

首先，对样本数据进行初步清洗。对获取的多余列项字段数据进行删除，对部分行项缺失字段数据进行人工查证及填补，对查而未得的数据进行样本剔除。其次，对数据的格式和形式进行标准化操作，量纲一致是数据标准化的基本要求，将数据中不同的单位换算为统一单位，如针对票房的统计，不同国家的货币化单位不一致，本章统一将人民币、澳元、加元等换算为美元。另外，对照指标体系中二级指标的释义，对相关字段进行数据合并和计算，如对混音数和色彩数进行加总用以反映技术投资指标。最后，判断二级指标对数字内容产品价值的影响方向，用于下文中灰色关联分析计算，整理数据于独立的 Excel 文档，完成数据清洗工作。通过以上步骤，最终获得 218 条有效数据用于实证分析，数据的具体量化情况如表 11-2 所示。

表 11-2 基于指标体系的数据量化情况及影响方向

一级指标	二级指标	量化方式	影响方向
成本价值 X_1	设备投资 X_1	预算（美元）	正
	技术投资 X_2	混音数、色彩数（个）	正
	人力投资 X_3	演职人员数（个）	正
版权价值 X_{II}	专业化 X_4	影片类型数（个）	正
	时效性 X_5	上映时间（年）	负
	丰富度 X_6	影片时长（分钟）	正
	版权范围 X_7	视频数、图片数（个）	正
市场价值 X_{III}	流行性 X_8	关键词数（个）	正
	垄断性 X_9	发行公司数（个）	正
	网络外部性 X_{10}	语言种类数（个）	正
传播价值 X_{IV}	交互性 X_{11}	评论数（个）	正
	便捷性 X_{12}	影片评分（分）	正
	易获得性 X_{13}	上映国家或地区（个）	正

资料来源：笔者整理。

模型的输入值为表 11-2 中所示的价值指标序列，模型的输出值为影片的总

第十一章 基于 GCA-RFR 模型的数字内容产品价值评估

票房，单位为美元。用总票房表示数字内容产品的总价值具有一定的合理性，因为总票房是市场交易的结果，反映了市场对数字内容产品价值的总体界定，同时包含了价格和数量两个维度的共同作用结果，且是具有实际意义的直接经济指标。其他指标量化方式与二级指标的对应均经过谨慎考虑与再三思考，符合指标基本含义，且能反映对应指标的经济特征，这里仅作简单解释。设备投资是一项重要投资支出，是制作预算需要考虑的主要因素，在项目执行过程中，两者存在一定的相关关系甚至是比例关系，因此，这里选择预算作为设备投资的指标值；技术投入涉及很多参数，但根据平台能获取的数据来看，混音数、色彩数等是数字内容产品制作过程中需要的重要技术支撑，可以代替技术投资的指标值；人力投资是指所有参与人的报酬，对电影资源来说，演职人员是一个主要参与群体，考虑到具体人员的薪酬不便获取，因此，用演职人员数量代替人力投资指标值；影片类型包括动作、喜剧、悬疑、科幻等，不同分类反映了该影片在某一领域的专业属性，因此用影片类型数代表专业化的指标值；影片上映时间可以反映其时效性的高低，通过计算上映时间距当前时间结点的年数、月份数、天数可以反映时效性的指标值，需要注意的是，上映时间越接近现在说明影片越新，越有利于传播，因此，上映时间对数字内容产品的总价值贡献具有反向作用；影片的长短反映了信息量的多少，因此，可以用影片时长作为其丰富度的指标值；一部影片的音乐、台词、视频、图片等都属于版权界定的范围，这里用从平台获取视频数、图片数等作为反映版权范围的指标值；平台上的关键词数反映了影片涉及的主要内容，关键词越多涉及的影片主题相关的内容越多，因此，可以用关键词数代表流行性的指标值；影片的发行公司数量可以反映其在市场上的垄断性程度，需要注意的是，合作发行公司数量越多说明影片的传播途径越广，对其在市场上的价值贡献应该是正向的，这里用发行公司数量代替影片的垄断性指标值；影片的语言种类反映了面向用户的范围，语言种类越多说明潜在的推广用户越多，越可能通过网络外部性带来更多的销量，因此，这里用语言种类数代替网络外部性的指标值；平台上评论数的多少反映了用户对影片内容讨论的积极性，体现了交互性指标的特征；影片评分是用户对电影观赏效果的总体评价，根据所有用户的评价结果综合而得，主要反映了用户对平台服务的满意程度，便捷性是反映平台服务的重要因素，因此，可以用影片评分代表便捷性的指标值；上映国家或地区反映了影片播映的地域限制，在一定程度上代表了影片的易获得性，因此，可以用上映国家或地区的数量代表影片的易获得性指标值。以上数据与二级指标通过一一对应，就完成了初始样本集的构成，指标数据对数字内容产品的影响方向除时效性外，其他均为正向，表示随着该指标数量的增大其对数字内容产品总价值的贡献越大。所得样本数据经过数据清洗后作为原始样本数据用于模型实证分析。

二、基于广义灰色关联分析法进行指标验证及筛选

1. 方法步骤

第一步，计算灰色绝对关联度。首先，根据本书的指标体系以及已进行数据清洗处理的数据样本，确定影片的总票房作为参考数列 X_0，其余指标序列为比较序列 X_i，由已有数据和指标体系可知，n 最大取 218，比较序列共有 13 个指标，因此，m 最大取 13。具体计算公式如下：

$$X_0 = (x_0(1), x_0(2), \cdots, x_0(n)) \tag{11-1}$$

$$X_i = (x_i(1), x_i(2), \cdots, x_i(n))(i=1, 2, \cdots, m) \tag{11-2}$$

其次，根据已确定的参考数列 X_0 和比较数列 X_i，分别求出其始点零化像。具体计算公式如下：

$$\begin{aligned}X_0^0 &= (X_0^0(1), X_0^0(2), \cdots, X_0^0(n)) \\ &= (x_0(1)-x_0(1), x_0(2)-x_0(1), \cdots, x_0(n)-x_0(1))\end{aligned} \tag{11-3}$$

$$\begin{aligned}X_i^0 &= (X_i^0(1), X_i^0(2), \cdots, X_i^0(n)) \\ &= (x_i(1)-x_i(1), x_i(2)-x_i(1), \cdots, x_i(n)-x_i(1))\end{aligned} \tag{11-4}$$

最后，根据广义灰色关联度的定义，可求出参考数列 X_0 与比较数列 X_i 的灰色绝对关联度 ε_{0i}。具体计算公式如下：

$$\varepsilon_{0i} = \frac{1+|S_0|+|S_i|}{1+|S_0|+|S_i|+|S_i-S_0|} \tag{11-5}$$

其中，

$$|S_0| = \int_1^n X_0^0 \mathrm{d}t = \left|\sum_{k=2}^{n-1} x_0^0(k) + \frac{1}{2} x_0^0(n)\right| \tag{11-6}$$

$$|S_i| = \int_1^n X_i^0 \mathrm{d}t = \left|\sum_{k=2}^{n-1} x_i^0(k) + \frac{1}{2} x_i^0(n)\right| \tag{11-7}$$

$$|S_i - S_0| = \left|\sum_{k=2}^{n-1} (x_i^0(k) - x_0^0(k)) + \frac{1}{2}(x_i^0(n) - x_0^0(n))\right| \tag{11-8}$$

第二步，计算灰色相对关联度。首先，根据已确定的参考数列 X_0 与比较数列 X_i，分别求出其初值像 X'_0 和 X'_i，计算公式如下：

$$X'_0 = \frac{x_0}{x_0(1)} = \left(\frac{x_0(1)}{x_0(1)}, \frac{x_0(2)}{x_0(1)}, \cdots, \frac{x_0(n)}{x_0(1)}\right) \tag{11-9}$$

$$X'_i = \frac{x_i}{x_i(1)} = \left(\frac{x_i(1)}{x_i(1)}, \frac{x_i(2)}{x_i(1)}, \cdots, \frac{x_i(n)}{x_i(1)}\right) \tag{11-10}$$

其次，根据第一步同样的方法，求解 X'_0 和 X'_i 的始点零化像，计算形式略。

最后，根据广义灰色关联度的定义，可求出参考数列 X_0 与比较数列 X_i 的灰色相对关联度 γ_{0i}。公式如式（11-11）所示。

$$\gamma_{0i} = \frac{1+|S'_0|+|S'_i|}{1+|S'_0|+|S'_i|+|S'_i-S'_0|} \quad (11-11)$$

第三步，计算灰色综合关联度。根据灰色综合关联度的定义，其满足式（11-12）的条件。

$$\rho_{0i} = \theta \varepsilon_{0i} + (1-\theta)\gamma_{0i}, \text{ 其中 } \theta \in [0, 1] \quad (11-12)$$

在考虑 θ 的取值时，可根据绝对量和相对量的相对比重，若需要对绝对量给予高度重视，则可将 θ 取大一些，若对相对量较为看重，则可将 θ 取小一些。一般可取 $\theta=0.5$，本章遵循一般化处理。

2. 实证结果

本章以影片总票房表征数字内容产品价值，运用广义灰色关联分析探究所选 13 个二级指标与其价值的关系，从整体、全局视角验证指标体系的合理性，并在此基础上进行有效指标的筛选。根据以上所述广义灰色关联分析计算步骤，得到量化指标与数字内容产品价值的绝对灰色关联度、相对灰色关联度和综合灰色关联度，如表 11-3 所示。

表 11-3 基于广义灰色关联分析方法的指标体系实证结果

二级指标	绝对关联度	相对关联度	综合关联度
设备投资（X_1）	0.512100	0.528277	0.520189
技术投资（X_2）	0.500000	0.500171	0.500086
人力投资（X_3）	0.500000	0.526600	0.513300
专业化（X_4）	0.500000	0.640070	0.570035
时效性（X_5）	0.500000	0.514424	0.507212
丰富度（X_6）	0.500000	0.500171	0.500085
版权范围（X_7）	0.500000	0.544931	0.522466
流行性（X_8）	0.500000	0.500166	0.500083
垄断性（X_9）	0.500000	0.601430	0.550715
网络外部性（X_{10}）	0.499992	0.568483	0.534237
交互性（X_{11}）	0.500008	0.500153	0.500080
便捷性（X_{12}）	0.500000	0.500170	0.500085
易获得性（X_{13}）	1.000000	0.533120	0.766560

资料来源：笔者整理。

由表 11-3 可知，13 个二级指标的综合灰色关联度均大于 0.5，说明所选 13

个二级指标均与数字内容产品价值具有一定相关性。由此,首先,验证了所构建的指标体系的合理性;其次,根据综合灰色关联度的大小,可以判断各二级指标对总价值的贡献程度,由于其综合灰色关联度均大于 0.5,因此,本章将指标体系的 13 个二级指标均定义为有效指标。至此,完成数字内容产品价值评估指标体系的验证与二级指标的筛选工作。

三、基于熵值—邓氏灰色关联分析法进行初始样本筛选

1. 方法步骤

第一步:计算指标体系中各二级指标的信息熵。设 $x_{ij}(i=1, 2, \cdots, m; j=1, 2, \cdots, n)$ 为第 i 个影片数据的第 j 项评估指标值。根据信息熵的计算公式,计算各个评价指标的熵值,然后根据熵值分别求解各个指标的指标权重。其中,熵值计算公式如式(11-13)所示。

$$H_j = -\frac{1}{\ln m}\sum_{i=1}^{m} f_{ij}\ln f_{ij}, \quad f_{ij} = \frac{y_{ij}}{\sum_{i=1}^{m} y_{ij}} (1 \leqslant i \leqslant m, 1 \leqslant j \leqslant n) \tag{11-13}$$

需满足以下条件:当 $f_{ij}=0$ 时,$f_{ij}\ln f_{ij}=0$。

指标权重计算公式如式(11-14)所示。

$$w_j = \frac{1-h_j}{\sum_{j=1}^{n}(1-h_j)} \tag{11-14}$$

第二步:计算样本数据的关联度。根据邓氏灰色关联分析方法,首先,对获取的样本数据进行标准化处理。选择一条数据作为预评估样本 Z_0,其他数据作为供筛选样本 Z_i,分别对其进行标准化处理。其中,规定影响作用为正的指标为效益型指标,影响作用为负的指标为成本型指标,计算公式如式(11-15)所示。

效益型指标的标准化公式:

$$y_{ij} = \frac{x_{ij} - \min_{1 \leqslant i \leqslant m} x_{ij}}{\max_{1 \leqslant i \leqslant m} x_{ij} - \min_{1 \leqslant i \leqslant m} x_{ij}} \tag{11-15}$$

成本型指标的标准化公式如式(11-16)所示。

$$y_{ij} = \frac{\max_{1 \leqslant i \leqslant m} x_{ij} - x_{ij}}{\max_{1 \leqslant i \leqslant m} x_{ij} - \min_{1 \leqslant i \leqslant m} x_{ij}} \tag{11-16}$$

其中,m 为供筛选样本的数量。

其次,计算预评估样本 Z_0 与可供筛选的样本 Z_i 在二级指标上的关联系数。

具体步骤为先计算二者在相应指标上的差值；再计算两级最小最大差；然后计算二者的关联系数。计算公式如式（11-17）至式（11-20）所示。

$$|z_0(j)-z_i(j)|, \quad j=1,2,\cdots,n \tag{11-17}$$

$$\min_{1\leq i\leq m}\min_{1\leq j\leq n}|z_0(j)-z_i(j)| \tag{11-18}$$

$$\max_{1\leq i\leq m}\max_{1\leq j\leq n}|z_0(j)-z_i(j)| \tag{11-19}$$

$$S_{ij}=\frac{\min\limits_{1\leq i\leq m}\min\limits_{1\leq j\leq n}|z_0(j)-z_i(j)|+\rho\max\limits_{1\leq i\leq m}\max\limits_{1\leq j\leq n}|z_0(j)-z_i(j)|}{|z_0(j)-z_i(j)|+\rho\max\limits_{1\leq i\leq m}\max\limits_{1\leq j\leq n}|z_0(j)-z_i(j)|} \tag{11-20}$$

其中，ρ 为分辨系数，其值在 0 到 1 之间，通常取值为 0.5。

最后，计算各个样本数据的关联度。预评估样本 Z_0 与可供筛选样本 Z_i 的关联度计算公式如式（11-21）所示。

$$\gamma_i=\sum_{i=1}^n w_j s_{ij} \tag{11-21}$$

其中，w_j 为熵值法求得的各个二级指标的指标权重。本章选择 $\gamma_i \geq r$，即关联度大于或等于一定阈值（本章取关联度 $\gamma_i \geq 0.88$）的样本构成模型样本集 T。

2. 实证结果

本章根据以上计算步骤，对已清洗的 218 条数据进行处理，获得基于熵值法确定的指标权重，如表 11-4 所示。

根据已获得的指标权重，结合邓氏灰色关联分析法计算预评估样本与可供筛选样本的灰色关联度。根据关联度越高，样本指标之间相似性越高的原则，筛选出模型运算的最终样本集 T，结果如图 11-3 所示。本章取关联度 $\gamma_i \geq 0.88$，最终获取 37 个样本数据进入运算模型。

表 11-4 基于熵值法的指标权重

指标	权重（%）	指标	权重（%）
设备投资(X_1)	29.71	流行性(X_8)	5.67
技术投资(X_2)	2.61	垄断性(X_9)	2.42
人力投资(X_3)	16.09	网络外部性(X_{10})	5.01
专业化(X_4)	2.83	交互性(X_{11})	12.39
时效性(X_5)	9.09	便捷性(X_{12})	0.01
丰富度(X_6)	0.98	易获得性(X_{13})	4.06
版权范围(X_7)	9.12	—	—

资料来源：笔者整理。

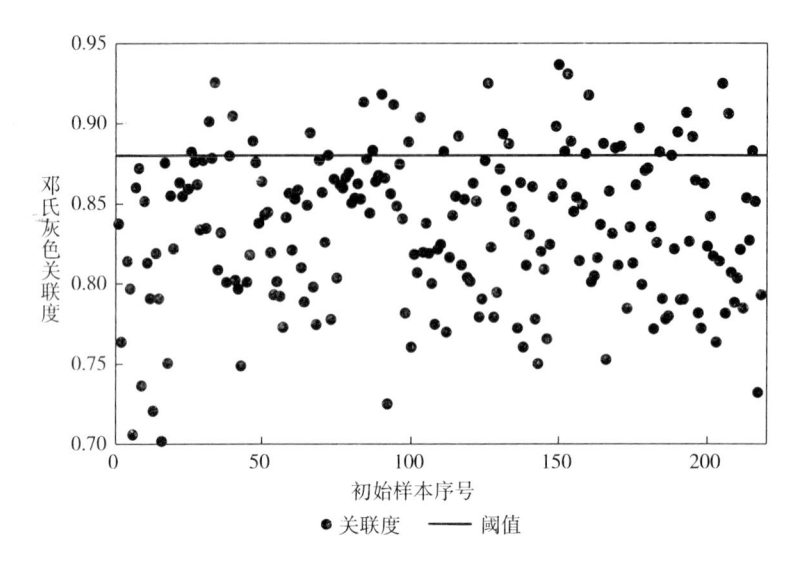

图 11-3　基于熵值—邓氏灰色关联分析的样本筛选结果

资料来源：笔者借助 Excel 绘制。

四、基于随机森林回归模型的数字内容产品价值预测

1. 方法步骤

利用 RFR 模型预测数字内容产品价值的具体步骤如下：①设置回归树的数量值 K，采用 Bootstrap 重抽样法，从上述基于熵值—邓氏灰色关联分析得到的样本集 T 中，随机抽取与原样本集样本数量相同的 K 个训练样本集 t_1，t_2，…，t_K。需要注意的是，在进行 Bootstrap 重抽样时，每个样本没被抽到的概率为 $\left(1-\frac{1}{N}\right)^N$。当 N 趋向无限大时，$\left(1-\frac{1}{N}\right)^N \approx \frac{1}{e} \approx 0.37$，说明其中未被抽到的样本占 36.80%，这些未被抽到的样本集称为袋外 OOB（Out of Bag）数据（方匡南等，2011）。②随机选取 m 个特征评价指标，训练生成 RFR 模型。一般 m 取小于等于 $\log_2(M+1)$ 的最大正整数（张冰，2017），其中，M 是特征评价指标总数，m 即为 CART 在当前节点分裂的特征指标数。在分裂过程中不需要剪枝，最大限度生成 K 个 CART。③将 OOB 数据作为测试样本对 RFR 模型进行误差估计，不需要交叉验证或其他单独的测试样本集（Breiman，2001）。根据 K 的不同取值，可分别得到每个回归树的误差估计，用平均绝对百分比误差代表该 RFR 模型的泛化误差。④调节参数 K 的取值，选择最优预测模型。通过调整模型中 CART 的数值 K，分别计算每个模型的泛化误差，选择泛化误差最小的 RFR 模型为最终数字内容产品价值预测模型。⑤将预评估样本的各项评估指标值输入预测

模型，取每个CART的输出值的平均值为数字内容产品价值的预测结果，可用公式 $F(X) = \dfrac{\sum_{1}^{K} f_K}{K}$ 表示。其中，f_K 为每个回归树的输出值，K 为回归树的数量。综上，基于RFR的数字内容产品价值预测流程如图11-4所示。

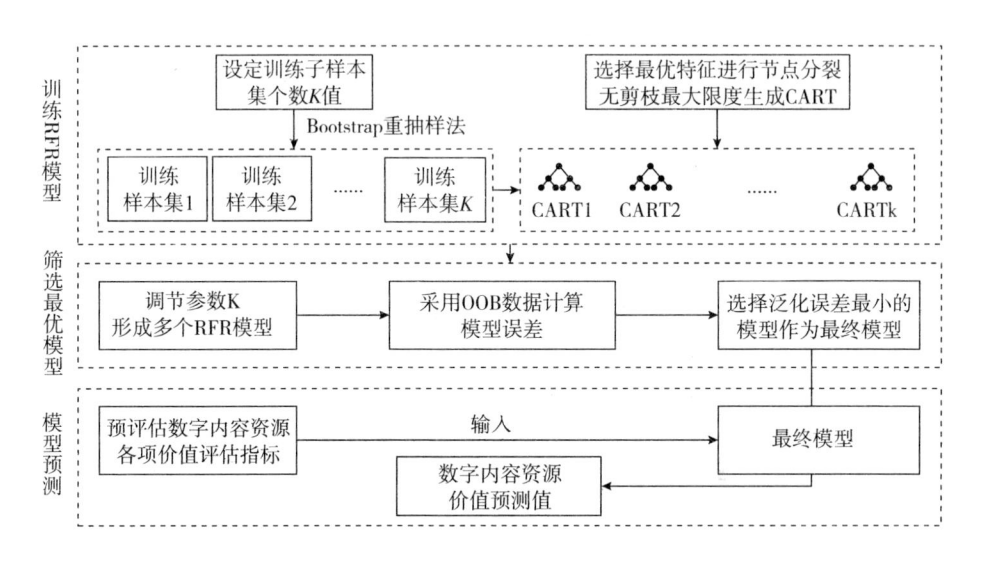

图11-4　基于RFR的数字内容产品价值预测流程

资料来源：笔者绘制。

2. 实证结果

根据前文随机森林回归（RFR）模型的基本步骤，将已筛选的样本集放进模型进行运算，该算法借助MATLAB软件实现。首先，采用Bootstrap重抽样法随机抽取K个训练样本集（本章参数K从100调整至2000，以100为间隔），每个训练集都包含37个样本。由于本章数字内容产品价值评估指标体系共有13个评价指标，根据前文特征值指标选取公式，回归树在分裂节点随机选取3个特征指标，并选择最优特征进行分裂。每个样本集均采取前30个样本进行训练，利用后7个袋外OOB数据对模型进行误差分析。此外，依次调整参数K，训练多个RFR模型，导出预测数据，并分别计算其泛化误差。运用平均绝对百分比误差比较模型的预测效果，计算公式如式（11-22）所示。

$$\text{MAPE} = \dfrac{\sum_{i=1}^{n} \dfrac{|Y_i - y_i|}{y_i}}{n} \times 100\% \tag{11-22}$$

其中，Y_i 为实际值，y_i 为预测值，n 为测试样本个数。

参数 K 不同取值下的模型泛化误差如图 11-5 所示，可以看出 RFR 模型的泛化误差随 K 值的增大而减小，当参数 $K=1000$ 时模型泛化误差最小，为 6.51%，之后 K 值继续增大，但误差基本趋于收敛，说明 RFR 模型不会出现过拟合现象，呈现了良好的鲁棒性。若 K 取值越大，则 RFR 模型的运算量越大，因此，为保证 RFR 模型的预测精度，提高模型运行效率，本章按照泛化误差最小的筛选标准，选择参数 $K=1000$ 的 GCA-RFR 模型作为最终数字内容产品价值评估模型。

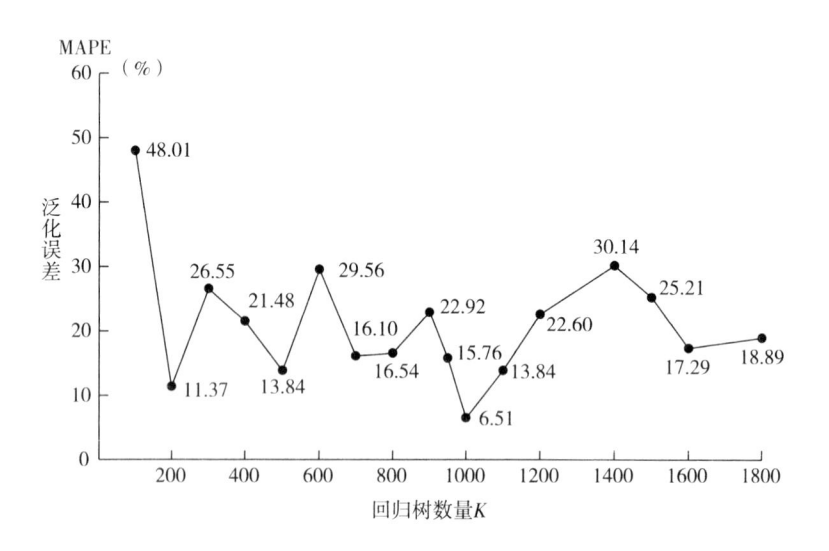

图 11-5 不同 K 值下 RFR 模型的平均绝对百分比误差

资料来源：笔者借助 Excel 绘制。

第四节 GCA-RFR 模型和 GCA-BP 模型的评估效果比较分析

本章分别利用 GCA-RFR 模型和 GCA-BP 神经网络模型对 37 个数字内容产品数据样本进行价值预测，然后将预测值导出，并与真实值对比，从而可以客观判断两种模型的评估效果。这里为便于更加清晰地观察对比结果，仅列示其中 10 个样本的对比情况，如图 11-6 所示。需要注意的是，在预测模型中，需保证 GCA-RFR 神经网络模型与 GCA-BP 模型的输入指标相同，GCA-BP 神经网络模型的网络拓扑结构和运算代码与第十章中基本相同,这里不再赘述。经过多次调试,发现对于本章的数据样本而言,中间层结构为两层时预测精度更高,因此,这里将中间层原来的三层结构调整为两层,节点个数分别为128、64,学习率为0.0001,输入层有13个节点,为13个二级指标,输出层有1个节点,为数字内容产品总价值。激活函数仍为relu函数。BP神经网络模型算法代码与第十章类似。基于GCA-RFR模型和GCA-BP神经网络模型的预测值对比如图11-6所示。

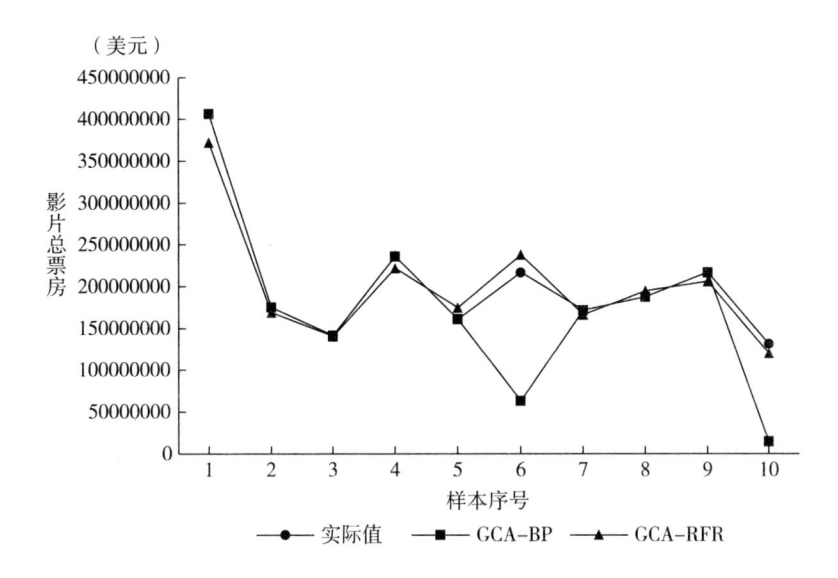

图11-6 数字内容产品价值预测不同模型的拟合曲线

资料来源:笔者借助Excel绘制。

图11-6中横坐标为样本序号,纵坐标为影片总票房,即数字内容产品价值。由图11-6可以看出,GCA-RFR模型的总体拟合效果较好,预测值与实际值差距较小,基本与实际数字内容产品价值的走势吻合,因此,其预测效果较好;虽然GCA-BP神经网络模型的部分预测值误差较小,甚至预测精度超过了GCA-RFR模型,但个别数据与实际值差距较大,导致出现极大误差。从总体来看,GCA-BP神经网络模型的预测效果可能存在因样本数据的不同而出现极大误差的奇异点,因此,其预测效果具有不稳定性,与GCA-RFR模型相比,GCA-BP神经网络模型的预测效果欠佳。为进一步探究两种模型的预测精度,本章分别计算了其平均绝对误差(MAE)、均方根误差(RMSE)和平均绝对百分比误差(MAPE)来比较和评价GCA-BP神经网络模型和GCA-RFR模型的预测效果。两种模型的预测误差比较如表11-5所示。

表 11-5　GCA-BP 神经网络模型和 GCA-RFR 模型的预测误差比较

评价指标	MAPE（%）	MAE	RMSE
GCA-RFR 模型	5.73	12492098.00	15397979.59
GCA-BP 神经网络模型	15.99	27066547.20	192842959.20

资料来源：笔者整理。

其中，MAPE 的计算公式前文已给出，而平均绝对误差（MAE）的计算公式如式（11-23）所示。

$$\mathrm{MAE} = \frac{1}{n}\sum_{i=1}^{n}|y_i - y'_i| \tag{11-23}$$

均方根误差（RMSE）的计算公式如式（11-24）所示。

$$\mathrm{RMSE} = \sqrt{\frac{1}{n}\sum_{i=1}^{n}(y_i - y'_i)^2} \tag{11-24}$$

由表 11-5 可以看出，GCA-RFR 模型和 GCA-BP 神经网络模型的平均绝对误差（MAE）和均方根误差（RMSE）都较大，这与所选样本有关。本章选用影片票房代表数字内容产品价值，所以总价值数量级较大，导致模型的平均绝对误差和均方根误差也较大。但依然可以看出，在该种情况下，GCA-RFR 模型的两种误差依然小于 GCA-BP 神经网络模型。此外，平均绝对百分比误差（MAPE）可以用来简单衡量两种模型的评价效果，误差越小说明预测值与真实值的差异越小，评估效果也越好。两者相比，同样可以看出，GCA-RFR 模型的评估效果明显优于 GCA-BP 神经网络模型。

综上所述，GCA-RFR 模型在数字内容产品价值评估方面是一种具有良好评价效果的工具，该方法是一种可应用于数字内容产品价值评估的非线性评估方法，其评价效果明显优于 GCA-BP 神经网络模型。这得益于 GCA-RFR 模型的以下优点：一方面，通过灰色关联分析将关联度较大的样本筛选出，使样本集数据在数字内容产品的指标价值序列上具有较高的相似度，达到了净化样本的效果，有利于减少 RFR 的运算量、提高预测精度；另一方面，随机森林回归模型不仅具有调节参数较少、运算效率高、数据依赖性低等特点，还具有良好的泛化性，能够有效降低预测误差，进一步提高预测效果。

第十一章 基于 GCA-RFR 模型的数字内容产品价值评估

第五节 本章小结

数字内容产业作为一个新兴领域，呈现出一种蓬勃发展的态势。面对数字内容资源激增、数字内容交易混乱、价值衡量缺乏规范性等问题，一套规范化的数字内容产品价值评估指标体系和价值评估方法是保障数字内容产品市场健康有序发展的重要工具。本章基于已构建的数字内容资源价值评估指标体系框架，提出了一种新的 GCA-RFR 模型用于实现对数字内容产品的智能化价值评估。通过对该方法进行实证分析，验证了该方法评估效果的优越性。

基于 GCA-RFR 模型的评估方法体现了如下优势：①与传统经济学方法和综合评价方法相比，GCA-RFR 模型具有智能化和客观性的优势。首先，该模型在样本数据处理上符合大数据思维的需求，面对日益增长的数字内容资源，该方法能够实现对海量数据的计算，表明该方法的智能化以及对日后应用场景的适用性。其次，该模型通过对已有样本数据的训练，开发仿真出数字内容产品价值的预测模型，既能够实现对预评估的数字内容产品价值的衡量，又能够实现对未开发的数字内容产品的价值预测。只需对数字内容产品的指标价值进行设定，便可获取数字内容产品在市场上的价值判断，体现了该方法的强客观性。②与基于 BP 神经网络的智能评价方法相比，GCA-RFR 模型体现了良好的泛化性优势。首先，RFR 模型相较于 BP 神经网络模型，算法代码较为简单，只需设置回归树数量这一项参数值，具有调节参数少、操作简便的优点。并且，当回归树数量趋向很大时，模型自身的泛化误差会趋于收敛，避免出现过拟合现象。另外，RFR 模型通过对样本数据和特征向量进行随机抽取，大大降低了分类回归树之间的关联性，因此，具有良好的泛化性优势。③与单独使用 RFR 模型相比，GCA-RFR 模型进一步提高了预测精度。首先，采用广义灰色关联分析对指标体系进行验证，保证了理论前提的合理性。其次，通过熵值—邓氏灰色关联分析法对已有样本数据进行初步筛选，通过较高的关联度标准筛选出与预评估样本在指标序列上存在较大相似度的样本数据构成训练样本集，保证了用于训练 RFR 模型的样本数据的可靠性，降低了因数据本身的不规范而造成的系统误差。最后，依照泛化误差最小的原则确定最优预测模型，在模型训练过程中，GCA-RFR 模型对训练样本数据的需求量较少，不仅可以减少模型的运算量，提高训练效率，还可以提高模型的预测精度。

综上所述，基于 GCA-RFR 模型的价值评估方法是一种高效智能的数字内容产品价值评估方法。该方法操作简便、预测精度高，且具有广泛适用性，是一种强客观性的新的非线性价值评估方法。该方法的探究丰富了数字内容产品价值评估方法的理论研究，不仅为网络平台完成数字内容产品价值评估和定价提供了科学的技术保障，还为促进数字内容产品交易和平台有序发展奠定了基础。

第十二章 文化类综艺节目综合价值评估指标体系研究

第一节 核心概念界定

一、文化类综艺节目的演变过程

早期综艺节目主要借助电视媒体来进行传播，其中蕴含的娱乐、文化元素带给了大众对于电视节目新的认知与吸引，进而作为一种新兴产业形态兴起并迅速发展，成为了强势发展领域之一。近10年来，我国综艺节目的发展日趋活跃且发展势头迅猛，尤其是文化类综艺节目的数量呈现爆炸性发展阶段。2013年的《中国汉字听写大会》一经播出，就点燃了大众对于传统汉字文化的学习热情，2014年的《中国成语大会》，再到之后的《国家宝藏》《见字如面》《朗读者》《经典咏流传》《典籍里的中国》等现象级文化类综艺节目的成功播出，这些都为文化产业的价值释放创造了必要条件。通过梳理近年来相关国内综艺节目的研究成果，可将其演变过程划分为三个阶段：传统综艺节目时期、网络自制综艺节目时期、（主题类）文化综艺节目时期，具体如图12-1所示。

1. 传统综艺节目阶段

早期的综艺节目是由电视综艺节目发端起来的，高鑫在《电视艺术学》一书中给出了电视综艺节目的定义："充分调动电子的技术手段，对各种文艺样式进行二度创作，既保留原有文艺形态的艺术价值，又能够充分发挥电子创造的特殊艺术功能，为观众提供文化娱乐和审美享受的电视节目形态。"（高鑫，1998）中国内地娱乐综艺节目受到广泛关注始于1983年央视春节联欢晚会和1990年开播的《综艺大观》，此阶段的综艺节目内容以传统的歌舞表演、曲艺杂技等形式

```
                    综艺节目演变过程
                   ↓      ↓      ↓
           传统综艺节目 → 网络自制综艺节目 → (主题类)文化综艺节目
           1990年至今      2014年至今         2016年至今
```

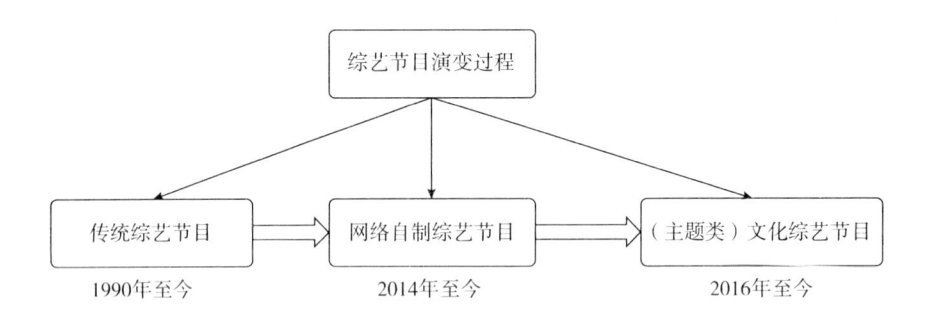

图 12-1　综艺节目演变历程

为主，缺少一些亲和力，观众互动参与度不高。受限于当时的时代发展背景，电视综艺节目的影响力仍不容小觑，这也为其日后的蓬勃发展打下了坚实基础。

2. 网络自制综艺节目阶段

实现文化产业发展的首要途径即是通过大众媒介方式进行传播，传统大众媒体有图书、报纸、传单等载体，随着互联网与数字化信息技术的发展，诞生了数字电视、网络平台（广播、视频）、短视频 APP 等新媒体形态，大众接触到的信息较之前更具多元化、碎片化。根据中国互联网络信息中心发布的第 48 次《中国互联网络发展状况统计报告》，截至 2021 年 6 月，我国网民规模达 10.11 亿，互联网普及率达 71.6%，且我国网民使用手机上网的比例达 99.6%，较之前调查结果均保持一定的增长率（李芳芳，2016）。在互联网如此显著影响大众日常生产生活的情况下，综艺节目的发展也迎来了繁荣阶段。互联网综艺节目应约而生，并依托于互联网的形式进行传播，是一种新兴的综艺形式（李易，2018）。2014 年是自制网络综艺节目元年，之后的网络综艺节目如雨后春笋般出现，节目题材涉及素人/明星真人秀、脱口秀、音乐、美食、旅行等方面，进一步扩大了受众接受层面。《中国好声音》《爸爸去哪儿》《奔跑吧兄弟》等现象级综艺节目的成功传播，导致节目制作方越来越刻意追求节目内容流量话题度，一些节目只是单纯追求感官上的刺激，缺少对内容和文化价值方面的深度挖掘，题材创新不够新颖，受众互动参与度低下，进而导致网络综艺节目同质化严重。2021 年 11 月，中央宣传部、国家广电总局约谈了四省市广播电视台（李芳芳，2016），就各卫视存在不同程度过度娱乐化、追星炒星等问题进行了强调，要求全面大力整改，大力弘扬社会主义核心价值观，用更多更高品质的电视节目丰富和引领人民群众的高质量精神文化生活。

3. 文化综艺节目阶段

在"互联网+"时代，云计算、物联网、人工智能和区块链等新技术、新媒

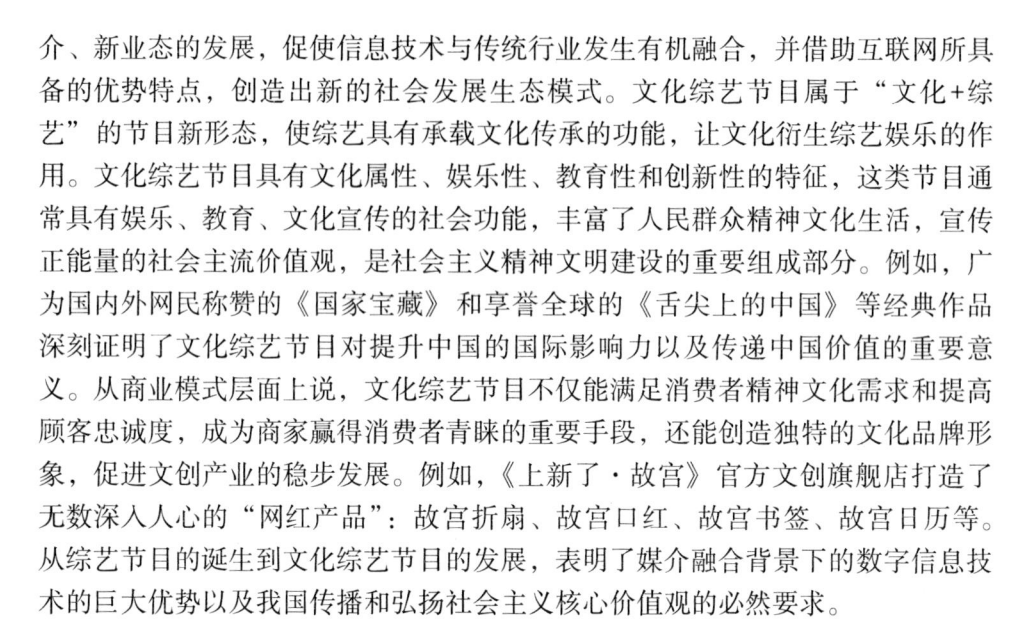

介、新业态的发展，促使信息技术与传统行业发生有机融合，并借助互联网所具备的优势特点，创造出新的社会发展生态模式。文化综艺节目属于"文化+综艺"的节目新形态，使综艺具有承载文化传承的功能，让文化衍生综艺娱乐的作用。文化综艺节目具有文化属性、娱乐性、教育性和创新性的特征，这类节目通常具有娱乐、教育、文化宣传的社会功能，丰富了人民群众精神文化生活，宣传正能量的社会主流价值观，是社会主义精神文明建设的重要组成部分。例如，广为国内外网民称赞的《国家宝藏》和享誉全球的《舌尖上的中国》等经典作品深刻证明了文化综艺节目对提升中国的国际影响力以及传递中国价值的重要意义。从商业模式层面上说，文化综艺节目不仅能满足消费者精神文化需求和提高顾客忠诚度，成为商家赢得消费者青睐的重要手段，还能创造独特的文化品牌形象，促进文创产业的稳步发展。例如，《上新了·故宫》官方文创旗舰店打造了无数深入人心的"网红产品"：故宫折扇、故宫口红、故宫书签、故宫日历等。从综艺节目的诞生到文化综艺节目的发展，表明了媒介融合背景下的数字信息技术的巨大优势以及我国传播和弘扬社会主义核心价值观的必然要求。

二、文化类综艺节目的内涵界定

随着我国经济的蓬勃发展，国际地位与声望水平不断提升。2015年，习近平主席提出了关于"文化自信"的建设性指导意见。随着互联网数字化信息时代的到来，碎片化阅读已经成为了不可避免的发展趋势，信息爆发导致的信息难以进行聚焦、难以进行深度探寻也不可避免地引发了对信息获取的焦虑情绪（杜思杨，2019）。随着我国综合实力与国际地位的提升，国家文化建设的要求也上升到国家发展战略层面，大众的精神文化需求也随之提高，进而根植于人民内心的文化价值观影响着国家关于文化建设的相关政策。信息技术的革新突破、新媒体庞大的受众市场等因素使得媒介融合成为当下传统媒介资源与互联网数字信息技术应对激烈的市场竞争的必然趋势，社会市场层面对于人民的价值观塑造也发挥着不可忽视的作用。媒介融合渗透到了大众生活的各种层面，在巩固壮大国家主流思想舆论、促进产业结构转型、优化商业模式、满足大众精神需求等方面发挥着重要作用。另外，外来文化对我国形成的文化入侵也在深刻影响着民众的价值观念，文化类综艺节目产生因素如图12-2所示。

通过对已有文献的梳理发现，近年来我国对于"文化类综艺节目"相关研究起始于2013年前后，陆续出现了关于《中国诗词大会》《中国汉字大会》的相关研究（汪丽君，2019）。文化类综艺节目是传统综艺节目与文化节目、文化元素相结合而产生出的一种文化节目新形态，传统综艺节目运用电视化方式，对不同种类的文艺表演形式进行二次创作，以晚会、栏目等方式予以屏幕化展现给

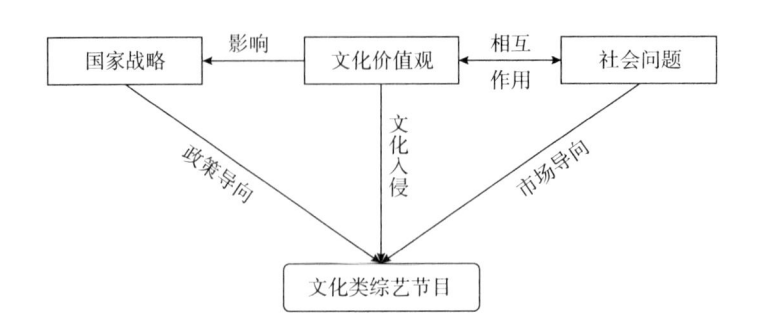

图 12-2　文化类综艺节目产生因素

大众，具有强娱乐性特点；而文化节目依托于我国悠久丰厚的传统文化素材库，挖掘传统文化精髓，以传播知识与文化、展现我国文化之美为目的，具有普及性和教育性特征。张晶和谷疏博（2018）认为，文化类节目是具有唤醒文化记忆、传播仪式化"电视崇高感"、游戏化美育精神的复合功能内容载体，对于整合受众体验，强化价值观与审美感知具有重要意义。赵梓含（2019）指出，文化综艺节目是以汉字、成语、诗词、戏曲、文物等中华优秀传统文化为内容，兼具教育性与娱乐性，融合人文性与参与性，集思想性与艺术性于一体，旨在传承和发扬传统文化，教育和启发现代人的一种节目形式[①]。其他关于文化类综艺节目内涵的分析则主要集中在传承意义（杨熠和唐丽雯，2020）、突出文化主题（吴思思和赵佳宝，2018）、价值共创（孟鹏和谭昊桐，2020）等方面。

受限于国外的社会背景与当地文化底蕴，国外学者几乎没有系统性地针对"综艺节目+文化"相关主题领域的研究，大多数与关键词"综艺节目""文化"相关的研究集中在从文化传播视角对电视综艺节目所代表的媒介环境进行思考分析，偏向受众行为分析、文化反思等领域。伊利诺伊大学那香槟分校传播学院院长、美国《传播》杂志主编詹姆斯·凯瑞在《作为文化的传播》中将文化、传播、技术三者相联系（郭建斌，2014），提出文化的传播要依靠大众媒介，随着时间、空间、传播手段的突破，技术与文化两者的关系不是单纯载体与内容的关系，或许技术本身就是一种文化；英国著名学者戴维·莫利（2005）也在研究电视在受众与文化中担当的角色价值，他认为，电视是向观众提供信息的媒介，在文化传播中发挥着极其重要的作用；尼尔·波兹曼（2009）是美国著名的媒介文化批评家，他认为，电视文化在一定程度上侵蚀了印刷文化，对电视文化媒介的

---

① 中国产业研究院.2018 中国 500 最具价值品牌排行榜（传媒行业）[EB/OL].[2018-06-21]. http://www.askci.com/news/chanye/20180621/1503201124945.shtml.

发展持保守态度。

综合国内外研究，学术界对于文化类综艺节目并没有形成一个具体规范化的定义，这将使文章研究的对象不明确，进而影响研究界限。鉴于此，笔者尝试综合已有学者对于"文化综艺节目（张丹，2020）""类综艺节目"以及不同题材的文化综艺节目的研究，对"文化类综艺节目"进行具体的概念界定：文化类综艺节目是基于当下综艺节目泛娱乐化背景，将传统文化精髓作为载体，使用现代信息电子科技技术，包含教育性、娱乐性、竞技性等表现特征，加之与商业经营理念有机融合，为受众呈现出一种具备时代特色与文化精神相结合的优质媒介传播形式，以促进节目品质层面的进步、协调商业层面的价值转化以及传播社会优秀传统文化，满足国家战略发展需要以及观众日益增长的精神文化需求。

文化类综艺节目隶属于综艺节目类别里的一个分支，因此本章的研究对象——文化类综艺节目有四方面显著特点：

第一，节目核心内容与表现形式层面。文化类综艺节目核心内容主要以中国文化为基准，这是界定文化类综艺节目的前提，在节目制作过程中不可以文化元素作为节目某一期或者某一环节的内容设定；节目表现形式要做到娱乐性、互动性、教育性、创新性，符合娱乐节目的基本特征与风格。

第二，节目传播价值层面。文化类综艺节目要以弘扬民族精神、传承传统文化、宣传社会主义核心价值观为主要目的，对受众进行文化教育，树立民族文化自信。节目在社会传播过程中应在一定程度上提升受众的文化道德素养，促进社会文化良好风气形成（戴冰，2018）。

第三，受众情感互动体验层面。文化类综艺节目应立足于中国丰富的文化精神体系，不同文化主题与综艺节目融合加之台网互动媒介的传播助力形成文化类综艺节目，受众对文化类综艺节目观赏与互动的过程，实质上是受众对文化类综艺节目的文化主题产生情感互动、精神共鸣的过程。

第四，价值创造与功能延伸层面。文化类综艺节目的传播过程体现了受众的观感体验是从节目品质上产生的审美、视听等感受，到商业市场的二次消费转化，形成忠诚度的过程，再到对文化类综艺节目所蕴含核心文化价值观的高度思想认同的传承。

三、文化类综艺节目的特征分析

分析文化类综艺节目价值的特征是进行综合价值评价的关键步骤之一，本章综合了文化类综艺节目演变过程和已有学者对文化类综艺节目的内涵界定，为理解文化类综艺节目的价值提供一定的基础。文化类综艺节目价值是传统文化主题与综艺节目有机融合的结果。作为一种利用数字化信息技术，向大众分享、交流传统文化精髓的传播媒介，文化类综艺节目自身的显著特征即是彰显其价值的源泉。基于对文化类综艺节目的演变过程与内涵界定，本章梳理归纳出文化类综艺节目相比于一般综艺节目的三方面显著特征：内容跨界性、形式多样性、功能复合性。

1. 内容跨界性

"跨界"指突破原有惯例，通过嫁接其他行业价值或全面创新而实现价值创造的行为（甘德安，2014）。传统综艺节目数量在爆炸性增长后，其节目内容同质化、受众审美疲劳、节目制作方唯"流量"为王等各种问题也随之出现，这在很大程度上影响了民众的精神文化需求和弘扬社会主义核心价值观的进程。因此，文化类综艺节目一经推出，即取得了良好的社会反响。

文化综艺节目属于"文化+综艺"的节目新形态，"内容跨界"即指将传统文化元素与现代综艺节目内容设定融合在一起，使其不仅具备综艺娱乐的作用，又承载起文化传承的功能。我国传统文化是一座汇聚各种优秀文化元素精髓的宝库，通过对传统文化元素的深度理解，辅以综艺节目的传播呈现方式，打造具有鲜明文化主题特色综艺节目，使得受众在观赏节目的同时，既获得了生理层面上的愉悦体验，又得到了对民族文化自信层面的精神认同感。文化类综艺节目的"魂"是其"文化"特征，节目内容的核心是节目的制作效果向社会传播出的文化精神。

分析当下文化类综艺节目所表达出的文化内容主题，可归纳成两类：一是历史文化元素，这其中有《中国诗词大会》《见字如面》《朗读者》《典籍里的中国》《经典咏流传》等以汉字、诗词、历史典籍为内核的文化类综艺节目，这类节目经过访谈、歌舞、历史场景还原等形式外壳包装，向社会传达传统文化的价值内涵；也涵盖了《上新了故宫》《遇见天坛》《登场了敦煌》等以悠久历史建筑为内核的文化主题元素，此类节目在明星真人秀基础上，创新性将"穿越"元素融合进文化建筑场景，丰富了节目互动体验形式；还包括像河南卫视出品的"清明、中秋、七夕、端午奇妙游"等以人文文化节气为内核的综艺节目，辅以高质量的歌舞曲艺表现形式，呈现出使受众印象深刻的节目效果。二是饮食文化元素，其中有享誉全球的《舌尖上的中国》《风味人间》《老广的味道》等此类将中华传统饮食文化与综艺节目进行跨界融合，制作出品质优良、题材新颖的文化类综艺节目。通过将传统文化主题元素作为综艺节目内容核心，来阐述对文化、社会的观点及思考，可为受众带来更多更深层次的启发与感悟，也是弘扬社会主义核心价值观的有效举措。

2. 形式多样性

在节目呈现形式方面，文化类综艺节目与传统综艺节目也有着一定的差异性，这也是媒介融合背景下创新方式的一种表达形式。综艺节目呈现方式可分为以下四种形式：

一是"看客"为主的形式。传统综艺节目发展初期以传统的歌舞表演、曲艺杂技形式为主，明星表演，观众观看，节目形式比较固定化，节目观众作为传播过程中的被传播者，与节目之间几乎无法发生互动，是纯粹意义上的"看客"身份。

二是游戏为主的形式。此阶段综艺节目的娱乐性质迅速增强，观众的趣味性与互动性也随之加强，逐步显示出"全民娱乐"的节目特征。但随着国家经济实力的发展，节目中简单的游戏形式已不能满足民众日益增长的精神文化需求。

三是益智类为主的形式。此类节目形式出现了一些结合知识性、娱乐性的环节，且观众与节目之间的互动效果较之前有进一步的发展，但受限于益智素材自身，节目整体创新模式受到较大束缚。

四是真人秀形式。通过借鉴国外优秀的成功案例以及自身探索，真人秀节目迅速发展起来。像《超级女声》《星光大道》等海选节目，观众与节目间的互动潜质彻底被唤醒，受众参与程度非常高，大大提升了节目的社会关注度。

随着互联网络的普及与技术环境的进一步更新，互联网和移动传媒等新传媒呈现出爆炸似的发展态势。网络自制综艺节目如雨后春笋般涌现，但大多数的节目形式多为明星真人秀，节目受众基于明星的流量效应，过分追求娱乐性与关注度，进而导致节目泛娱乐化严重，创新性低下。文化类综艺节目在保持传统综艺节目的访谈、游戏、真人秀等呈现形式基础上，创新性地将纪录片模式、数字化技术、文化音乐、文化舞蹈、场景式演绎等新表现方式与文化综艺节目的文化内容巧妙融合，打造出受众面更广、内容更具深度的文化服务新业态。

3. 功能复合性

基于媒介传播社会功能视角，文化类综艺节目与传统综艺节目相比也具有一定的差异性，是价值传播的创新性延伸过程。1948年，美国传播学先驱拉斯韦尔在《社会传播的结构与功能》一书中提出，大众媒介的三个基本功能为环境监视功能、社会协调功能和社会遗产继承功能。媒介对于社会各部分之间的协调统一的作用是不可置疑的。随着数字化信息时代到来，媒介融合背景下大众媒介的传播功能也发生了创新性的转变。变化最突出的是在传统媒介出现之前，大众的消费方式仅依靠单一性的线下购买方式，而随着电视、电话等传播媒介的出现及发展，电视购物、电话购物到网上购物模式快速占领了大量的交易市场份额，这不仅体现了信息技术的高速发展变革成果，也极大促进了大众生产生活方式的转变。近年来，直播带货、多渠道体系的交易模式更加深刻地验证了媒介融合背景下的媒介发展成果为社会生产生活带来的巨大影响。

文化类综艺节目相比于传统综艺节目，在其文化内核的加持下所生产制造出的具备鲜明文化底蕴特色的文化衍生品是其创新性的传播表达形式。文化衍生品的出现不但创造出了更多的生产就业机会，推动了文化服务新产业由"精神"层面向实体层面的创新转型，这正是文化类综艺节目经济功能层面的延伸，而且在社会层面推动了对民众的多次传播过程，契合受众的精神文化需求，达到更优质的媒介传播效果。

第二节 节目价值评估概念界定

随着视听市场发展愈加多元化，电视节目、网络节目等媒介传播形式都得到了良好的发展契机。面对行业内竞争激烈的环境，准确衡量节目水平的必要性也随之被官方机构提出，并针对受众关于节目收视率、质量的满意度做出评估。

"评估"是对事物进行多维度价值功能、效益质量客观衡量的估量过程（陈昌盛和蔡跃洲，2007）。新时代数字信息技术驱动的媒介融合趋势对节目价值质量的评估研究产生了积极的时代意义，在提供科学决策的重要数据、提升节目质量层次、推动媒体发展（郑向荣和张艺凡，2017）等方面发挥了显著影响。通过对知网进行"节目评估/评价"相关研究文献的梳理统计，将"节目评估"相关研究归纳为四个导向：收视率导向、评估体系导向、节目效果导向与发展趋势导向。具体如表12-1所示。

表 12-1 节目评估梳理

研究导向	研究内容	来源
收视率	节目经营管理、数量考察	牛向红（2015）、赵桂玲（2016）、顾旭光（2010）
节目效果	数据挖掘、受众分析	王华（2015）、王晴川（2012）、丛浩哲等（2016）
发展趋势	制作编排、创新策略	赵桂玲（2016）、漆亚林（2015）

收视率导向。对一个节目的价值质量进行评估研究，首先参考的指标一定是其收视率（牛向红，2015）。节目整体收视率是对节目质量最直接的反映，对于激发市场活力与促进媒体业发展有一定的积极作用。在以收视率作为节目评估的标尺趋势下，一些节目为了赢得收视率变得愈加世俗化，以跟风炒作与哗众取宠

来博得观众的好奇心与观看率，其他节目发现这种形式的可复制性，便争相进行复制和追捧，如此的恶性循环便导致节目市场出现"唯收视率"的现象（李芳芳，2016），限制了节目质量的发展。

节目效果导向与发展趋势导向。两者均着眼于节目播出后的价值评估，依靠机器学习方法和数据挖掘技术的进步，关于节目价值评估不再片面地追求视听率层面的评估，进而转向评估体系、受众分析、社会舆论、流量效应等方面。其中，反向作用于节目制作编排等过程，以期节目制作方打造出具有创新性的优质节目；正向作用于社会主流价值观的引导，以期为广大受众群体营造出具有正能量、积极意义的大众媒介传播环境。本章针对收视率在节目评估体系中的片面性问题，如测量方式、调查样本、数据计算等方面的主观片面性问题进行了探究（常卫平，2014）。随着新时代大数据技术的革新发展，针对受众信息的挖掘水平得到了深层次的提升，这也促使节目评估体系将受众关于节目总体满意度的相关指标纳入进来，以期能够从其他维度对节目价值进行评估（陆地和陈思，2013）。在此基础上，考虑到官方公布的评估体系中的指标，将节目播出后的传播效果作为评估体系的基础，创新性地将节目覆盖率、市场份额、广告效益、主持人竞争力融合到体系中，对节目价值综合评估体系作出了初步性探索（陆地，2013；邹霞，2007）。节目价值"评估"过程即为一个动态"反馈"机制，过度强调节目单一方面的价值功能，造成节目价值评估不够深刻，导致市场出现秩序混乱等问题，进而发挥不出节目本身具备的最大价值潜力。

本章认为，"文化类综艺节目综合价值评估"是节目整体价值功能的多维度比较，使得节目制作方得到对节目系统整体发展的清晰深刻认识。在文化类综艺节目中，涉及多方利益主体的价值共创过程，不仅是作为受众满足精神文化需求的表现载体，又因其在新时代媒介融合环境中所具备的内容跨界、形式多样、功能复合等特征，导致在对文化综艺节目价值评估问题上变得更为复杂化，不可选择单一化导向对其进行价值评估，否则会出现"泛娱乐化""唯收视率""流量为王"等扰乱市场运行秩序的问题（李芳芳，2016）。故文化类综艺节目价值评估应着眼于对其基础功能、延伸功能结合的系统整体性评估。通过对评估体系的研究，引导文化类综艺节目体现社会主义核心价值观这一核心导向，并在此基础上鼓励节目在制作编排流程实现持续性创新。此处的文化类综艺节目综合价值评估过程包括指标体系构建、模型方法训练、实证结果分析等步骤，是一种以平衡为导向的综合价值评估机制。

第三节 基于媒介生态系统理论的价值形成机理分析

一、媒介生态系统视角下综合价值形成过程

互联网在世界范围的普及应用以及数字化信息技术的迅猛发展,既使得大众媒介可以在更广泛的范围里传播,也使得媒介功能得到了进一步延伸。媒介不仅承担着承载、传递信息等功能,在新媒体爆炸式发展趋势下,多元化的媒介信息对受众的心理、观念、态度、行为等方面的影响无疑是显著且深刻的。尤其是新媒介工具的利用,使得各种资源的获取更加方便快捷(郑欣,2016)。同时,电视荧屏上充斥的个人求助及情感倾诉类节目将公共领域和私有空间联系在一起;以电视购物、网上购物为代表的"亚消费方式"的出现,催生了直播带货等新兴消费形式的出现(郝雨和安鑫,2009)。显然,媒介生态系统功能理论随时代变化而不断延续与拓展,形成了具有时代特色的新的功能价值。新时代背景下,媒介生态系统功能学说为后续构建文化类综艺节目综合价值评估体系奠定了理论基础。

文化类综艺节目作为国家倡导提升文化自信背景下诞生的文化服务新业态,在媒介层面、经济层面、文化继承与弘扬层面契合媒介生态系统功能理论。因此,媒介生态系统功能学说可以作为文化类综艺节目综合价值评估问题研究的理论基础与依据,运用该理论进行价值分析,有利于分析媒介融合背景下文化类综艺节目的价值所在,实现媒介传播过程中文化类综艺节目综合价值评估。文化类综艺节目综合价值的创造与实现是一个动态、系统的过程,这个过程既与文化综艺节目本身的品质有关,同时还受到受众对于自身精神文化需求、消费方式转型以及传播平台能力的相互影响。因此,综艺节目自身质量或消费者对于文化衍生品品控的评价,将会对其价值产生持续影响,应该从综合全面的角度分析文化类综艺节目综合价值形成过程与机理。

鉴于此,本章基于媒介功能理论,把文化类综艺节目置于大众媒介背景下,将交易平台置于上下游用户组成的价值系统中,从媒介社会传播的过程入手,透过现象看本质,挖掘实际传播流程背后文化类综艺节目价值内涵的转变过程,以此来认识其综合价值形成机理。图12-3阐述了文化类综艺节目综合价值的形成机理。

文化元素通过与综艺节目、媒介系统等有机融合,经历制作、转化、传播等多个过程,赋予了综艺节目、品牌衍生品与受众文化继承的积极价值,这些价值的总和即为文化类综艺节目综合价值。

第十二章　文化类综艺节目综合价值评估指标体系研究

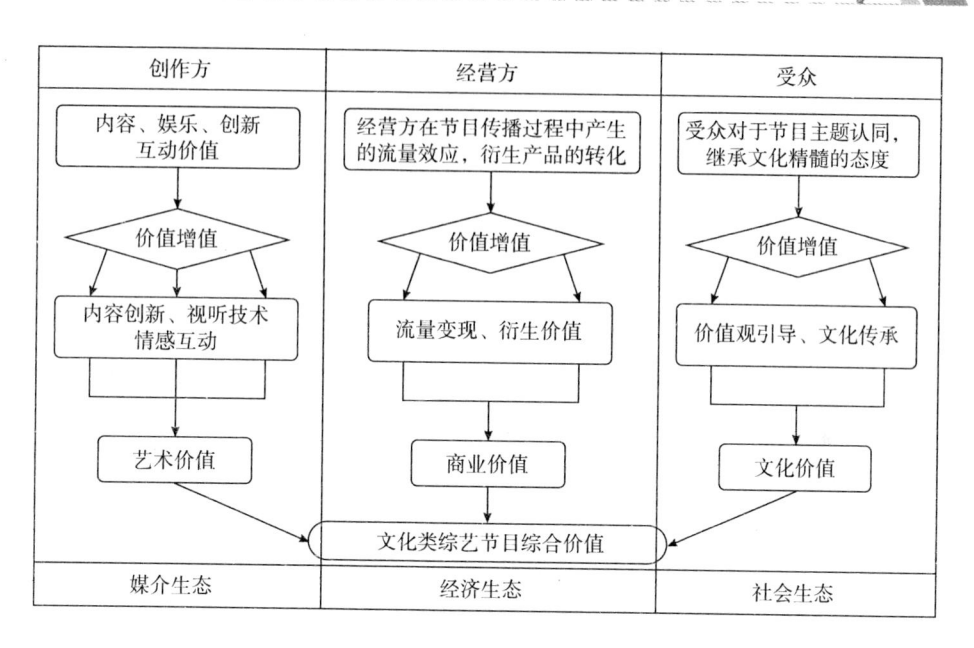

图 12-3　媒介系统生态功能视角下的文化类综艺节目综合价值形成机理

制作环节中，节目制作方通过将特定的文化主题元素巧妙地融入到综艺节目内容中，加之优良的节目效果将核心内容呈现给受众，激发受众与综艺节目产生情感互动的热情，体现节目层面的品质价值。

转化环节中，受众已与文化综艺节目传达出的文化符号产生了情感认同，通过文化综艺节目带来的流量价值与文化衍生品，受众在消费过程中与其发生了互动体验过程，由此带来的综艺节目品牌价值即为商业价值。

传播环节中，从文化综艺节目在媒介领域的关注度以及节目价值观内核的继承与传播过程可以发现，受众对于优秀文化内涵的认可。艺术价值、商业价值与社会价值的总和构成了文化类综艺节目综合价值。

基于上述对于媒介生态系统功能学说的探讨，大众媒介传播的社会功能由环境监视功能、社会协调功能、社会遗产继承功能和娱乐功能组成，并且随着时代的进步也延伸出新型的媒介功能。本章的研究对象——文化类综艺节目，作为媒介在社会传播过程中与媒介功能学说的契合体现在以下三个方面：

（1）媒介生态子系统。综艺节目的出现首要目的是为大众带来愉悦的情感体验，故娱乐功能是文化类综艺节目的必备元素，自党的十八大以来，习近平总书记高度重视强调将我国建设成为文化强国这一战略目标。随着数字化信息技术的飞速发展、文化产业相关政策的出台，建设为文化强国无疑是文化类综艺节目产生并发展的风向标，节目制作方只有把握好国家政策法规导向、大众精神文化

· 187 ·

需求，才可能制作出受众满意度高的文化综艺节目。

（2）经济生态子系统。文化类综艺节目在视频媒介传播平台、具有文化元素的文化衍生品的生产与宣传等产生的反馈效果又将影响到节目内容制作、消费者的消费行为等方面，体现了协调商业、媒介等领域的作用。

（3）社会生态子系统。文化类综艺节目之所以能够在当下综艺节目市场出现同质化严重、泛娱乐化、创新性不足等问题的境况下脱颖而出，其原因在于"文化主题"是文化类综艺节目的立身之本，我国传统文化源远流长，悠久的历史为当代留下了极为丰富的文化精神宝库。文化类综艺节目的成功传播将提升大众的民族自信、文化底蕴，文化主题的再创作加之当今受众更易接受的综艺节目制作方式，能有效起到对大众寓教于乐，传承和弘扬优秀传统文化与社会主义核心价值观的作用。

综上所述，文化类综艺节目综合价值是大众媒介与社会多维度交互作用的过程，依靠媒介生态系统功能学说，分析文化类综艺节目在传播过程中对于社会多层次的价值创造才能实现媒介传播价值与现实生产力的完美结合。

二、媒介生态系统视角下综合价值层次结构

本章基于媒介生态系统视角来对文化类综艺节目综合价值加以诠释和理解，认为文化类综艺节目综合价值构成是受众在对文化类综艺节目观赏与二次消费过程中，对于"节目（媒介）—商业—社会"层面上获得的价值总和。具体构成内容如下：

（1）在媒介生态层面上，文化类综艺节目综合价值反映的是特定文化主题对于综艺节目的表现形式、制作效果、互动体验等方面带来的价值增值，主要体现在受众对于这种媒介与文化元素融合传播效果所表现出的情感反馈。这种反馈包括对文化类综艺节目的内容认可程度，节目舞台、音乐等效果与节目主题的契合程度，受众在观看过程中与节目产生良性互动体验，受众观看综艺节目过程中体验感知到的娱乐趣味性等价值。文化类综艺节目的制作和设计通过融入文化元素，符合受众的文化感知，进而产生一种情感上的积极反馈，节目层面的观赏感受是文化类综艺节目综合价值构成的基本前提，对于后续受众在商业及社会维度的价值转化具有决定性作用。

（2）在经济生态层面上，文化类综艺节目综合价值反映的是综艺节目在自身传播运营过程中取得的经济、舆论价值以及受众对于由综艺节目品牌衍生出的具备文化元素的文化衍生品的消费和使用过程中所形成的价值增值。受众对文化品牌从认识到产生二次消费，是对文化综艺节目形成的品牌忠诚度的积极反馈。该维度的价值构成主要包括节目播出冠名商的数量以及节目传播过程中产生的评

论、点赞、转发和关注程度（即流量价值），以及受众对于该文化品牌衍生品的消费喜好程度和使用评价等（即商业衍生价值）。具备品牌背书的文化衍生品能够增加受众对于衍生品的认知和了解程度，提升受众对于文化品牌的传播力，形成良好的文化品牌效应。

（3）在社会生态层面上，反映的是受众对于文化类综艺节目中所蕴含的核心价值观和文化精神内涵产生的深层次认同与反馈，主要表现为受众展现出来的文化认同与节目传播等价值。中华民族的悠久历史为文化类综艺节目综合价值的凝聚形成了丰厚的资源优势，通过对优秀的传统文化（如历史典籍、美食与古建筑等）和当代的社会主义核心价值观的弘扬和发展（即文化内涵的传承价值），彰显出节目受众对于优秀文化精髓的认可。同时，将继承到的文化通过不同的传播对象、传播方式进行传播（即社会流行价值），反映了受众对于文化类综艺节目的认同程度。

文化类综艺节目综合价值体系具有较好的层次性和系统性，结构条理清晰，主要体现在：媒介层面的艺术维度、经济层面的商业维度，以及社会层面的文化继承维度这三个方面上的协调统一。本章从媒介功能视角出发，通过对不同维度的价值进行集成、提取，融合成文化类综艺节目综合价值的有机整体，了解媒介生态系统视角下的文化类综艺节目综合价值的结构，其层次结构如图 12-4 所示。

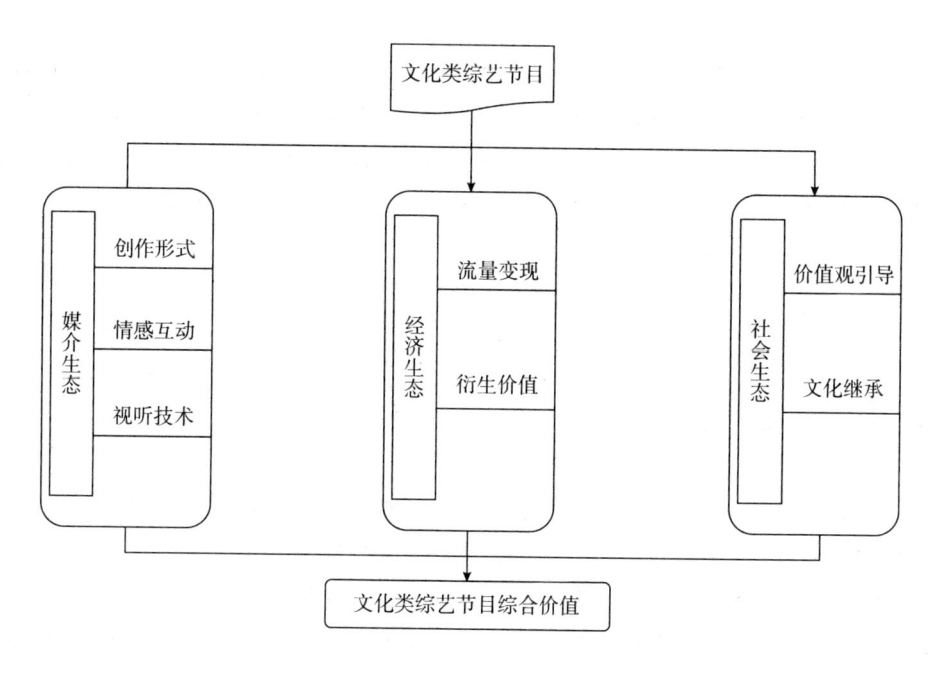

图 12-4　文化类综艺节目综合价值结构

第四节 基于媒介生态系统视角的综合价值评估指标体系构建

一、指标构建原则

根据文化类综艺节目特征与价值划分，考虑到文化类综艺节目综合价值评估体系的实际应用场景，本章在构建文化类综艺节目综合价值评估体系时，将遵循以下原则：

1. 科学性和合理性原则

针对文化类综艺节目这一研究对象，科学性与合理性原则主要体现在以下两点：一是所选取的指标需具有理论与实践依据，在阅读和参考国内外已有文献的同时，结合相关因素对于文化类综艺节目综合价值的影响程度进行筛选，使得选取的指标具备理论依据，能客观反映评价对象的实践需要；二是整体指标体系层次清晰，结构合理，最终评估结果具备可靠性。

2. 全面性和系统性原则

文化类综艺节目综合价值评估指标体系的构建需具备系统性，综合价值形成机理涉及多维度、多系统的相互关联价值过程，使用不同的指标涵盖文化类综艺节目的综合价值体系，使得各指标之间逻辑结构清晰、层次鲜明。通过评价结果能够较为全面、系统地反映综合价值，帮助用户更好地认识和了解文化综艺节目价值。

二、指标设计及选取

本章指标体系的形成经历了明确目的与方向、设计初步指标体系和形成最终指标体系三个阶段，具体指标设计及选取过程如下：

1. 明确目的与方向

本章的目标与原则在于构建一个具有科学性、系统性和可操作性的文化类综艺节目综合价值评估指标体系，通过分析对综艺节目价值评估结果有关的影响因素，选取相关评估指标，从而完成对文化附加值的量化评价；构建方向则是基于媒介功能视角，考虑受众在文化传播中发挥的积极作用，根据媒介的传播特性构建三维度的指标体系。

2. 设计初步指标体系

按照指标构建原则，基于广电总局等官方部门发布的电视节目评价体系、已有研究学者提出的综艺节目价值评价体系，结合媒介三功能学说和价值链理论，提出"节目层面—经济层面—社会层面"的文化类综艺节目综合价值评估指标体系。节目层面能够符合受众的视听需求，满足受众的文化精神认同度与互动体验，体现了受众对文化综艺节目的直接感官反应；经济层面是节目在商业、舆论领域的具体表现，受众在消费文化衍生品后产生的一定的品牌效应，进而能够帮助企业塑造优质的品牌形象；社会层面体现的是受众对综艺节目包含深层次文化内涵的高度认同，能够向社会弘扬优秀传统文化并传播正能量文化价值观。

3. 形成最终指标体系

根据文化类综艺节目的高传播、强互动等特点，文化类综艺节目价值渗透在社会多个层面中，包括节目层面的艺术价值、经济层面的商业价值、社会层面的社会价值。因此，综合文化类综艺节目传播的功能性，明确文化类综艺节目综合价值评估下的评价体系，经过咨询专家意见、合并相似指标、删除歧义指标、保留认可指标，可以得出：一级指标指文化类综艺节目的综合价值评估；二级指标包括三个维度；三级指标对应这三个维度所派生的、紧密相连的7个影响因素。在确保文化类综艺节目综合价值评估指标体系全面性的前提下，从各影响因素中挑选具有典型性的重要指标来构建指标体系，能够综合反映文化类综艺节目的综合价值体系（见图12-5）。

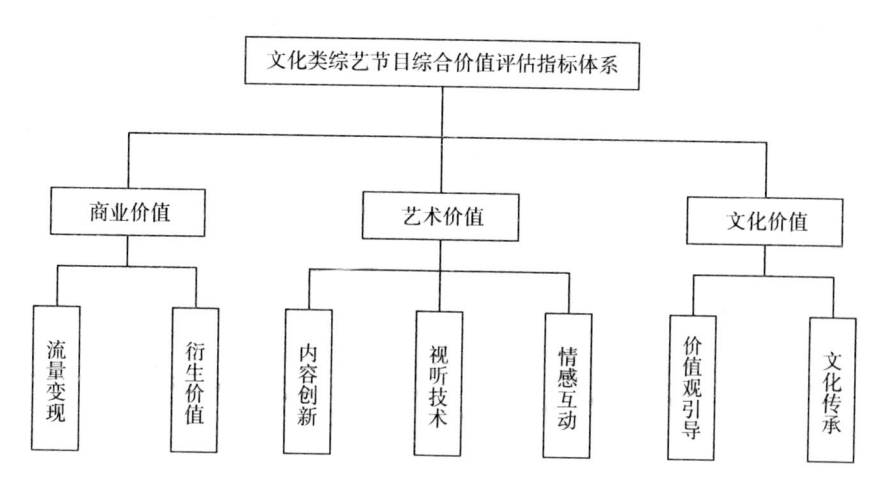

图12-5 文化类综艺节目综合价值评估指标体系

三、指标含义及量化

按照上述指标构建原则，经过指标设计与选取过程，最终形成的文化类综艺节目综合价值评估指标体系包含一级指标3个，二级指标7个，其指标含义、量化方式及影响方向如表12-2所示。本书构建了基于"节目层面—经济层面—社会层面"的三维度评估模型来对文化类综艺节目进行综合价值评估。文化元素在综艺节目制作过程中所赋予受众、社会的综合价值主要体现在三个方面：节目层面的艺术价值功能、经济层面的商业价值功能和社会层面的文化价值功能。

表 12-2 具体指标释义

目标层	准则层	指标层	指标释义
文化类综艺节目综合价值评估	艺术价值	内容创新	受众对于节目内容的认可程度、主题新颖程度
		视听技术	节目的舞台、背景音乐、影像等呈现方式为受众的接受程度
		情感互动	受众与节目之间产生的积极、情感互动行为
	商业价值	流量变现	节目的点赞、播放、评论、转发、关注程度
		衍生价值	节目内容衍生出的产品的消费评价
	文化价值	价值观引导	节目主题思想性、弘扬主流价值观的意义
		文化传承	节目播出起到的寓教于乐、文化继承的作用

艺术价值功能，指的是在节目层面上，综艺节目的制作融合了特定的文化主题元素，最终呈现给受众的节目效果是否契合受众的精神文化需求。这种文化需求是节目内容、艺术表现形式等蕴含的文化要素对受众产生的最为直接的影响，尽管不同生活环境和文化素养的受众对节目的感知程度不尽相同，但精神需求所带来的情感反馈是必然结果。

商业价值功能，指的是在经济层面上，综艺节目传播受到的品牌赞助、网络综合关注程度以及手中对于节目品牌旗下的文化衍生品的认可。文化与信息科技的融合能够顺应时代发展，打造出特色鲜明的文化品牌形象。依赖于过硬的节目品质和品牌信誉以及受众满意度和认可度，受众能从中得到更深层次的文化认同和精神寄托。商业功能又可以细分为流量价值和衍生价值。

文化价值功能，指的是受众对文化综艺节目所蕴含的主题内涵和文化精神的继承和传播过程。通过对优秀的传统文化（如历史典籍、美食与古建筑等）和当代的社会主义核心价值观的弘扬和发展（即文化内涵的传承价值），彰显出节目受众对于优秀文化精髓的认可。同时，将继承到的文化通过不同的传播对象、传播方式进行传播，反映了受众对于文化类综艺节目的认同程度。文化价值又细分为价值观引导与文化传承。

第五节 本章小结

关于核心概念的界定，首先，将媒介功能理论与文化类综艺节目传播流程相结合，从艺术功能、商业功能、社会功能三个层面层层深入，剖析媒介功能视角下文化类综艺节目综合价值形成机理。其次，基于媒介功能视角，按照科学性和合理性原则、全面性和系统性原则，将文化类综艺节目综合价值凝聚为艺术价值、商业价值和文化价值三个维度，形成文化类综艺节目综合价值评估指标体系，并对各指标含义、量化方式、影响方式等进行了系统分析。最后，对文化类综艺节目综合价值评估过程中涉及的概念进行相关界定和系统性描述。

关于指标体系的构建，本章首先参考已有学者对综艺节目的相关研究，对文化类综艺节目的内涵进行界定。其次，对文化类综艺节目价值的特征进行分析，通过梳理已有学者的研究成果，归纳出文化类综艺节目的内容跨界、形式多样和功能复合三种显著特征，为文化类综艺节目综合价值评估打下坚实的基础。最后，研究基于媒介生态系统功能视角下的文化类综艺节目价值的层次结构，明确文化类综艺节目综合价值主要是由媒介系统层面的艺术创作子系统、经济生态层面的商业用户子系统以及社会生态层面的文化传承子系统三个子系统构成，体现的是受众在对文化类综艺节目观看—消费转化—传播过程中，对于"媒介—经济—社会"层面上体验到的价值总和。本章内容清晰地界定了研究边界与场景，为后续实证分析奠定了基础。

第十三章　基于 LDC-GV 的文化类综艺节目综合价值评估

第一节　LDC-GV 模型的总体设计

一、模型构建的整体思路

在前文基于媒介生态系统理论的文化类综艺节目综合价值形成机理分析的基础上，结合最终构建的艺术价值、商业价值、文化价值三维评估指标体系，构建了基于 LDC-GV 的文化类综艺节目综合价值评估模型。从媒介生态系统出发，文化类综艺节目的各维度价值是在动态能量循环的生态系统中产生并相互影响的。在社会环境的要求下，文化类综艺节目被赋予了新的价值功能延伸，因此，本章将文化类综艺节目的受众弹幕、评论信息纳入模型范围，以指标情感值表征其综合价值，作为模型的输出变量，将 12 个评估对象的指标情感值作为输入变量，利用受众评论、节目转发点击量等信息对文化类综艺节目综合价值进行集成，完成文化类综艺节目综合价值评估。

二、模型构建的基本步骤

基于 LDC-GV 的文化类综艺节目综合价值评估模型主要包括两部分：一是基于 LSTM 细粒度情感分析的指标情感值计算；二是基于 DEMATEL-CRITIC-灰色关联 VIKOR 模型的文化类综艺节目综合价值集成与评估，整体建模流程如图 13-1 所示。

第十三章 基于 LDC-GV 的文化类综艺节目综合价值评估

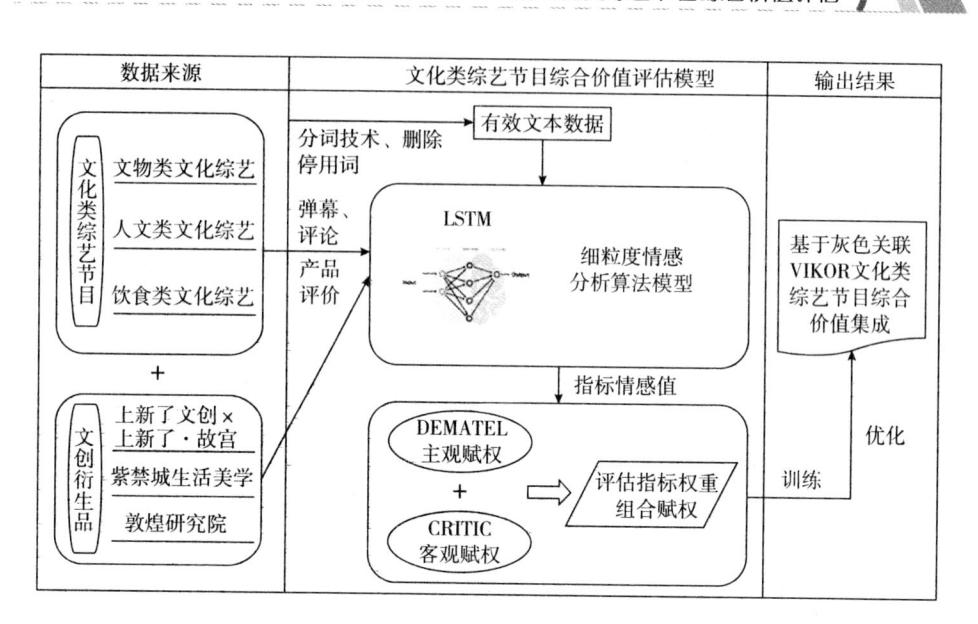

图 13-1 基于 LDC-GV 的文化类综艺节目综合价值评估模型建模流程

第一部分，基于 LSTM 细粒度情感分析的指标情感值计算。鉴于文化类综艺节目是为受众提供文化服务的，考虑到文化的精神性与复杂性，认为文化是一种情感力量，而受众的实时、播后评论往往蕴含着对节目的评价，因此对弹幕评论等信息的情感分析可挖掘出其中隐藏的、有价值的受众需求（Jiang 等，2018；戚聿东和蔡呈伟，2019）。因此，本章采用 LSTM 情感分析方法进行指标情感值计算。LSTM 情感分析设计框架如图 13-2 所示。

在图 13-2 的模型设计框架中，首先，对获取到的数据进行清洗、去重以及相关的分词、频次统计等处理工作，将一些冗余的、噪声数据等删除，保留有效的文本评论数据作为模型的输入。其次，对评论数据进行特征词和特征句提取操作，并对提取后的特征句人工地进行情感标注，在使用 LSTM 模型对数据进行训练和测试的过程中，不断优化模型的参数，使得模型的整体分类效果和情感识别结果更好。最后，得到模型输出的指标情感值，为后续文化类综艺节目综合价值集成做铺垫。

第二部分，基于 DEMATEL-CRITIC-灰色关联 VIKOR 模型的文化类综艺节目综合价值评估。该部分包括两方面内容：

一是组合赋权。确定指标权重的方法主要分成两大类：一类是主观赋权法，此类方法主要从个人主观的看法与经验出发，来对指标进行权重分配，如 G1 法、主成分分析法、AHP 法等；另外一类就是客观赋权法，如熵权法、多目标规划

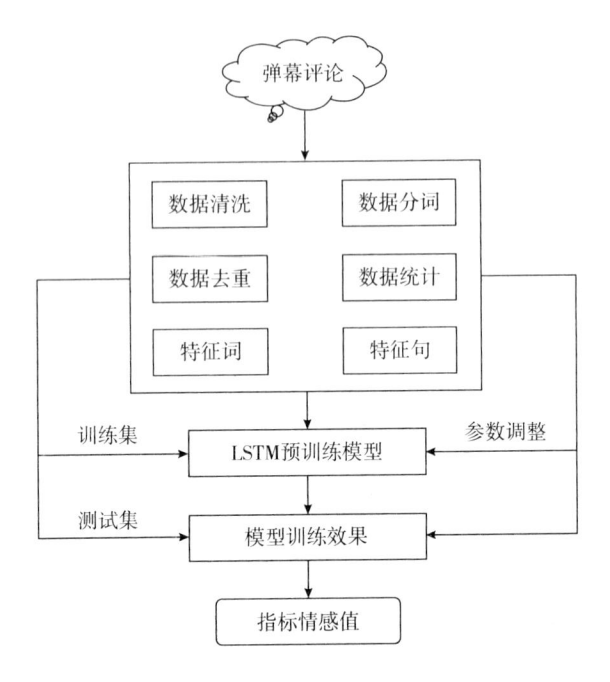

图 13-2 情感分析模型设计框架

法等（庞皓和谢胜智，1983），但实际操作过程需依赖足够的样本数据等因素，通用性与可参与性较差，计算方法也相对复杂，且不能体现评判者对于不同指标的重视程度，造成评定权重会与指标属性的实际重要程度误差较大。为全面考虑各评价指标的重要性，使得最终评估结果更加准确，应充分结合主观经验与客观信息的内在规律，故本章采用组合赋权法对评估指标权重进行综合评定，弥补单一赋权方式的缺陷，得到各指标综合权重（唐晓灵等，2021），这样既能体现决策者的主观意向，也可体现数据信息的客观属性。

二是综合价值集成。首先，将基于主客观组合赋权后的指标情感值作为模型输入数据，进行无量纲化处理，计算评估对象各指标的灰色关联度，使得后续最终决策矩阵更准确；其次，计算各指标的正、负理想解；再次，计算各评估对象的群体效益值与个别遗憾值；最后，计算各评估对象的利益比率并进行排序，根据文化类综艺节目的类别进行综合价值分析。

第二节　LSTM 模型的情感值量化

一、LSTM 算法基本原理与实验步骤

循环神经网络（Recurrent Neural Networr，RNN）（Zheng 等，2013）是具有循环结构的神经网络，网络结构如图 13-3 所示。RNN 的链状式结构能够较好地解决序列的标注情况，但由于梯度爆炸（李华聪，2007）和梯度消失（张冲，2016）等问题经常发生在 RNN 训练过程中，致使 RNN 具有很难保持长时间的记忆问题（Shen 等，2016）。

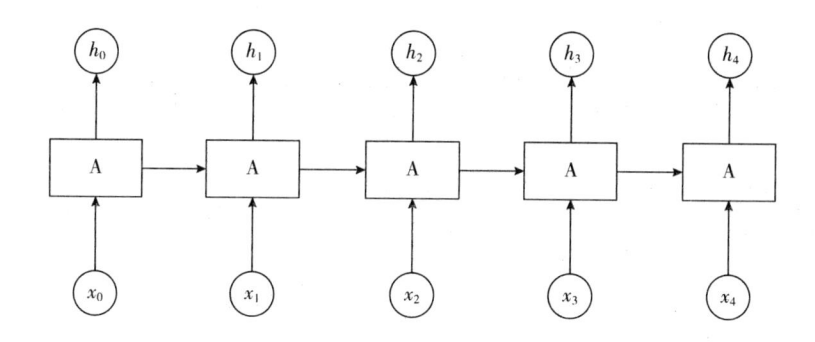

图 13-3　RNN 网络结构

长短期记忆（Long Short-Term Memory，LSTM）网络由 RNN 扩展而来，用来解决 RNN 的梯度爆炸、消失，以及长时间依赖问题，通过保留词语之间的时序性，得到其上下语义之间的依赖关系，进而有效地进行情感信息提取（Hochreiter 和 Schmidhuber，1997）。但相比于循环神经网络的链式结构，各网络层之间依靠使用"门"结构，来完成添加或者删除单元中相应的信息。通过使用 Sigmoid 网络层输出一个 0 到 1 之间的实数，表示让相应的信息通过的权重值是多少。其中，0 表示"不准任何信息通过"；1 表示"让所有的信息通过"。LSTM 网络结构如图 13-4 所示。

LSTM 有三种这样的门限，分别为输入门、遗忘门和输出门，通过这三种门限来保护和控制单元状态（於雯和周武能，2018）。以下公式中 i_t、f_t、o_t 和 c_t 分别表示 t 时刻对应的三种门结构和单元状态，其算法流程如图 13-5 所示。

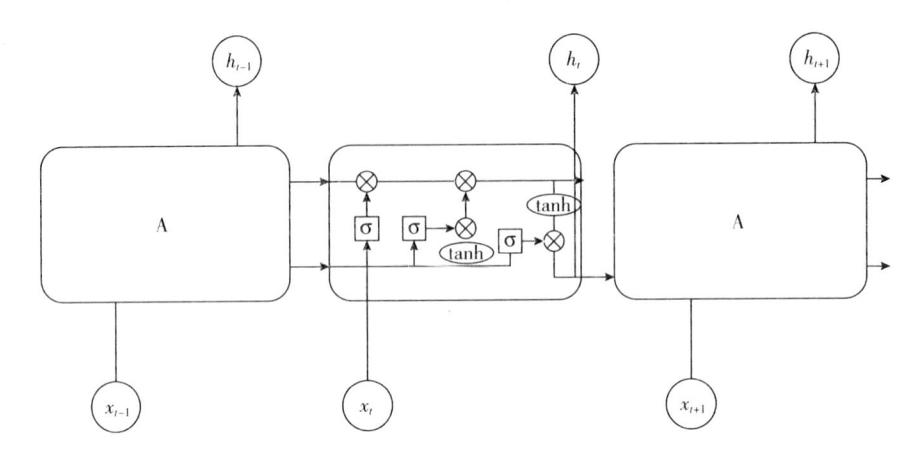

图 13-4　LSTM 网络结构

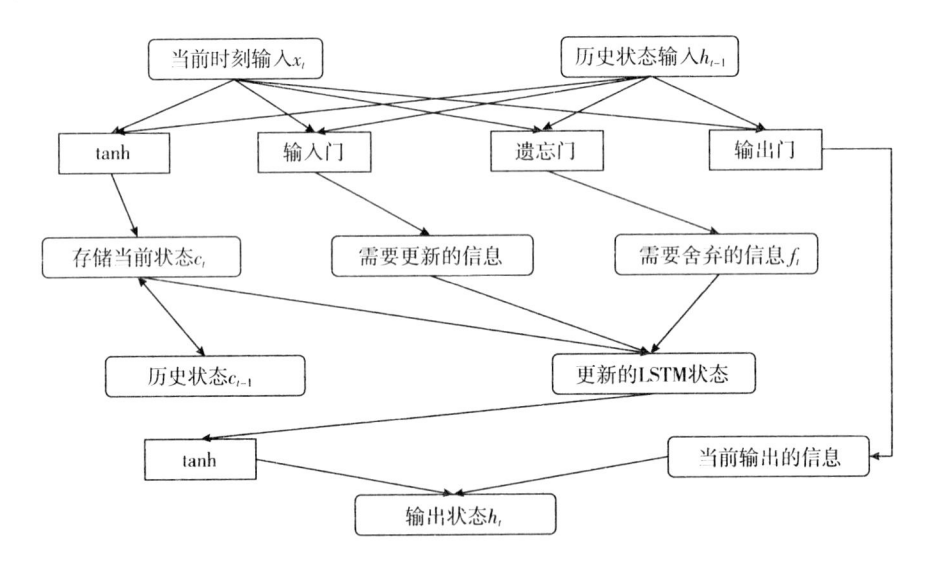

图 13-5　LSTM 算法流程

（1）遗忘状态信息。LSTM 首先是决定从上一单元传来的信息哪些需要在单元状态中舍弃。LSTM 模型不需要使用这些无用信息来理解事物，因为这些信息会占用内存空间，造成资源的浪费。因此，可以删除这部分信息以便能够腾出内部空间来储存新进入单元的信息。由一个 Sigmoid 输出层决定的该层成为"遗忘门"，输出一个取值范围在 [0，1] 的向量。遗忘门主要采用两个输入，分别是 h_{t-1} 和 x_t，h_{t-1} 为前一个单元的输出状态，x_t 指特定状态下的输入，通过式（13-1）可以计算遗忘门的输出 f_t。

$$f_t = \sigma(W_f \cdot (h_t, x_t) + b_f) \tag{13-1}$$

（2）更新状态信息。负责决定是当前信息的哪一部分加入到单元状态中，可分为三步。首先，由 Sigmoid 层决定哪些值需要更新，该层被称为"输入门"；其次，在 Tanh 层构建一个新向量，这个新向量将包含新的待添加信息，这些信息指的是可以添加到新的状态单元的信息；最后，结合以上两步对单元状态进行更新，确定"输入门"的 Sigmoid 层结果 i_t 作为待更新信息，由 tanh 层新创建一个向量 $\tilde{c}_t$，加入进单元状态中。之前的单元状态 c_{t-1} 乘 f_t，用来输出遗忘信息，该遗忘信息与新的候选信息 $i_t \cdot \tilde{c}_t$ 通过加和，完成单元状态的更新。

$$i_t = \sigma(W_i \cdot (h_{t-1}, x_t) + b_c) \tag{13-2}$$

$$\tilde{c}_t = \tanh(W_c \cdot (h_{t-1}, x_t) + b_f) \tag{13-3}$$

$$c_t = f_t \cdot c_{t-1} + i_t \cdot \tilde{c}_t \tag{13-4}$$

（3）输出信息。用 Sigmoid 层来决定要输出单元状态的相关信息，该层被称为"输出门"，然后用 Tanh 处理细胞状态，两部分信息的乘积就是要输出的信息。

$$o_t = \sigma(W_0 \cdot (h_{t-1}, x_t) + b_0) \tag{13-5}$$

$$h_t = o_t \cdot \tanh(c_t) \tag{13-6}$$

Sigmoid 函数模型为：

$$\sigma(x) = (1 + e^{-x})^{-1} \tag{13-7}$$

Tanh 函数模型：

$$h(t) = \sigma(W_1 x(t) + b_1) \tag{13-8}$$

二、LSTM 细粒度情感分析模型算法流程

计算机信息技术在处理文本信息时有着良好效果，但传统神经网络方法会随着学习层数的增加导致梯度、消失等问题的出现，使用 LSTM 模型可以有效解决上述问题。LSTM 模型计算文化类综艺节目综合价值评估体系中各个指标情感值的步骤包括：特征词提取、特征句识别、模型训练测试三个部分。

（1）特征词提取。对评论数据进行去重、清洗等预处理操作，因弹幕评论的篇幅长短不一，文档特征维较高，进而提升了评论数据的特征提取的难度。特征词重要程度会随着数据出现频率的增加而增加，并且与其在语料库中的出现频率成反比。针对特征提取对情感成分的识别会产生相关影响的情况，可以使用 TF-IDF 算法来从评论信息中处理得到对分类结果有较大影响的特征词。TF（Term Frequency）代表词频，即一个词语在文本中出现的次数，经处理后统计得到的结果就是词频 TF。不难看出，一个词语在文本中出现的次数越多，代表该词语在此文本中起着越重要的作用。TF-IDF 实际上就是 TF×IDF，TF-IDF 倾向

于过滤掉常见的词语，保留相对重要的词语。

$$tf_{i,j} = \frac{n_{i,j}}{\sum_k n_{k,j}} \tag{13-9}$$

$$idf_i = \log \frac{|D|}{|\{j : t_i \in d_i\}|} \tag{13-10}$$

$$tfidf_{i,j} = tf_{i,j} \cdot idf_i \tag{13-11}$$

其中，$n_{i,j}$ 表示某个词语在文档 d_j 中出现的次数，$tf_{i,j}$ 为这个词语出现的频率，$|D|$ 指的是总文档数量，$|\{j : t_i \in d_i\}|$ 指的是含有词语 t_i 的文档数量。为避免词语 t_i 不在文档中出现的情况（分母为0），通常将 $1+|\{j : t_i \in d_i\}|$ 代替 idf_i。算法流程如图13-6所示。

$$idf_i = 1 + \log \frac{|D|}{|\{j : t_i \in d_i\}|} \tag{13-12}$$

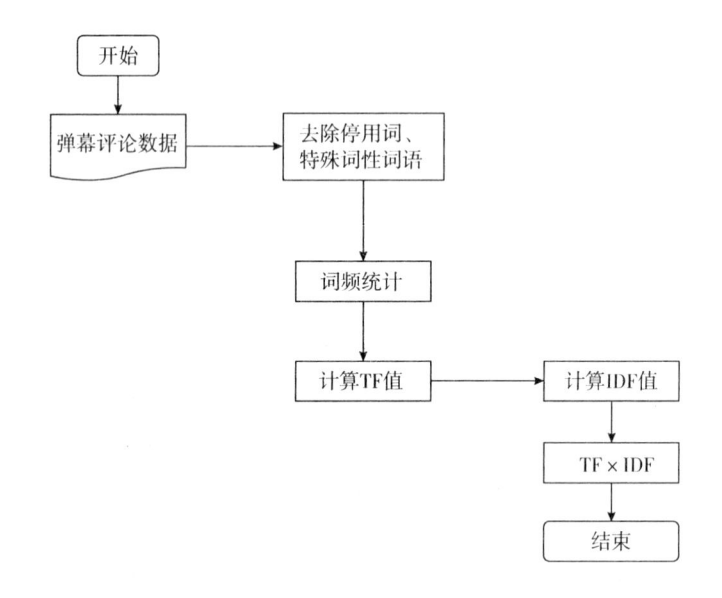

图 13-6　TF-IDF 算法流程

通过 TF-IDF 算法提取弹幕评论特征词后，首先使用 Counter 库来对所选的关键词进行词频统计，从而得到特征词候选词。其次将文化类综艺节目综合评估指标体系作为判别依据，通过人工筛选的方式对特征词进行分级分类，得到文化类综艺节目价值评估体系关键词表。

（2）特征句识别。在弹幕评论信息中，特征句提取方法分为两种，如图13-7

所示。第一种方法是显式特征提取，针对 jieba 分词后的结果，分别进行逐词遍历操作，通过使用 Standford NLP 进行依存句式分析，并与文化类综艺节目综合价值分级关键词表进行比对，将匹配上的特征词作为这句文本评论数据的特征属性，最终将这句评论作为特征句提取出来；第二种方法是隐式特征提取，即将没有出现或不存在特征词的主观句，通过提取其情感词的方式，从"属性特征—情感词—权重"中得到权重最大的属性特征词作为这一个评论的属性特征，再将该特征句提取出来。

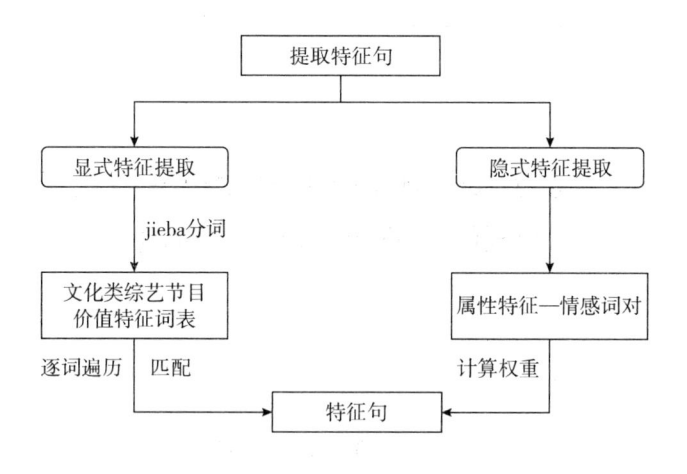

图 13-7 特征句提取流程

（3）模型训练测试。对于提取到的特征句，以人工辨别的方法对其进行情感极性标注操作（负向情感标注为-1；中性情感标注为0；正向情感标注为1）。将数据训练集与数据测试集比例调整为 4∶1，利用训练集数据经过多次实验测试后确定 LSTM 模型的超参数，以便于 LSTM 模型进行情感识别训练。具体参数调整如表 13-1 所示。

表 13-1　LSTM 模型参数取值表

LSTM 模型参数	参数取值
激活函数	tanh
词向量维度	100
数据批处理量	32
窗口大小	7
训练周期	4

续表

LSTM 模型参数	参数取值
迭代次数	1
神经元丢弃率	0.5

选择 tanh 函数为 LSTM 模型的激活函数，词向量维度值设为 100，数据批处理量为 32，即每次选用 32 个样本作为输入（吴鹏，2020）。经过交叉验证后，发现将 Dropout 值设为 0.5 时随机生成的网络结构最多，故将 Dropout 值设置为 0.5。

第三节 基于 DEMATEL-CRITIC-灰色关联 VIKOR 的评估模型构建

一、DEMATEL 法

决策实验和评价试验法（Decision Making Trial and Evaluation Laboratory，DEMATEL）是一种面向系统的因素分析方法（Tzeng，2013），基于 DEMATEL 法评估指标主观权重的计算步骤如下：

（1）构建初始直接影响矩阵 G，邀请相关领域专家对指标间的相互影响程度进行打分，设 g_{ij} 为第 i 个指标对第 j 个指标的直接影响程度，取值 0、1、2、3 分别代表无影响、影响小、影响适中、影响大，且规定矩阵主对角线上的元素 $g_{ii}=0$，将所有专家评分进行算术平均处理用以构成直接影响矩阵 G。

$$G = \begin{bmatrix} g_{11} & \cdots & g_{1n} \\ \vdots & \ddots & \vdots \\ g_{n1} & \cdots & g_{nn} \end{bmatrix} \tag{13-13}$$

（2）对直接影响矩阵 G 进行规范化处理，记规范化后的直接影响矩阵为 Q，计算公式为：

$$Q = G \Big/ \max_{1 \leq i \leq n} \sum_{j=1}^{n} g_{ij} \tag{13-14}$$

（3）构建综合影响矩阵 T，计算公式为式（13-15），其中，I 为 n 阶单位矩阵。

$$T=Q/(I-Q) \tag{13-15}$$

(4) 计算指标的中心度与原因度。将综合影响矩阵 T 的每行与每列分别进行加总求和，即可得出每行与每列的总和：r 和 c。其中，r_i 为影响度，表示指标 i 对同一层次其他指标的综合影响值；c_i 为被影响度，表示指标 i 受其他指标的综合影响值。且 (r_i+c_i) 表示为中心度，(r_i-c_i) 表示为原因度。

$$r = \sum_{j=1}^{n} t_{ij};\ c = \sum_{i=1}^{n} t_{ij} \tag{13-16}$$

(5) 计算指标之间的影响权重，参考弓晓敏等（2016）的研究，可知：

$$W_{pi} = \sqrt{(r_i+c_i)^2 + (r_i-c_i)^2} \Big/ \sum_{i=1}^{n} \sqrt{(r_i+c_i)^2 + (r_i-c_i)^2} \tag{13-17}$$

二、CRITIC 赋权法

CRITIC 法是由 Diakoulaki 等在 1995 年提出的一种客观赋权方法（张立军和张潇，2015）。它是基于评价指标的对比强度与指标之间的冲突性来综合衡量指标的客观权重。相关解释如下：

对比强度：指同一指标各个评价方案之间取值差距的大小，以标准差的形式来表现。标准差越大，说明波动越大，即各方案之间的取值差距越大，权重越高。

指标间冲突性：用相关系数进行表示，若两个指标之间具有较强的正相关，说明其冲突性越小，权重越低。具体步骤如下：

(1) 计算指标 x_i 的标准差。

$$\sigma_i = \sqrt{\frac{1}{m-1} \sum_{i=1}^{m} (x_{ij} - \bar{x}_j)^2} \tag{13-18}$$

式 (13-18) 中，x_{ij} 为第 j 个评价对象第 i 个指标的原始值；$\bar{x}_j$ 为 m 个评价对象中指标的平均值；σ_i 为指标 x_j 的标准差。

(2) 计算 n 个指标的相关系数矩阵 $\boldsymbol{R} = (r_{ij})_{n \times n}$。构造一个对称矩阵，其维数为 $n \times n$，并具有一个通用元素 r_{ij}，r_{ij} 是向量 x_i 与 x_j 之间的线性相关系数。

$$r_{ij} = \frac{\sum_{i=1}^{n} (\boldsymbol{x}_i - \bar{\boldsymbol{x}}_i)(\boldsymbol{x}_j - \bar{\boldsymbol{x}}_j)}{\sqrt{\sum_{i=1}^{n} (\boldsymbol{x}_i - \bar{\boldsymbol{x}}_i)^2 \sum_{j=1}^{n} (\boldsymbol{x}_j - \bar{\boldsymbol{x}}_j)^2}} \tag{13-19}$$

其中，$\bar{\boldsymbol{x}}_i$ 为指标 $\boldsymbol{x}_i$ 的所有评价对象的平均值；$\bar{\boldsymbol{x}}_j$ 为指标 $\boldsymbol{x}_j$ 的所有评价对象的平均值；r_{ij} 为指标 $\boldsymbol{x}_i$ 与指标 $\boldsymbol{x}_j$ 的相关系数。

(3) 计算信息量 C_j。C_j 值越大，代表相应准则传递的信息量越大，对决策过程的相对重要程度越高。

$$C_j = \sigma_i \sum_{i=1}^{n}(1 - r_{ij}) \tag{13-20}$$

（4）第 j 个指标客观权重 W_j 为：

$$W_j = \frac{C_j}{\sum_{j=1}^{n} C_j} \tag{13-21}$$

三、组合权重

为了弥补单一赋权方法的弊端（迟国泰等，2012），将上述主观法计算出来的主观权重记为 W_{pj}，CRITIC 法计算出来的客观权重记为 W_{vj}，采用乘法归一化计算指标组合权重，对主客观权重进行平均分配。

$$W_j = \frac{W_{pj} \cdot W_{vj}}{\sum_{j=7} W_{pj} \cdot W_{vj}}, \quad j = 1, 2, 3, \cdots, 7 \tag{13-22}$$

其中，W_{pj} 为第 j 个指标的主观权重，W_{vj} 为第 j 个指标的客观权重。

四、灰色关联 VIKOR 模型流程及参数选择

多准则妥协解排序（VIKOR）是由 Opricovic 与 Tzeng 两位学者提出的一种折中多准则决策方法（Serafim，2004）。通过属性间彼此让步，得到距离多属性正理想解最近的折中可行解，确定被评价对象基于评价指标的相对优劣程度。本章将灰色关联度融入到 VIKOR 法中，使得决策结果更具有效性，计算步骤（周晓晔等，2018）如下：

（1）指标无量化处理。灰色关联无量化处理首先要确定参考序列 X_0（$X_0 = x_{01}, x_{02}, \cdots, x_{0n}$）、比较序列 X_i（$X_i = x_{i1}, x_{i2}, \cdots, x_{in}$）、规范化指标 f_{ij}（关联系数），无量化公式为：

$$f_{ij} = \frac{\min\limits_{m} \min\limits_{n} |x_{0j} - x_{ij}| + \rho \max\limits_{m} \max\limits_{n} |x_{0j} - x_{ij}|}{|x_{0j} - x_{ij}| + \rho \max\limits_{m} \max\limits_{n} |x_{0j} - x_{ij}|} \tag{13-23}$$

由于 $\rho \in (0, 1]$，因此以 0.5 对其进行量化。

（2）计算每个指标的正理想解 f_j^+ 和负理想解 f_j^-，即：

$$f_j^+ = [(\max\limits_{i} f_{ij} | j \in I_1), (\max\limits_{i} f_{ij} | j \in I_2)] \tag{13-24}$$

$$f_j^- = [(\min\limits_{i} f_{ij} | j \in I_1), (\min\limits_{i} f_{ij} | j \in I_2)] \tag{13-25}$$

式中，I_1 为效益型指标，I_2 为成本型指标。

(3) 计算各个评估对象的群体效益值 S_i 和个别遗憾值 R_i，即：

$$S_i = \sum_{j=1}^{n} \omega_j \frac{(f_j^+ - f_{ij})}{(f_j^+ - f_j^-)} \quad (13-26)$$

$$R_i = \max \omega_j \frac{(f_j^+ - f_{ij})}{(f_j^+ - f_j^-)} \quad (13-27)$$

式中，S_i 为评估对象的群体效应，S_i 值越小，群体效应越高；R_i 为个别遗憾值，R_i 值越小，个别遗憾则越低。

(4) 计算评估对象的利益比率，即：

$$B_i = \nu \frac{(S_i - S^+)}{(S^- - S^+)} + (1-\nu) \frac{(R_i - R^+)}{(R^- - R^+)} \quad (13-28)$$

式中，$S^+ = \min S_i$，$S^- = \max S_i$，$R^+ = \min R_i$，$R^- = \max R_i$，ν 为决策机制系数，取 0.5。

(5) 对评估对象进行排序择优。按照 S_i、R_i 和 B_i 的取值由小到大排列，取值越小则评估对象越优，当全部满足以下两个条件时可以按照 B_i 值大小排列。

第四节 基于 LDC-GV 的文化类综艺节目综合价值评估实证分析

一、数据获取与处理

本章选取了国内专业网络视频平台、UGC 社区网站、网购平台上的文化类综艺节目评论弹幕、衍生品消费评价数据作为实证对象，通过网络搜索途径，使用 Python 程序对各类平台信息进行深度挖掘，依据已经建立的文化类综艺节目综合价值评估指标体系以及基于 LDC-GV 的文化类综艺节目综合价值评估模型，可应用于评估各网络平台下的综艺节目综合价值，通过相关实证研究来证明该模型的有效性和可行性。

实证数据均按照文化类综艺节目综合价值评估指标体系的 7 个二级指标进行相关数据爬取。其中，文化类综艺节目每条实证数据的项目名称分别为：综艺节目名称、用户 ID、用户名、发表评论时间、弹幕/评论内容、点赞量、回复内容、节目评分、播放量、下载量。随着数字信息技术的进步和发展，产品口碑也愈加透明化，单个消费者对产品的体验会迅速传递给其他消费者，文创衍生产品每条实证数据的项目名称分别为：店铺名称、店铺好评率、店铺粉丝量、评分、产品评价、评价时间、用户ID。此外，本章还对各文化综艺节目的百度搜索指数、文创衍生品销量、相关产品属性信息进行了汇总和统计。

本章结合网络爬虫和八爪鱼等相关工具，首先，对近年来播出效果优质、评分较高的国内文化综艺节目的弹幕、评论等相关指标进行爬取，获取的文化类综艺节目相关内容包括节目名称、用户评论以及节目评分等，爬取到的数据共计227295条。其次，对获取到的用户文本评论数据进行筛选和处理操作，经过完成对评论数据的去重和清洗等工作后，保留的数据共计182050条，删除无效数据共计45245条，最终14档节目及相关文创商品的文本评论数据相关获取情况如表13-2所示。

表13-2 实证数据样本获取情况

节目/商品名称	爬取数目	有效数目
上新了·故宫	23889	17657
登场了！敦煌	12654	9845
见字如面	10647	8593
朗读者	9461	7031
经典咏流传	25431	22674
典籍里的中国	10763	8893
一本好书	9572	7467
清明、中秋奇妙游	14748	12954
舌尖上的中国	68572	53962
风味人间	16834	13465
老广的味道	10527	8304
故宫手机壳	2748	2066
敦煌钥匙扣	4721	3647
故宫书签	6728	5492

对于在网络平台中爬取到的评论文本数据，不仅需要做去重、清洗筛选等预处理工作，还需要对评论数据进行分词、去除停用词、删除冗余表情符号等工作。相关处理流程如图13-8所示，主要的处理步骤如下：

第十三章 基于 LDC-GV 的文化类综艺节目综合价值评估

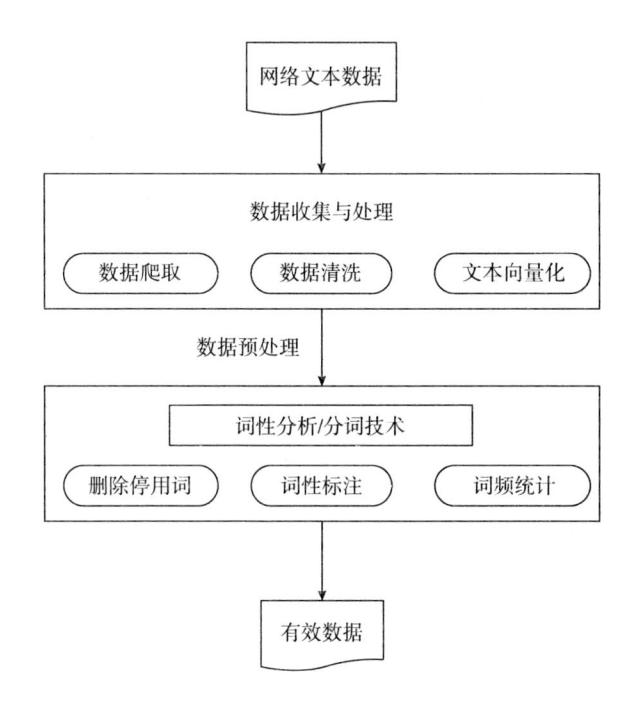

图 13-8 文本数据处理流程

首先，删除无效的评论文本数据。数据中出现"未及时做出评价""用户没有发表评论""系统默认好评"等平台默认的评论时，需要删除此类型数据；数据中出现多条评论数据重复时，需要筛选出有效数据，删除重复数据；数据中出现"啊啊啊""23333"等与情感倾向识别不符的评论时，此类数据也需删除。

其次，删除冗余表情及符号。数字信息技术的革新发展使得互联网环境越发年轻化，受众倾向于使用表情符号来表达对某些事物的情感。因此，可以使用 emoji 库对此类表情符号进行识别，将其替换为空字符。另外，当评论文本中出现"？？？？""！！！""＊＊"等特殊字符时，需将其删除，从而保证文本分析的准确性。

最后，删除停用词。停用词对于情感识别等实证过程是无意义的，需要对此类型词语进行删除操作，进而提升文本特征的质量或降低文本特征的维度。但需注意的是并非所有停用词都是无用词汇，应根据文化类综艺节目综合价值的特点，制作相应的停用词表，对数据文本进行过滤。

二、模型计算与评估过程

1. 评估指标情感值及综合赋权结果

根据 LSTM 细粒度情感分析模型计算步骤，文化类综艺节目综合价值评估各指标的情感值计算结果如表 13-3 所示，7 个二级指标的情感值均位于（0，1）区间，说明选取的 7 个文化类综艺节目综合价值评估指标具有合理性。

表 13-3　文化类综艺节目综合价值评估的二级指标情感值

指标\节目	情感互动	流量变现	衍生价值	价值观引导	文化传承	内容创新	视听技术
朗读者	0.72	0.7	0.1	0.639	0.617	0.293	0.663
登场了！敦煌	0.828	0.833	0.719	0.768	0.491	0.84	0.738
上新了·故宫	0.792	0.667	0.678	0.673	0.672	0.693	0.729
老广的味道	0.619	0.2	0.68	0.54	0.5	0.6	0.06
清明奇妙游	0.865	0.636	0.133	0.511	0.083	0.9	0.582
一本好书	0.549	0.453	0.273	0.2	0.15	0.241	0.519
舌尖上的中国	0.874	0.8	0.622	0.9	0.88	0.78	0.9
端午奇妙游	0.695	0.38	0.426	0.167	0.9	0.3	0.443
风味人间	0.791	0.339	0.526	0.43	0.587	0.384	0.548
典籍里的中国	0.62	0.1	0.88	0.568	0.24	0.3	0.576
经典咏流传	0.751	0.63	0.05	0.654	0.715	0.466	0.725
见字如面	0.61	0.162	0.643	0.12	0.36	0.086	0.273

针对文化类综艺节目综合价值评估体系中各二级指标的情感值，参考第四章相关理论，对其进行主客观、组合权重的计算，结果如下：

DEMATEL 核心在于分析指标体系中各个指标间的逻辑关系，即确定各指标的相对重要程度。首先，对专家打分形成的指标关系矩阵进行归一化处理得到规范直接影响矩阵；其次，计算得到综合影响矩阵；最后，得到各指标的主观权重值。综合影响矩阵以及各指标权重值如表 13-4、表 13-5 所示。

表 13-4　综合影响矩阵

指标名称	内容创新	视听技术	情感互动	流量变现	衍生价值	价值观引导	文化传承
内容创新	0.794	0.480	0.951	0.839	0.608	0.703	0.852
视听技术	0.480	0.243	0.484	0.554	0.364	0.259	0.408
情感互动	0.951	0.484	0.776	0.847	0.717	0.627	0.789
流量变现	0.839	0.554	0.847	0.611	0.602	0.437	0.635
衍生价值	0.608	0.364	0.717	0.602	0.391	0.356	0.577

续表

指标名称	内容创新	视听技术	情感互动	流量变现	衍生价值	价值观引导	文化传承
价值观引导	0.703	0.259	0.627	0.437	0.356	0.376	0.636
文化传承	0.852	0.408	0.789	0.635	0.577	0.636	0.588

表 13-5　各指标主观权重

指标＼要素项	影响度 D 值	被影响度 C 值	中心度 D+C 值	主观权重
内容创新	5.227	5.227	10.455	0.179
视听技术	2.792	2.792	5.584	0.096
情感互动	5.189	5.189	10.378	0.178
流量变现	4.524	4.524	9.049	0.155
衍生价值	3.615	3.615	7.229	0.124
价值观引导	3.394	3.394	6.788	0.116
文化传承	4.485	4.485	8.970	0.153

表 13-5 中，影响度 D 值指某项指标对其他指标的综合影响值，该值越大意味着影响度越大；被影响度 C 值指某指标被其他指标影响的综合影响值，该值越大意味着被影响程度越高；中心度 D+C 值指某项指标在指标体系中的作用大小，该值越大意味着该指标越重要。

依据 CRITIC 可得信息量=指标变异性×指标相关性，最终对其进行归一化得到指标客观权重，如表 13-6 所示。

表 13-6　指标客观权重

指标＼要素项	指标变异性	指标冲突性	信息量	客观权重
内容创新	0.108	2.926	0.317	0.143
视听技术	0.340	3.637	1.236	0.1039
情感互动	0.276	6.553	1.811	0.048
流量变现	0.245	3.040	0.744	0.1746
衍生价值	0.269	4.536	1.221	0.256
价值观引导	0.306	3.309	1.012	0.1051
文化传承	0.226	3.253	0.736	0.1725

由此得到文化类综艺节目综合价值评估指标体系的指标主观、客观权重值，根据前述指标组合赋权的原理，得到各项指标的综合权重，如表 13-7 所示。

表 13-7 指标综合权重

指标名称 \ 权重	主观权重	客观权重	综合权重
内容创新	0.18	0.14	0.18
视听技术	0.10	0.10	0.07
情感互动	0.18	0.05	0.07
流量变现	0.15	0.17	0.18
衍生价值	0.12	0.26	0.22
价值观引导	0.12	0.11	0.10
文化传承	0.15	0.17	0.18

2. 综合价值评估模型实证结果

根据 LSTM 细粒度情感分析模型得到的各文化综艺节目指标情感值、文化类综艺节目综合价值评估体系指标权重，进而得到最终文化综艺节目综合价值评估的加权标准化矩阵，如表 13-8 所示。

表 13-8 指标加权标准化矩阵

指标名称 \ 节目名称	情感互动	流量变现	衍生价值	价值观引导	文化传承	内容创新	视听技术
朗读者	0.05	0.13	0.02	0.06	0.11	0.05	0.05
登场了！敦煌	0.06	0.15	0.16	0.08	0.09	0.15	0.05
上新了·故宫	0.06	0.12	0.15	0.07	0.12	0.12	0.05
老广的味道	0.04	0.04	0.15	0.05	0.09	0.11	0.01
清明奇妙游	0.06	0.11	0.03	0.05	0.01	0.16	0.04
一本好书	0.04	0.08	0.06	0.02	0.03	0.04	0.01
舌尖上的中国	0.06	0.14	0.14	0.09	0.16	0.16	0.06
端午奇妙游	0.05	0.07	0.09	0.02	0.16	0.05	0.03
风味人间	0.06	0.06	0.12	0.04	0.11	0.07	0.04
典籍里的中国	0.04	0.02	0.19	0.06	0.04	0.05	0.04
经典咏流传	0.05	0.11	0.01	0.07	0.13	0.08	0.05
见字如面	0.04	0.03	0.14	0.01	0.06	0.02	0.02

第十三章 基于 LDC-GV 的文化类综艺节目综合价值评估

加权标准化矩阵是对文化类综艺节目进行计算灰色关联系数的输入数据，以各项指标特征向量的最大值作为参考母序列，得到各个文化综艺节目的灰色关联系数矩阵，如表 13-9 所示。

表 13-9 文化综艺节目灰色关联系数矩阵

指标名称 节目名称	情感互动	流量变现	衍生价值	价值观引导	文化传承	内容创新	视听技术
朗读者	0.905	0.826	0.358	0.760	0.655	0.463	0.905
登场了！敦煌	1.000	1.000	0.760	0.905	0.576	0.905	0.905
上新了·故宫	1.000	0.760	0.704	0.826	0.704	0.704	0.903
老广的味道	0.826	0.333	0.702	0.704	0.576	0.655	0.613
清明奇妙游	1.000	0.704	0.373	0.704	0.388	1.000	0.826
一本好书	0.826	0.576	0.422	0.576	0.422	0.442	0.826
舌尖上的中国	1.000	0.905	0.655	1.000	1.000	1.000	1.000
端午奇妙游	0.905	0.543	0.487	0.576	1.000	0.463	0.760
风味人间	1.000	0.514	0.576	0.655	0.655	0.514	0.826
典籍里的中国	0.826	0.358	1.000	0.760	0.442	0.463	0.826
经典咏流传	0.905	0.704	0.345	0.826	0.760	0.543	0.905
见字如面	0.826	0.442	0.655	0.543	0.487	0.345	0.704

通过计算评估对象各项指标的灰色关联系数，可以使各项指标之间的相互作用关系体现得更具象，相较于传统的 min-max 标准化、log 函数转换、Logistic/Softmax 变换等标准化方式提升了模型的精度与收敛速度，能够清晰地反映指标间的联系程度，进而达到更优的改进指标无纲量化处理方式。

将文化综艺节目灰色关联系数矩阵作为输入数据，导入到 VIKOR 模型中，最终得到的各个评估对象的群体效益值 S_i 和个别遗憾值 R_i 以及利益比率 Q 与方案排名结果如表 13-10 所示。

表 13-10 文化综艺节目 Q 值排名结果

要素项 节目名称	群体效益值 S	个别遗憾值 R	利益比率 Q	方案（Q值）排名
舌尖上的中国	0.0956	0.0752	0.0417	1
上新了·故宫	0.3391	0.0691	0.1609	2

续表

要素项 节目名称	群体效益值 S	个别遗憾值 R	利益比率 Q	方案（Q值）排名
登场了！敦煌	0.2368	0.0990	0.2958	3
风味人间	0.5552	0.1078	0.5663	4
清明奇妙游	0.4998	0.1429	0.7670	5
端午奇妙游	0.6260	0.1325	0.7805	6
经典咏流传	0.5294	0.1429	0.8775	7
朗读者	0.5630	0.1400	0.7896	8
典籍里的中国	0.6670	0.1429	0.8775	9
老广的味道	0.7599	0.1429	0.9389	10
一本好书	0.8131	0.1429	0.9741	11
见字如面	0.8523	0.1429	0.9763	12

三、评估结果分析

1. 评估原则

Vikor 法根据评估对象分别与正负理想解的距离计算得到方案利益比率 Q 值，从而进行评估对象相对优劣的评价。在表 13-10 中，群体效益值 S 表示与正理想解距离比值之和，该值越小表明评估对象与"最优解"越接近；个别遗憾值 R 表示与正理想解距离比值的最大值，该值越小表明评估对象与"最优解"越接近；利益比率 Q 值表示评估对象与合理方案的接近程度，该值越小表明评估对象越优，相应的排名结果也越靠前。

2. 评估结果分析

本章按照基于媒介生态视角的文化类综艺节目综合价值评估指标体系、LDC-GV 模型最终得到了文化类综艺节目综合价值排名结果以及文化类综艺节目情感值加权排名结果，分别如图 13-9、图 13-10 所示。

依照文化类综艺节目综合价值评估原则，利益比率 Q 值越小表明评估对象越优，相应的排名结果也越靠前。由图 13-9 可知，本章所选的 12 款文化类综艺节目的综合价值排名为：舌尖上的中国、上新了·故宫、登场了！敦煌、风味人间、清明奇妙游、端午奇妙游、经典咏流传、朗读者、典籍里的中国、老广的味道、一本好书、见字如面。

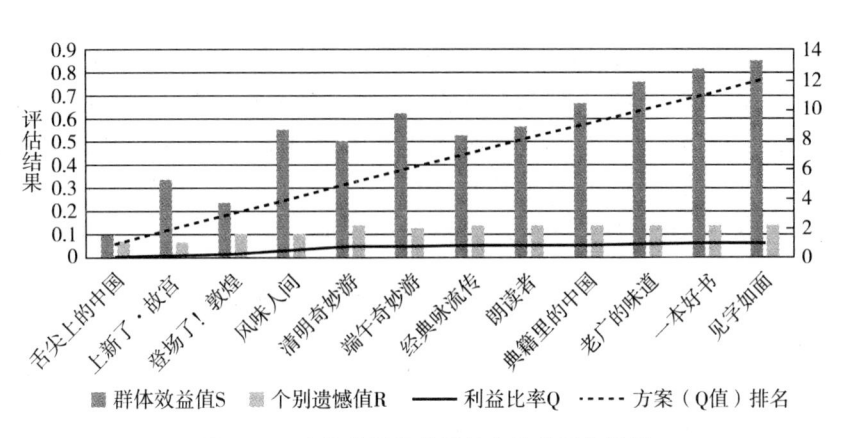

图 13-9　文化类综艺节目综合价值评估结果

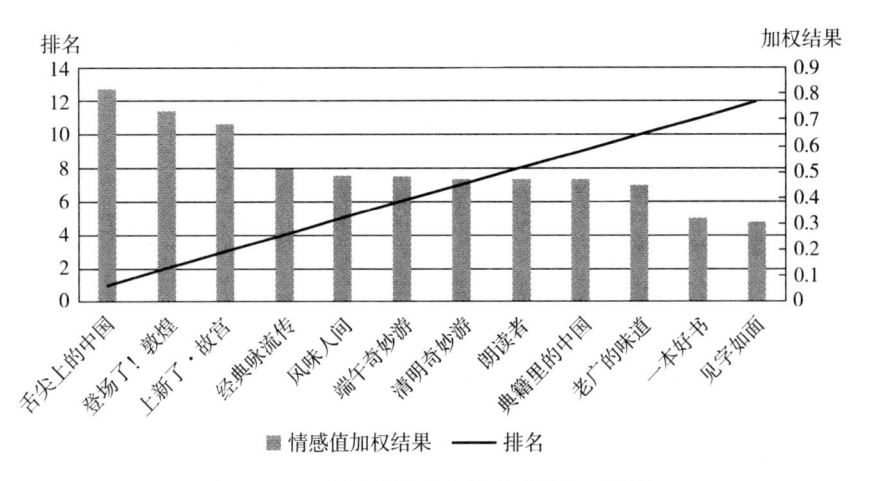

图 13-10　文化类综艺节目情感值加权结果

由图 13-10 可知，最终的加权情感值结果代表着文化类综艺节目的相对综合价值优劣程度，加权情感值越大表示该文化类综艺节目越优。本章所选的 12 款文化类综艺节目的加权情感值排名从前到后分别为：舌尖上的中国、登场了！敦煌、上新了·故宫、经典咏流传、风味人间、端午奇妙游、清明奇妙游、朗读者、典籍里的中国、老广的味道、一本好书、见字如面。

综上可知，文化类综艺节目情感值加权排名与文化类综艺节目综合价值评估结果排名大体趋势一致，略有个别节目之间的排名顺序有差异。这说明基于 LDC-GV 的文化类综艺节目综合价值评估模型相较于单一的加权情感值分析结果在保持准确性的基础上，着重考虑了文化类综艺节目综合价值评估体系中的各项指标间相互影响关系，通过对评估方案中最优、最劣的结果项与之折中比较分析，体现了 VIKOR 模型在处理多属性决策问题上的优越性。

本章所选取的12款优质文化类综艺节目，针对其涉及的题材分类，可归纳为三类：一是互动体验类，包括上新了·故宫、登场了！敦煌、端午奇妙游、清明奇妙游；二是访谈类，包括经典咏流传、见字如面、朗读者、典籍里的中国、一本好书；三是饮食类，包括舌尖上的中国、老广的味道、风味人间。这些文化类综艺节目分类指标加权结果统计如表13-11所示。

表 13-11　文化类综艺节目分类指标加权结果

类别	节目名称	艺术价值	商业价值	文化价值
互动体验类	上新了·故宫	0.17	0.33	0.19
	登场了！敦煌	0.20	0.37	0.17
	端午奇妙游	0.08	0.21	0.18
	清明奇妙游	0.20	0.20	0.06
访谈类	经典咏流传	0.13	0.17	0.20
	见字如面	0.04	0.21	0.07
	朗读者	0.10	0.20	0.17
	典籍里的中国	0.09	0.25	0.10
	一本好书	0.08	0.18	0.05
饮食类	舌尖上的中国	0.22	0.34	0.25
	老广的味道	0.12	0.23	0.14
	风味人间	0.11	0.24	0.15

由上述结果可知，以上三类文化类综艺节目的商业价值表现均衡，说明文化类综艺节目具有良好的经济效益与市场前景；艺术价值层面，访谈类文化综艺节目较其余两类要差一些，节目制作方需要加强节目艺术审美方面的提升；文化价值层面，饮食类文化综艺节目较其余两类效果最优，说明受众更偏向于具有传统饮食文化元素的文化类综艺节目。因此，未来可考虑在饮食文化类综艺节目中增加创新性的改动，使得受众可接受的文化元素更加深厚广泛。

第五节　本章小结

本章首先介绍了基于LDC-GV的文化类综艺节目综合价值评估模型的总体

构建思路及步骤，并分别介绍了模型中涉及的 LSTM 细粒度情感分析方法基本原理和适用性及优化作用。其次对组合赋权法以及灰色关联 VIKOR 法的模型流程进行了介绍，为后文实证分析奠定了理论基础。

实证方面，通过采集国内视频网站与电商平台上的 182050 条文化类综艺节目弹幕、评论与文化衍生品评价信息作为实证数据，基于 LDC-GV 方法验证了文化类综艺节目综合价值评估指标选取的合理性。在此基础上，进一步开展数据化模型的实证检验，针对所选取的文化类综艺节目样本的指标情感值、所属类别指标值以及节目整体综合价值进行了量化研究。实证分析结果表明，基于 LDC-GV 的文化类综艺节目综合价值评估模型相较于单一的加权情感值分析结果在保持准确性的基础上，着重考虑了文化类综艺节目综合价值评估体系中的各项指标间相互影响关系，体现了 VIKOR 模型在处理多属性决策问题上的优越性。

第四部分

定价机制篇

定价决定了产品交易的准则和秩序。在对数字文化内容产品价值评估方法进行探讨以后，另一个重要工作就是对数字内容产品进行定价。随着网络平台经济的发展，数字文化内容产品的易获得性、重复利用性得到了极大发挥，这也使得内容生产商和发布商产生主体分离，那么，在这样的市场格局下，内容产品生产商和发布商的市场地位是怎样的，两者对定价权的分配是怎样的，这便是本章重点探讨的问题。本部分基于完全信息动态博弈模型，详细刻画了数字内容产品交易流程，由此揭开了数字内容产品神秘定价机制的面纱。本部分分析较为基础，为后继学者开展同类研究提供了一定思路。

第十四章　数字内容产品定价机制博弈与仿真研究

第一节　引言

内容资源作为重要的竞争性资源，历来承载着文化传播的重任。面向国家"一带一路"倡议中中国文化"走出去"的现实需求，以及全球信息化水平飞速发展的重要形势，内容资源的数字化转型也在如火如荼地进行。随着数字内容市场的不断壮大，数字内容资源呈现出数量日益增多、质量不断优化、形式五花八门等特点。在线音乐、长短视频等数字内容资源，作为新时代的知识IP也在不断探索合理的价值体现方式。《2023中国网络视听发展研究报告》显示，截至2022年12月，我国网络视听用户规模达10.40亿，超过即时通信（10.38亿），成为第一大互联网应用。网络视听网民使用率为97.4%，同比增长1.4个百分点，保持了在高位的稳定增长[①]。网络视听用户规模迅速激增，且付费会员为主要用户说明我国数字内容资源付费理念已达到初步共识，在此基础上，探索网络数字内容产品的市场化定价机制已经势在必行。本章将在对数字内容产品进行有效价值评估的前提下，通过挖掘影响数字内容产品定价机制的重要因素，分析数字内容产品市场状况，深入剖析交易相关主体的利益，以价格引导为主线探索数字内容产品的定价机制问题。面对数字内容资源数量和重要性均在不断增加的重要形势，探索合理的定价机制，对规范数字内容产品交易，保障数字内容产品市场有序发展极为重要。

---

① 界面新闻.《2023中国网络视听发展研究报告》[EB/OL].[2023-03-30]. https://baijiahao.baidu.com/s?id=1761744950993394407&wfr=spider&for=pc.

根据数字内容产品定价机制的相关文献研究可知，现有研究虽然体现了对数字内容产品定价机制不同层次的探索，但对构成数字内容产品收益的因素分析缺乏针对性，价格、收益分成比例并不能体现针对数字内容产品的特别适用性，观赏效果或许才是数字内容产品应该把握的重要内涵。因此，本章将首先从影响定价机制的相关因素出发，梳理总结出构成交易双方收益模型的重要参数。其次借助完全信息动态博弈模型，分析数字内容产品交易双方市场力量不同状况下的定价机制问题。完全信息动态博弈是应用较为广泛的供应链管理博弈模型，该博弈模型是基于行为人的理性思考，基于具体参数进行动态策略演化的经济学分析方法，对研究主题的产品特征、市场特征等适用范围较广、方法包容性较大。该方法能够生动刻画供应链成员基于价格机制引导的收益传导过程，比较适用于定价机制的研究。本章采用完全信息动态博弈开展数字内容产品交易流程分析，将影响数字内容产品定价机制的重要因素囊括在利润函数模型中，通过深入求解不同影响因素相互制约下的均衡状态，探索数字内容产品的定价机制及合理交易法则。同时，通过仿真分析形象刻画交易法则下各影响因素之间的经济关系，对指导数字内容产品定价具有重要作用。

第二节　影响数字内容产品定价机制的相关因素分析

数字内容资源是指所有者拥有的，如视音频节目（素材）、图片、文稿及商业数据等各类以数字化形式存储的版权明晰的内容资源，大多具有极高的社会价值和商业价值（宋培义等，2014；Stephanie 等，2019）。随着内容资源形式不断丰富，在线教育、动漫游戏等以内容为核心，以技术为依托的知识资源也被纳入数字内容资源的范畴。随着数字内容资源的范畴越来越广，涉及的影响因素也越加繁多。本章旨在探索影响数字内容产品定价机制的相关因素，因而只需以数字内容产品交易主体的利益构成为范围，着重分析价格引导下的利润函数变化。利润函数形成和实现的关键环节是数字内容产品的交易环节，该环节涉及两大主体：数字内容产品生产商和发布商。数字内容产品生产商即是指生产、制造、加工数字内容资源，拥有相应版权和使用权的经济主体，如网络电影制片商、自媒体人等；数字内容产品发布商是指通过购买或协议获得数字内容产品播映权，具有一定传播渠道和传播能力的经济主体，如腾讯视频、抖音平台等。基于诸多网络数字内容产品的共性特征考虑，可将影响网络数字内容产品定价机制的相关因素大致归纳为观赏效果、版权费用、投资成本、收益分成比例四大类。

一、观赏效果

随着数字内容产品市场不断规范,用户更加注重对内容质量的追求。观赏效果是衡量内容质量的重要因素,决定了内容资源传播的深度和广度。同时,观赏效果也是有别于其他产品的特有因素。Kim等(2015)使用在韩国收集的样本数据,试图研究数字内容产品的特征是如何影响其价值、流量和使用强度的,结果发现用户对数字内容产品的沉浸感会受到其设计的音乐性和娱乐性的影响,当用户对数字内容产品的价值给出高度评价时,该内容产品的使用强度会大大增加。李健茹(2017)在研究媒体技术对冬奥会发展传播的影响时,发现借助媒体技术能够全方位呈现冬奥会场景,在产品的可视化效果下会呈现出更好的观赏性,进一步扩大传播范围。因此,基于媒体技术的数字化内容产品在观赏效果的加持下,会实现全方位、多维度的传播,对实现数字内容产品的价值提升具有重要作用。

一般而言,数字内容产品的观赏效果主要由内容生产商决定,它是投资制造过程的核心要素。生产商根据已有阅历和能力确定拟生产的内容产品观赏效果,然后借以人力、物力、财力来实现效果预期。目前,国内极具代表性的豆瓣平台,以及国外较为知名的Internet Movie Database(IMDb)平台,均有对影视作品的评分业务,该评分可以等价于对观赏效果的评价,它是通过综合所有参评观众的评分结果而得,反映了消费者对内容作品的一致评价,能够在一定程度上肯定和修正内容资源生产商的初步判断。Li等(2015)曾通过调查100万个家庭对高清电影和超清电影的订阅情况,来判断用户对观赏效果的偏好,发现观赏效果较好的电影产品确实能够得到较高的评价,并且内容提供商可以根据该评价进行促销策略和内容策略的调整,以进一步提高销量和顾客满意度。同样,很多数字内容发布平台也开放了评分和吐槽功能,即通过获取观众的观赏评价,来评判内容产品的影响力。这样一方面可以通过点评活动引领舆论导向,扩大宣传范围;另一方面可以从口碑评价中甄别内容产品观赏效果的高低。因此,观赏效果是包括内容资源生产商、发布商、用户在内的所有经济主体均较为关注的重要因素。同时,观赏效果也是体现数字内容产品特性的关键因素,是考虑网络数字内容产品定价机制时不可忽视的重要因素。

二、版权费用

版权是构成数字内容产品价值的重要因素,这是区别于一般产品的独特指标。随着人们知识产权保护意识的不断提升,以及国家对知识产权保护力度的不断加大,人们对数字内容产品的版权价值日益重视(赵艳等,2019)。学术界在讨论数字内容产品价值时，不乏用版权价值作为替代的案例。唐兆琦（2017）在研究信息产品价值时认为，信息产品与有形产品不同，版权价值是其价值构成的主要组成部分，在其研究中用电视节目的版权价值代替信息产品总价值，足以见得版权在收益构成中的重要性。数字内容产品的特殊性在于固定成本巨大，边际成本几乎为零，即复制再造的成本几乎可以忽略不计。王骅琪等（2014）从消费者视角总结了影响数字出版物定价的重要因素，发现当数字出版物具有高转移成本时易造成因消费锁定而导致的定价较高的现象，这里的高转移成本主要指如软件技术类产品在版权或者使用权的转移过程中而产生的成本。由此可以看出，版权是影响数字内容产品收益的重要因素。

版权费用是数字内容生产商与发布商建立关系的切入点。在数字内容产品生产完成后，数字内容产品发布商为了获取播映权，会就版权费用与数字内容产品生产商进行磋商。此时，对生产商而言，在后期市场状况不明的情况下，为弥补初期的巨大投资支出，版权费用是一项重要且稳定的经济来源。生产商可以根据对数字内容产品总价值的评估一次性索取版权费用，也可以根据初期的投资成本以一定比例计提版权费用。两种思路的收益获取方式不同，前者期望立即得益，而后者更看中数字内容产品的市场前景，期望通过市场收益共享的方式获取最终收益。对数字内容产品发布商而言，同样有两种收益构成方式，若生产商采取一次性收取版权费用的方式，那么对发布商而言版权费用则是一笔巨大的支出，但播映权一经获得，数字内容产品便可以重复利用，复播的巨大红利是数字内容发布商的主要收入来源；若生产商采取先计提部分版权费用冲抵前期支出，那么版权费用对发布商而言则是一笔较小支出，同样后期的产品收益也要与生产商共享。总之，版权是数字内容产品生产商要价的砝码，版权费用是研究数字内容产品定价机制需要考虑的重要因素。

三、投资成本

成本是定价机制需要考虑的基础要素，是构成交易双方利润函数的重要组成部分。这里的投资成本指数字内容产品生产商和数字内容产品发布商各自的投资成本，两者内涵具有很大不同。其中，数字内容产品生产商的投资成本主要体现为固定成本，即在生产、制造阶段，为使数字内容产品达到一定的观赏效果而投入的所有人力、物力、财力等的总和，包括硬件设备投入、软件资源投入、相关人员薪酬等（赵艳和倪渊，2019）。根据第十章对数字内容产品价值评估指标体系的梳理，投资成本对应其成本价值。夏丹（2012）曾对我国3D电影票房的影响因素进行多元线性回归模型的实证分析，结果证实，涉及固定设备投资、演职人员薪酬、技术投资等项目的电影预算是影响总票房的重要因素，说明投资成本是数字内容产品生产商确定内容价值和定价时需要重点考虑的因素。

而数字内容产品发布商的投资成本除了包括场地设备、平台搭建等固定成本外，还包括内容资源播映过程中需要的资源消耗、技术支持、人员服务等变动成本。例如，某视频播放平台首先需要租用办公场地，雇佣技术人员，开发搭建网络平台；其次在获取播映权后要雇佣技术人员将数字内容产品及时上线，并做好产品维护和平台维护工作；最后平台的日常运营需要有序的管理，数字内容产品的查询、购买，在线销售的客服，产品的售后服务等都需要特定人员负责。以上所述涉及的开支均可看作平台的投资成本。虽然前文分析中经常将数字内容产品传播过程中的成本忽略不计，但基于平台视角的发布商为维护平台稳定服务，保障数字内容产品稳定传播所做出的投资支出是巨大的，也难以在短期内收回，因此，这里不能将数字内容产品发布商的投资成本忽略，反而应该将该投资成本细化到其利润函数中，以保证利润构成的完整性。

四、收益分成比例

收益最大化是设计定价机制的终极目标。因此，由价格、销量和分成比例等因素构成的收益规模是交易主体利润构成的主要因素。本章旨在探索具有推广价值的一般性数字内容产品定价机制，因此，设定数字内容产品的情境为一般性可重复播映的数字产品。在一般产品的收益核算中，收益规模通常采用价格与销量的乘积获得。这里的销量不等于产量，数字内容产品的销量不受生产商控制，相反，其完全由用户需求决定。由于网络平台上数字内容产品可无限次复制、下载、播映，数字内容产品发布商只需将种子资源上传即可，产品销量会随着消费者的需求而不断增加。因此，对生产商而言，其难以把控数字内容产品的市场需求规模，若选择一次性获取版权费用的模式，生产商又会觊觎可能产生的远超预期的市场收益；若选择依据销量共享收益的模式，那么此种模式也依然存在风险与收益的不确定性。但生产商对数字内容产品的观赏效果较为了解，可根据观赏效果大致判断市场欢迎度，从而预估数字内容产品的需求状况。根据经济学理论中对消费者偏好的解释，该预估数字必然存在需求不达预期的风险。同样，数字内容产品生产商必然面临风险与收益的不确定性。

对发布商而言，对数字内容产品销量预估偏差所造成的损失将会比生产商更大。因为发布商在内容版权转让环节除了可能需要支付一定的版权费用外，在内容发布环节还要承担较大的运营成本。如果数字内容产品的销量未达预期，发布商必然会承受较大的经济损失。由于交易双方都是理性的"经济人"，会在权衡利弊的情况下做出有利于自身的决策。因此，两者通常会采取根据总收益按比例分成的策略来均摊风险和收益。Hansser（2010）早在2010年的研究中便得出均

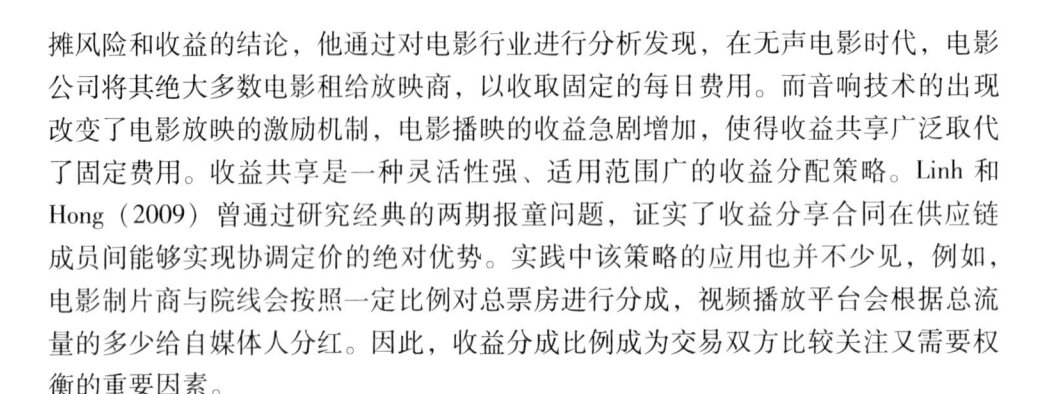

摊风险和收益的结论,他通过对电影行业进行分析发现,在无声电影时代,电影公司将其绝大多数电影租给放映商,以收取固定的每日费用。而音响技术的出现改变了电影放映的激励机制,电影播映的收益急剧增加,使得收益共享广泛取代了固定费用。收益共享是一种灵活性强、适用范围广的收益分配策略。Linh和Hong(2009)曾通过研究经典的两期报童问题,证实了收益分享合同在供应链成员间能够实现协调定价的绝对优势。实践中该策略的应用也并不少见,例如,电影制片商与院线会按照一定比例对总票房进行分成,视频播放平台会根据总流量的多少给自媒体人分红。因此,收益分成比例成为交易双方比较关注又需要权衡的重要因素。

第三节 完全信息动态博弈模型的构建及均衡分析

一、数字内容产品交易的市场力量分析

在现实的网络数字内容产品市场中,数字内容产品生产商处于完全垄断地位,数字内容产品的版权原创性保证了每一项新产品必然是稀缺资源,只有生产商对其拥有原始版权和使用权。因此,对于某一项数字内容产品而言,生产商属于垄断市场力量。而数字内容产品发布商则处于寡头竞争地位,一方面,由于目前成熟的数字内容发布平台较少,保证了其寡头的市场特征;另一方面,由于"理性经济人"的约束,使得数字内容产品生产商将播映权转让时不可能与所有平台合作,通常视具体情况进行交易。因为在内容付费的盈利模式思维下,发布商也是追求利润最大化的"经济人",如果在其平台播放的数字内容产品在其他平台也能获取,那么该内容资源便不具有竞争优势,不具有带来巨大垄断利润的条件,也就不会花高价购买该资源的播映权。若生产商想提前获取较高的版权费用,便只能选择与较少的发布商合作。当然,若数字内容产品生产商对该产品在市场上的销售状况较为乐观,期望从后期的销售分成中获取更大的利润,而不太在意版权费用,这时其会选择与较多的发布商进行合作。因此,数字内容产品发布商处于寡头竞争的市场地位。

数字内容产品生产商依据其垄断地位,对数字内容产品的定价具有绝对的先决优势。这里的定价指的是对整体意义上的数字内容产品价值的定价,要价的对象是数字内容产品的市场总价值。根据前文分析,生产商和发布商共同承担风险和收益的模式已成为当前数字内容产品交易的主流模式,因此,本章也选择收益

共享策略作为交易主体的共识。这时,数字内容产品生产商的定价权便体现在对收益分成比例的确定上。又考虑到观赏效果是数字内容产品生产商、发布商和消费者都比较关注的因素,因此,这里将观赏效果作为价格引导机制中的贯穿主线,生产商通过自身努力,可以确定观赏效果的基础线,而发布商通过提供的服务质量以及推广手段,在数字内容产品的价值增值环节贡献力量,以实现对观赏效果的进一步提升。如此,数字内容产品生产商对数字内容产品的观赏效果较为了解,可以据此大致推断该产品在市场上的销量,进而对收益分成比例提出要价要求。数字内容产品发布商也具有定价权,该定价权体现在对数字内容产品的单次播映上,即销售单价。发布商通过对平台上内容资源播映权的主导,获得对数字内容产品销售单价的定价权,但面对生产商的版权费用、收益分成比例等要求,发布商为实现自己利润最大化的目标需要对销售单价进行规划。由此,在数字内容产品的交易环节,生产商和发布商均具有定价权,两者通过价格机制的引导分别实现自己的利润目标。明确来讲,数字内容产品的定价机制由生产商和发布商共同决定,生产商通过收益分成比例实现对数字内容产品整体意义上的价值分割,而发布商通过销售单价实现对数字内容产品单次播映意义上的价值核定。

二、模型的基本假设及构建

通过对数字内容产品定价机制的相关因素进行分析,可将博弈主体的利润模型构成分为收入和支出两大模块,从以上因素中提取关键要素设定模型参数,根据各参数之间的经济关系,分析合理可行的重要政策决策。考虑到兼顾以上影响因素的原则,以及对数字内容产品交易的市场力量分析,本章选取的重要分析参数为观赏效果、收益分成比例和销售单价。其中,观赏效果是数字内容生产商要价的依据,也是发布商在产品推广时需要重点考虑的因素,在定价机制中发挥着重要作用,因此,这里将观赏效果作为重要分析参数考虑。有关数字内容产品定价机制的完全信息动态博弈模型的具体流程如下:首先,考虑到数字内容产品的版权特殊性,数字内容产品生产商具有先发优势,并且对数字内容产品的观赏效果具有决定权,因而,数字内容产品生产商为交易环节的领导者,数字内容产品发布商为跟随者;其次,数字内容产品生产商根据设定的观赏效果对内容资源传播过程中的规模收益提出分成比例的要求;最后,数字内容产品发布商根据以上信息和自身能力状况选择合适的销售单价定价标准。由此,构成了完整的数字内容产品交易流程,如图14-1所示。

口碑评价

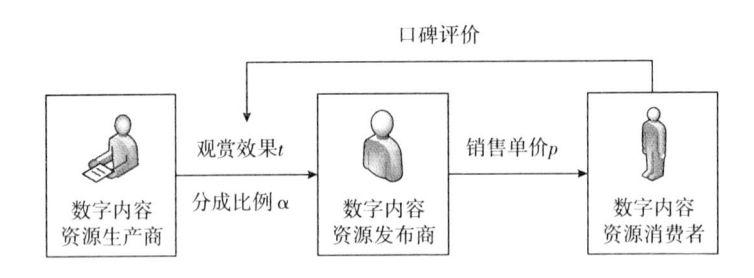

数字内容资源生产商 →观赏效果t，分成比例α→ 数字内容资源发布商 →销售单价p→ 数字内容资源消费者

图14-1 数字内容产品交易流程

资料来源：笔者绘制。

有关数字内容产品定价机制的完全信息动态博弈模型的基本假设如下：

对数字内容产品生产商而言，其首先决定内容产品的观赏效果 t；根据观赏效果确定生产数字内容产品的投资规模为 $I=\dfrac{mt^2}{2}$，$m>0$ 且 m 为任意实数，反映了内容资源的投资难度（Molto et al., 2010）。数字内容产品的观赏效果越高，需要付出的投资成本越大；考虑到本模型采取收益共享策略，则生产商将更高的收益期望放在日后的市场收益上，这里将版权费用设定为一小部分收益来源，仅为保证部分稳定收益而用，因此，假设生产商在将数字内容产品交付于发布商时，需要收取一定的版权费用，该版权费用从投资规模计提，为 μI，$\mu \in [0, 1]$，以冲抵部分投资支出。需要注意的是，μ 为版权费用系数，可取临界值。若生产商对数字内容产品需求市场极度看好，为激发数字内容产品发布商的积极性，可不向其收取版权费用，仅分享总收益即可。若生产商并不太看好内容资源的市场收益，其可能会索取较高的版权费用；生产商的变动收益来源于数字内容产品投放于市场后获取的总收益分成，假设生产商获得的收益分成比例为 α，$\alpha \in [0, 1)$，生产商可以选择不要分成，仅依靠版权费用来抵扣投资成本，但绝不能独享总收益，因此，分成比例范围为 $[0, 1)$。

对数字内容产品发布商而言，假设其决定单个内容资源的销售价格为 p。这里需要说明的是，虽然订阅制付费方式在当前平台较为普遍，但本章重点考虑针对单个内容资源的定价问题，订阅制付费属于商业模式的探讨，因此，本节的模型中仅考虑单个内容资源的销售价格因素。销量模型的设定是本模型的重大创新之一，这里借鉴吴俊新等（2006）提出的数字化知识产品的销售模型，并对其进行改进，设总销量为 $Q=\delta e^{-p}\ln(t+1)$，δ 为销量模型的常系数，满足 $\delta>0$，反映了价格影响因子以及观赏效果影响因子的综合作用，包括所有能够造成销量变动的影响力总和。该销量模型反映了数字内容产品的适用特点，价格的负指数效应体现了由价格变动造成的需求下降趋势，在一定范围内，销量会随价格的降低而快速增长，该特点符合互联网信息传播中的爆发式传播特点。考虑到数字内容产品的特殊性，消费者对价格的敏感度仅在一定范围内有效，当价格过高时，消费者过于注重产品质量，对价格的敏感度变化不大。而经过原点的对数函数则体现了观赏效果对销量的正向影响，在一定范围内，销量会随观赏效果的增大而快速增长。同样，基于用户数量、传播范围等现实情况的考虑，该影响应在一定范围内变化，并不会无限度一直增加。从而，总收益为 $R=pQ=p\delta e^{-p}\ln(t+1)$；由于生产商获得的收益分成比例为 α，$\alpha \in [0,1)$，则发布商获得的收益分成比例为 $(1-\alpha)$。另外，假设发布商在数字内容产品每次播映时需要支付的单位成本为 c_0，且满足 $0<c_0<p$。该单位成本包括投资过程中的固定成本及变动成本均摊。发布商的总成本为 $C=c_0Q=c_0\delta e^{-p}\ln(t+1)$。

为便于理解下文中各参数的具体含义，这里将以上涉及的参数进行归纳整理，汇总结果如表14-1所示。

表14-1 模型基本假设中各参数的含义

参数表示	基本含义
t	数字内容产品的观赏效果
m	数字内容产品生产商的投资难度系数
$I=\dfrac{mt^2}{2}$	数字内容产品的投资规模
μ	版权费用从投资规模中计提的比例
μI	出让版权时的版权费用
α	数字内容产品生产商的收益分成比例
$1-\alpha$	数字内容产品发布商的收益分成比例
p	数字内容产品的销售单价，即单次播映价格
c_0	数字内容产品的单位成本，即单次播映成本
δ	数字内容产品销量模型的销量系数
$Q=\delta e^{-p}\ln(t+1)$	数字内容产品的总销量
$R=pQ$	数字内容产品的市场总收益
$C=c_0Q$	数字内容产品发布商的运营成本

资料来源：笔者整理。

根据以上基本假设及交易流程分析，可构建基于完全信息动态博弈的数字内容产品交易主体利润函数模型，假设数字内容产品生产商、发布商的利润函数分别为 π_1、π_2，则两主体的利润函数模型如式（14-1）和式（14-2）所示。

$$\pi_1 = \alpha p \delta e^{-p}\ln(t+1) + \mu\frac{mt^2}{2} - \frac{mt^2}{2} \tag{14-1}$$

$$\pi_2 = (1-\alpha)p\delta e^{-p}\ln(t+1) - \mu\frac{mt^2}{2} - c_0\delta e^{-p}\ln(t+1) \tag{14-2}$$

三、完全信息动态博弈模型的均衡分析

在求解以上模型时，需要根据逆向归纳法逐步分析博弈主体的决策因素。对照图 14-1 的交易流程，首先需要对市场跟随者的利润函数进行分析，求解其在市场销售单价 p 下的利润最大化条件。其次将该条件代入市场领导者的利润函数，依次求解其在收益分成比例 α 和观赏效果 t 下的利润最大化条件，从而可得完全信息动态博弈模型的均衡解。具体求解流程如下：

由逆向归纳法知，首先将 π_2 对 p 求导，令一阶导数等于零，即为：

$$\frac{\partial \pi_2}{\partial p} = [(1-\alpha)e^{-p} - e^{-p}((1-\alpha)p - c_0)]\delta\ln(t+1) = 0,\ \text{由于}\ \delta\ln(t+1) > 0,\ \text{所以}$$
$(1-\alpha)e^{-p} - e^{-p}((1-\alpha)p - c_0) = 0$。求得式（14-3）：

$$p = 1 + \frac{c_0}{1-\alpha} \tag{14-3}$$

将式（14-3）代入式（14-1），得式（14-4）：

$$\pi_1 = \alpha\left(1 + \frac{c_0}{1-\alpha}\right)\delta e^{-\left(1+\frac{c_0}{1-\alpha}\right)}\ln(t+1) + \mu\frac{mt^2}{2} - \frac{mt^2}{2} \tag{14-4}$$

然后，将 π_1 对 α 求导，令一阶导数等于零，即为：

$$\frac{\partial \pi_1}{\partial \alpha} = \left[\left(1 + \frac{c_0(1-\alpha) + \alpha c_0}{(1-\alpha)^2}\right)e^{-\left(1+\frac{c_0}{1-\alpha}\right)} + e^{-\left(1+\frac{c_0}{1-\alpha}\right)}\frac{-c_0}{(1-\alpha)^2}\left(\alpha + \frac{\alpha c_0}{1-\alpha}\right)\right]\delta\ln(t+1) = 0$$

由于 $\delta\ln(t+1) \cdot e^{-\left(1+\frac{c_0}{1-\alpha}\right)} > 0$，所以需满足式（14-5）：

$$1 + \frac{c_0}{(1-\alpha)^2} - \frac{\alpha c_0}{(1-\alpha)^2} - \frac{\alpha c_0^2}{(1-\alpha)^3} = 0 \tag{14-5}$$

对式（14-5）整理得式（14-6）：

$$1 + \frac{c_0}{1-\alpha} + \frac{c_0^2}{(1-\alpha)^2} - \frac{c_0^2}{(1-\alpha)^3} = 0 \tag{14-6}$$

令 $\frac{1}{1-\alpha} = x$，则化简式（14-6）得式（14-7）：

$$c_0^2 x^3 - c_0^2 x^2 - c_0 x - 1 = 0 \tag{14-7}$$

根据盛金公式（范盛金，1989），由于 $c_0^2 > 0$，可对一元三次方程求解，$A = b^2 - 3ac = c_0^4 + 3c_0^3 > 0$，$B = bc - 9ad = c_0^3 + 9c_0^2 > 0$，$C = c^2 - 3bd = c_0^2 - 3c_0^2 = -2c_0^2 < 0$，由于 $\Delta = B^2 - 4AC = 9c_0^6 + 42c_0^5 + 81c_0^4 > 0$，所以一元三次方程存在一个实

根，两个共轭虚根。考虑到收益分成比例的现实存在性，这里仅取实根存在的情况。因此，根据求根公式，可得式（14-8）：

$$x = \frac{c_0^2 - Y_1^{\frac{1}{3}} - Y_2^{\frac{1}{3}}}{3c_0^2} \tag{14-8}$$

其中，

$$Y_{1,2} = -(c_0^6 + 3c_0^5) + \frac{3c_0^2}{2}\left[-(c_0^3 + 9c_0^2) \pm (9c_0^6 + 42c_0^5 + 81c_0^4)^{\frac{1}{2}}\right] \tag{14-9}$$

将 $\frac{1}{1-\alpha} = x$ 代入式（14-8），可得式（14-10）：

$$\alpha = 1 - \frac{3c_0^2}{c_0^2 - Y_1^{\frac{1}{3}} - Y_2^{\frac{1}{3}}}，由于该函数仅与 c_0 有关，可记为 \alpha(c_0)。 \tag{14-10}$$

将式（14-10）代入式（14-3），可得式（14-11）：

$$p = 1 + \frac{c_0^2 - Y_1^{\frac{1}{3}} - Y_2^{\frac{1}{3}}}{3c_0}，同理，可记为 p(c_0)。 \tag{14-11}$$

将式（14-10）、式（14-11）代入式（14-1），并对 t 求导，令一阶导数为零，即为：

$$\frac{\partial \pi_1}{\partial t} = \frac{\left(1 - \frac{3c_0^2}{c_0^2 - Y_1^{\frac{1}{3}} - Y_2^{\frac{1}{3}}}\right)\left(1 + \frac{c_0^2 - Y_1^{\frac{1}{3}} - Y_2^{\frac{1}{3}}}{3c_0}\right)e^{-\left(1 + \frac{c_0^2 - Y_1^{\frac{1}{3}} - Y_2^{\frac{1}{3}}}{3c_0}\right)} \cdot \delta \ln(t+1)}{t+1} + (\mu - 1)mt = 0$$

由于 $t > 0$，根据一元二次方程的求根公式，可得式（14-12）：

$$t = \frac{-(\mu-1)m - \left[(\mu-1)^2 m^2 - 4\delta(\mu-1)m \cdot \alpha(c_0) \cdot p(c_0) \cdot e^{-p(c_0)}\right]^{\frac{1}{2}}}{2(\mu-1)m} \tag{14-12}$$

由此，基于完全信息动态博弈模型的均衡解被全部求出，现将关键分析因素进行梳理，如表14-2所示。

表14-2　完全信息动态博弈模型的均衡解

因素名称	理论公式
销售单价	$p(c_0) = 1 + \dfrac{c_0^2 - Y_1^{\frac{1}{3}} - Y_2^{\frac{1}{3}}}{3c_0}$

续表

因素名称	理论公式
分成比例	$\alpha(c_0) = 1 - \dfrac{3c_0^2}{c_0^2 - Y_1^{\frac{1}{3}} - Y_2^{\frac{1}{3}}}$
观赏效果	$t = \dfrac{-(\mu-1)m - [(\mu-1)^2 m^2 - 4\delta(\mu-1)m \cdot \alpha(c_0) \cdot p(c_0) \cdot e^{-p(c_0)}]^{\frac{1}{2}}}{2(\mu-1)m}$

注：其中，$Y_{1,2} = -(c_0^6 + 3c_0^5) + \dfrac{3c_0^2}{2}[-(c_0^3 + 9c_0^2) \pm (9c_0^6 + 42c_0^5 + 81c_0^4)^{\frac{1}{2}}]$。

资料来源：笔者整理。

均衡结果反映了各因素之间的相互制约关系，是博弈主体采取决策的重要理论参考依据。由以上均衡结果可知，数字内容产品的销售单价和收益分成比例仅与发布商的单位成本相关，而其观赏效果除了受单位成本影响外，还受投资难度、版权费用、销量系数等多重因素共同影响。相关因素的具体影响效果可通过仿真分析进一步直观反映。

第四节　数字内容产品定价机制相关因素的仿真分析

一、关于销售单价的仿真分析

根据销售单价的均衡结果，运用 Matlab 软件进行数值仿真分析，仿真结果如图 14-2 所示。

数字内容产品发布商制定的销售单价与其单位成本呈正相关关系，即销售单价随单位成本的上升而上升，如图 14-2 中实线所示。这里的单位成本指数字内容产品单次播映的成本。通过进一步分析发现，销售单价的曲线近乎一条直线，且随着单位成本的不断加大，销售单价与单位成本几乎总是保持距离约为 2 的差值。这里具体数值 2 的获取与模型设定有关，可将其理解为一个固定常数。另外还可以看出，在销售单价曲线的最前端，当单位成本较小时其呈现稍微弯曲的趋势，并与单位成本的距离逐渐减小。此时对应的平台发展状况应该是平台发展阶段的中后期，总体来讲已相对规范，平台处于盈利过程中。因为随着长期经营的均摊，原有的固定成本投资逐渐收回，这样主要由变动成本带来的均摊会使数字

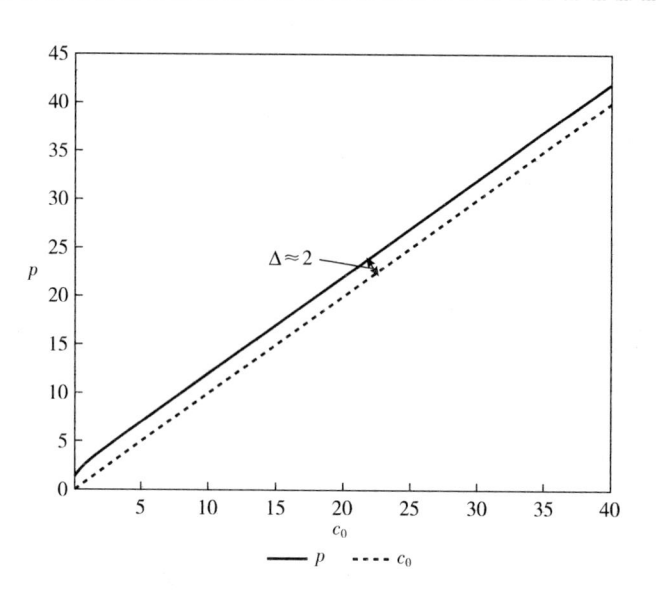

第十四章 数字内容产品定价机制博弈与仿真研究

图 14-2　单位成本与销售单价的仿真关系

资料来源：笔者借助 Matlab 软件绘制。

内容产品的单次播映成本减小，此时，平台相应地会降低单次播映的售价，从而呈现出在单次播映成本较小时，数字内容产品的单位售价会逐渐弯向成本的现象。但需要注意的是，该现象的适用特征应该是平台发展阶段成熟期，且应用范围较小，考虑到目前国内典型数字内容产品平台的发展状况，如爱奇艺、腾讯视频等仍在积极探索盈利模式，尚未实现大规模盈利，因此，这里仅分析当前状况下平台发展的起步阶段，仅对一般化平台的定价规律进行总结，故对前端较小范围的弯曲现象不予考虑。综合以上分析，我们将数字内容产品发布商的定价现象总结为：数字内容产品发布商采取的定价机制为成本加成定价法，加成的毛利润约为两个单位。

有序的数字内容产品市场一定存在简单且容易推广的定价方式。通过仿真分析可知，在生产商主导的数字内容产品市场里，以平台为代表的发布商像普通产品分销商一样，依然会选择客观的成本加成定价法，在数字内容产品付费模式探索的起步阶段，不同数字内容产品的定价具有统一性，不会因为内容质量的不同而采取差异化定价策略，产品销售单价仅与单次播映成本因素有关。该结果与现实情况较为吻合，例如，在影视作品市场里，我们常常会发现如下现象：同一个视频平台播映的不同影视作品价格大致相同，如腾讯视频对付费电影的收费基本是 5 元/次。这是因为对同一个平台而言，其平台搭建、运营维护等的耗费基本是固定的，平台对自身的用户转化率有一定了解，能够根据浏览量、用户画像和历史经验大致判断某项内容资源的点击量，因此会大致预估平台上的数字内容市场需求和市场发展趋势，这样均摊在每一个数字内容产品播映上的大致成本是固定的。平台会根据该单位成本加上固定的毛利率确定影片单价，因此，出现了不同影片定价相同的现象。由于不同平台提供相关服务时产生的运营成本不尽相同，人员管理效率、技术差异、产品采购途径等均会造成运营成本的不同，因此，也可能存在同一部作品在不同平台上的单次播映售价存在差异的现象。总而言之，数字内容产品发布商对产品进行定价时仅会考虑其单次播映成本因素，通常会采取在单次播映成本上加成两个单位毛利润的定价方法。需要注意的是，该结论只适用于数字内容产品生产商与发布商为两个不同主体的情况，若两个角色为同一主体，则该问题转化为集中决策问题，本结论需另作探讨。

二、关于分成比例的仿真分析

根据分成比例的均衡结果，运用 Matlab 软件进行数值仿真分析，仿真结果如图 14-3 所示。

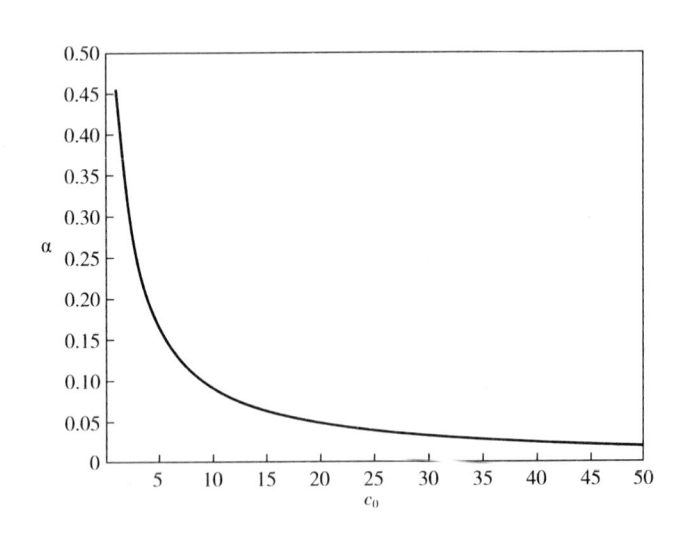

图 14-3　单位成本与分成比例的仿真关系

资料来源：笔者借助 Matlab 软件绘制。

由图 14-3 可知，数字内容产品生产商要求收益分成比例时需要考虑数字内容产品单次播映的单位成本，且分成比例与单位成本呈凹向原点的负相关关系，即分成比例随单次播映成本的上升而下降，且下降速度越来越慢，如图 14-3 中曲线所示。考虑到当前数字内容产品平台的基本状况，以及人们对文化、娱乐等

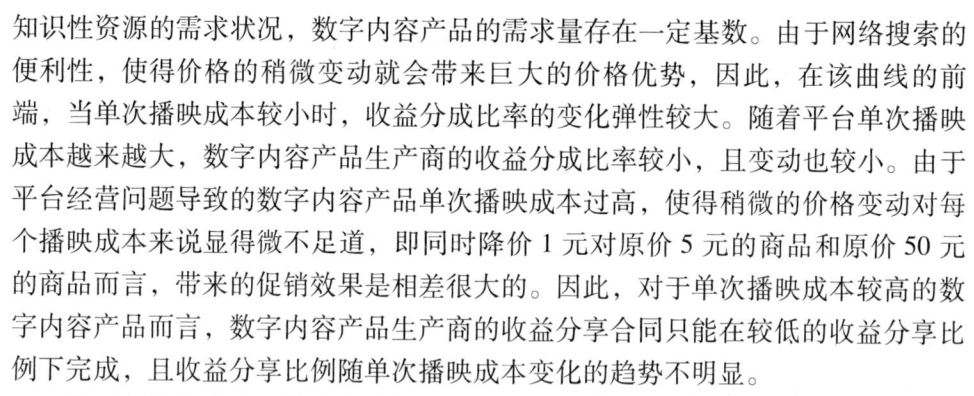

知识性资源的需求状况，数字内容产品的需求量存在一定基数。由于网络搜索的便利性，使得价格的稍微变动就会带来巨大的价格优势，因此，在该曲线的前端，当单次播映成本较小时，收益分成比率的变化弹性较大。随着平台单次播映成本越来越大，数字内容产品生产商的收益分成比率较小，且变动也较小。由于平台经营问题导致的数字内容产品单次播映成本过高，使得稍微的价格变动对每个播映成本来说显得微不足道，即同时降价1元对原价5元的商品和原价50元的商品而言，带来的促销效果是相差很大的。因此，对于单次播映成本较高的数字内容产品而言，数字内容产品生产商的收益分享合同只能在较低的收益分享比例下完成，且收益分享比例随单次播映成本变化的趋势不明显。

从现实视角考虑，数字内容产品的单次播映成本能在一定程度上反映数字内容产品发布商的经济实力和平台规模，当一个数字内容产品发布平台规模较大时，其正常运营需要的技术支持、资源支持以及人员薪酬等也相应较大，在平台一定时间内用户数量基本不变的情况下，导致均摊在每个播映量上的单位成本较大，因此，单位成本的多少能够在一定程度上反映发布商的实力。当数字内容产品发布商对内容资源的单次播映成本较低时，生产商推测该平台影响力较小，为保证收益的稳定性，生产商会要求较高的分成比例；反之，生产商推测该平台影响力较大，未来的市场收益风险性较低，此时较低的收益分成比例也能接受。收益分成比例是确定数字内容产品生产商收益的重要参数，反映了生产商对数字内容产品总价值的定价情况。由于平台的影响力直接决定了数字内容产品的销量，从而直接影响市场总收益，因此，生产商在对收益分成比例要价时要慎重考虑数字内容产品的单次播映成本。

从理论视角考虑，完全信息动态博弈模型的均衡结果是博弈双方利润最大化条件下做出的最优选择，显然，当数字内容产品的单次播映成本较低时，发布商才会满足生产商的高分成比例要求；当数字内容产品的单位播映成本较高时，为优先保证自身利益最大化，发布商会选择满足生产商的低分成比例要求。Im等(2016)曾通过一个多阶段博弈模型对该问题进行探讨，结果发现收益分成比例确实能够协调数字内容提供商与网络平台服务商之间的利益关系。因为内容发布平台采取成本加成定价法，较低的单位成本会带来较低的销售价格，在保证价格优势的同时有利于促进销量的增加，从而保证较高的收益。当平台收益较高时，其才可能满足生产商的高分成比例要求。相反，单位成本较高时，数字内容产品的定价较高，平台制定的高定价会导致一部分用户流失，从而影响销量，使收益不达预期。在收益较低的情况下，发布商为保证自己的利润，不会同意较高的分成比例。因此，数字内容产品生产商的收益分成比例与数字内容产品的单次播映成本密切相关。

由于同一平台的数字内容产品价格具有无差异性，因而对于不同的数字内容产品而言，其价值的差异体现在销量上，销量越多价值越大。收益分成比例能够在一定程度上影响数字内容产品的销量，因此，数字内容生产商的定价机制是通过博弈均衡状态下的收益分成比例体现的。然而，数字内容产品的单次播映成本一般为私密信息，生产商很难了解。但是，结合对销售单价的分析可知，数字内容产品销售单价是单位成本的固定加成函数，与单位成本保持一致变化。因此，数字内容产品生产商也可根据发布商对同类内容资源的定价，大致推测数字内容产品的单位成本，进而提出合理的收益分成比例要求。

三、关于观赏效果的仿真分析

根据观赏效果的均衡结果，运用 Matlab 软件进行数值仿真分析，由于观赏效果受多种因素共同影响，因此采取控制变量法对相关因素依次仿真分析。首先固定数字内容产品销量系数（$\delta = 10^6$）及单位成本（$c_0 = 5$）的值，对数字内容产品生产商的投资难度系数及版权费用的计提比例进行仿真，结果如图 14-4 所示。

t 三维图像　　　　　　　　　　等高线图像

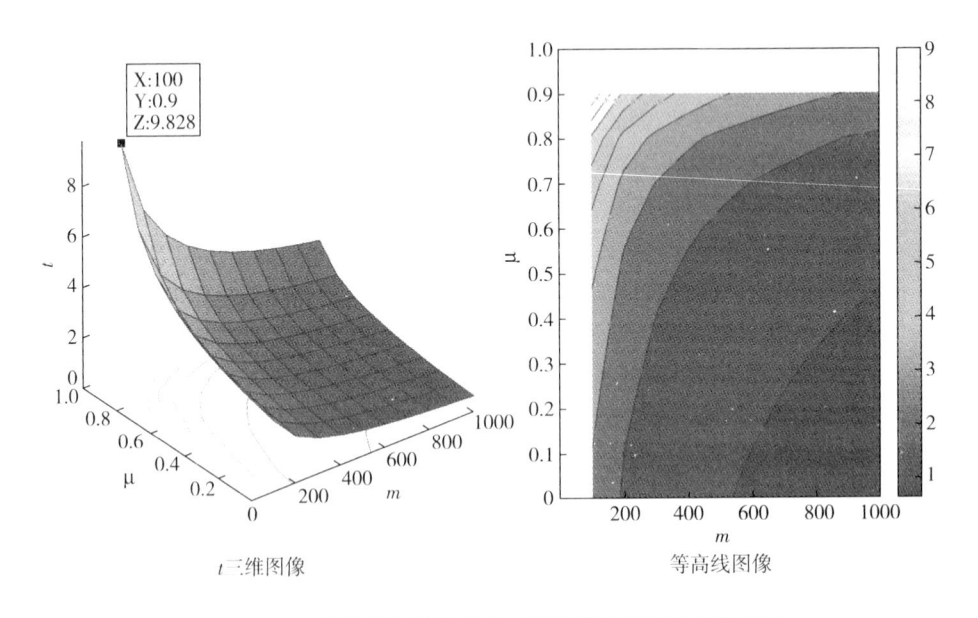

图 14-4　观赏效果与投资难度、版权费用因素的仿真关系

资料来源：笔者借助 Matlab 软件绘制。

图 14-4 中左图为观赏效果的三维图像，X 轴表示投资难度，Y 轴表示版权费用在投资成本中的计提比例，Z 轴表示数字内容产品的观赏效果。右图为观赏

效果的等高线图像，可以更为直观地分析三者的增减变化关系。从图14-4可以看出，观赏效果随投资难度系数的增加而降低，随版权费用计提比例的增加而增加。实际上，数字内容产品的观赏效果受生产商偏好及预期的影响较为显著，当投资难度较低时，生产商完成作品的积极性较高，能够顺利胜任制作任务，完成作品的成就感促使其对产品的未来预期较高，因此，生产商会认为作品具有较好的观赏效果。相反，若投资难度过大，生产商压力较大，生产制作过程中出现的种种障碍都可能会导致作品的不完整或者流产，达不到之前的预期，自然会降低生产商对观赏效果的评价。Jahanmir和Cavadas（2018）在研究数字内容产品后期采用和传播的影响因素时，发现数字内容产品生产商对技术难度的评价会对其产生负向的影响，即生产商认为技术难度越大，数字内容产品最终被采用的可能性越小，传播范围越小。该结论也印证了本章的结论，即数字内容产品的观赏效果会随着投资难度系数的增加而降低。

版权费用的计提比例则是激励数字内容产品生产商努力提高观赏效果的重要指标，较高的版权费用使得生产商能够在授权播映权时，尽可能多地收回一部分资金冲抵投资支出，极大限度降低收益风险。在市场需求状况不明朗的情况下，收益分享合同也不能保证生产商的稳定收益，而在数字内容产品价值评估模式的探索初期，一度被等同于数字内容产品总价值的版权价值是生产商收益的主要来源，版权费用的获取能够为数字内容产品生产商带来直接的物质激励，较大的版权费用计提比例能够促使生产商提高对产品观赏效果追求的积极性。反过来讲，较好的观赏效果也是生产商对版权费用讨价还价的砝码，观赏效果是数字内容产品发布商判断内容资源市场需求状况的重要指标，在追求收益分享合同的定价机制下，版权费用相对于市场收益而言占有的比例较小，数字内容产品发布商会愿意为观赏效果较高的产品承担较高的版权费用计提比例。因此，版权费用对数字内容产品的观赏效果具有正向的影响作用。

通过相同方法，固定数字内容产品投资难度（$m=10^2$）及版权费用计提比例（$\mu=0.6$）的值，对数字内容产品发布商的销量系数及单位成本进行仿真，结果如图14-5所示。

图14-5中左图为观赏效果的三维图像，X轴表示单位成本，Y轴表示销量系数，Z轴表示数字内容产品的观赏效果。右图为观赏效果的等高线图像。从图14-5可以看出，观赏效果随单位成本的增大而减小，随销量系数的增大而增大。结合对销售单价和收益分成比例的分析可知，较低的单次播映成本会使生产商获得较高的收益分成比例，并能够利用低价优势提高销量、增加收益，因此，数字内容产品生产商会从中获取巨大的收益回报，较低的单位成本对生产商能够产生正向的激励作用，促使其贡献较好的观赏效果。反之，生产商的收益受损，

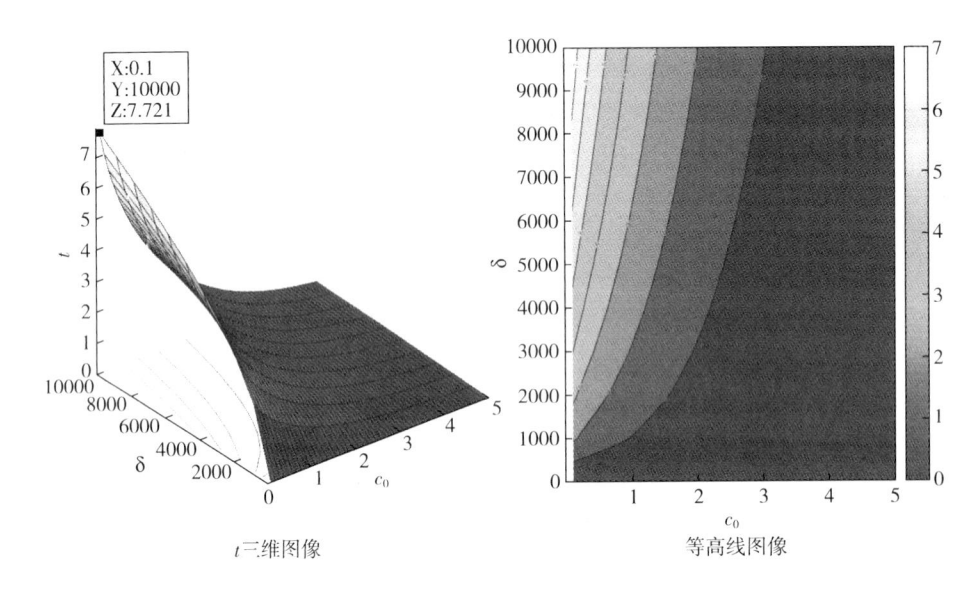

图 14-5　观赏效果与销量系数、单位成本因素的仿真关系

资料来源：笔者借助 Matlab 软件绘制。

会降低其对观赏效果的追求，导致数字内容产品的观赏效果较低。另外，通过生产成本作用于观赏效果的反馈机制，能够反映数字内容产品的市场评价对观赏效果的修正。当数字内容产品的单次播映成本较低时，产品售价较低，消费者会因物美价廉的体验而提高对观赏效果的评价；相反，当数字内容产品的单次播映成本较高时，消费者会因价格较高降低购买欲望，导致产品收益降低，或者因为价格较高降低产品最终满意度，从而降低对观赏效果的评价。以上体现了反馈机制对观赏效果的修正过程。总之，数字内容产品的单次播映成本会对观赏效果产生负向的影响。

销量系数的高低则直接决定销量的变化幅度，根据销量模型，较高的销量系数，表明价格和观赏效果的微小变动都会给销量带来较大的影响，因此，较高的销量系数会激励生产商努力提高观赏效果，实现销量的增加，追求更高的收益。同时，较高的销量系数也会激励发布商努力保持价格优势，以赢得消费者较高的观赏效果评价。反之，较小的销量系数对生产商的激励作用不大，导致生产商对观赏效果的追求动力不足，造成观赏效果较低的局面，同样，较低的销量系数对发布商的激励作用也较小，难以激发其借助价格变动调动消费者积极性的热情，生产商和发布商对观赏效果的重视程度降低，最终使得原始效果和反馈效果均不达预期。总之，数字内容产品的销量系数会对观赏效果产生正向的影响。

通过以上对观赏效果的仿真分析，可以明确观赏效果与相关因素的增减变化关系，并给出必要的解释说明，汇总结果如表 14-3 所示。

表 14-3　影响观赏效果的相关因素

因素名称	影响作用	作用解释
版权费用	正	较高的版权费用会提前冲抵部分投资支出，激励生产商努力提高观赏效果
投资难度	负	较小的投资难度会增加生产商的积极性，提高观赏效果预期
销量系数	正	较高的销量系数，激励生产商和发布商努力提高观赏效果，增加市场播映收益
单位成本	负	较低的单位成本会使生产商获得较高的收益分成比例，并借助低价优势提高销量增加收益

资料来源：笔者整理。

第五节　本章小结

本章在文献梳理和实际调研的基础上，基于当前数字内容产品的共性特征，挖掘影响数字内容产品定价机制的相关因素。通过对数字内容产品交易的市场力量分析，从以上因素中选取观赏效果、收益分成比例、销售单价等关键因子作为影响定价机制的重要分析参数，借助完全信息动态博弈模型构建了数字内容产品生产商为领导者，发布商为跟随者的定价机制博弈模型，对博弈双方的利润函数进行分析，通过求解博弈模型的均衡结果，并对其分别进行数值仿真分析，更为直观地刻画了影响定价机制的各因素之间的相互制约关系。针对以上分析，得出如下结论：

首先，网络平台下的数字内容产品发布商对单次内容资源播映采取成本加成定价法。在以平台为依托的数字内容产品市场下，无形的数字内容产品并没有因内容质量的不同而采取差异化定价策略，数字内容产品的不同价值体现在因销量不同而引起的收益差异上。面对数字内容产品交易日趋频繁的现实状况，规范化的管理需求使得简单可行且容易推广的成本加成定价法脱颖而出。数字内容产品发布商对自身成本状况较为了解，对平台的用户数量及用户转化率也较为了解，基于单次内容资源播映成本的定价机制有利于平台准确把握数字内容产品市场收益，是数字内容产品付费模式探索阶段较为理性的定价选择。随着市场竞争不断加剧，进一步规范平台管理，精确核算数字内容产品单次播映成本，是保障数字内容产品客观定价的重要途径。同时，进一步优化降低运营成本，是保持平台竞争优势的重要手段。

其次，数字内容产品生产商对内容资源总收益的分成比例随单次内容资源播映成本的增大而减小。收益分成比例是协调数字内容产品交易主体关系的重要因素。在数字内容产品生产商和发布商组成的供应链中，生产商的收益分成比例是基于数字内容产品单位成本的线性函数，且随单位成本的提高而降低，降低的速度逐渐放缓。该变化关系反映了两个博弈主体间的相互制约特征。较高的单位成本使数字内容产品的价格优势降低，从而降低数字内容产品发布商的收益，为保证自身利润，发布商只能用较低的收益分成比例与生产商达成共识。收益分成比例体现了数字内容产品生产商对内容产品定价的话语权，是网络数字内容产品博弈双方进行定价机制磋商的关键因素。在探索合理的内容付费模式、构建稳定的数字内容产品交易市场时，必须充分把握相关主体的利益均衡分配问题，收益分成比例便是协调供应链成员关系的重要润滑剂。

最后，数字内容产品的观赏效果受版权费用、投资难度、销量系数、单位成本等因素的共同影响，通过复杂作用参与定价机制的形成。其中，版权费用通过正向的影响作用促使生产商主动提高观赏效果；投资难度通过负向的影响作用激励生产商努力提高观赏效果预期；销量系数通过正向的影响作用促使发布商努力提高产品知名度；单位成本通过负向的影响作用约束发布商加强成本管理提高产品竞争优势。以上因素通过数字内容产品生产商和发布商的利润函数，共同作用于数字内容产品的观赏效果，投资难度和版权费用显示了生产商对观赏效果的贡献，而销量系数和单位成本则显示了发布商对观赏效果的贡献。前者决定了观赏效果的基数，后者通过市场反馈对该基数进行修正，两者通过共同作用贯穿于数字内容产品定价机制始终，体现了数字内容产品以观赏效果为定价核心要素的特殊性。随着内容资源个性化需求的不断发展，高质量的内容产品成为市场翘楚。彼时，观赏效果是决定数字内容产品优劣的重要竞争优势，同时也是实现数字内容产品付费模式变革的重要作用点。

参考文献

[1] Acken J M. How watermarking adds value to digital content [J]. Communications of the Acm, 1998, 41 (7): 74-77.

[2] Ahmad F, Cheng L M. Authenticity and copyright verification of printed images [J]. Signal Processing, 2018, 148 (7): 322-335.

[3] Alahi A, Goel K, Ramanathan V, et al. Social LSTM: Human trajectory prediction in crowded spaces [C] // 2016 IEEE conference on computer vision and pattern recognition (CVPR). IEEE, 2016.

[4] Bae G, Kim H. The impact of movie titles on box office success [J]. Journal of Business Research, 2019, 103: 100-109.

[5] Baek H, Oh S, Yang H D, et al. Electronic word-of-mouth, box office revenue and social media [J]. Electronic Commerce Research and Applications, 2017, 22: 13-23.

[6] Basuroy S, Ravid S C A. How critical are critical reviews? the box office effects of film critics, star power, and budgets [J]. Journal of Marketing, 2003, 67 (4): 103-117.

[7] Bause T, Ng S. Multi-channel digital content watermark system and method: US, US 20120300971 A1 [R]. 2012.

[8] Biramane V, Kulkarni H, Bhave A, et al. Relationships between classical factors, social factors and box office collections [C] //2016 International conference on internet of things and applications (IOTA). IEEE, 2016.

[9] Bockstedt J, Kauffman R J, Riggins F J. The move to artist – led music distribution: Explaining market structure changes in the digital music market [J]. International Journal of Electronic Commerce, 2006, 10 (3): 7-38.

[10] Bo C. How to price knowledge goods [C] // International Conference on Management Science & Engineering. IEEE, 2011.

［11］ Breiman L. Bagging predictors［J］. Machine Learning, 1996, 24（2）: 123-140.

［12］ Breiman L. Random forests［J］. Machine Learning, 2001, 45（1）: 5-32.

［13］ Chang B H, Ki E J. Devising a practical model for predicting theatrical movie success: Focusing on the experience good property［J］. Journal of Media Economics, 2005（18）: 247-269.

［14］ Chang M S, Park S H, Lee Y S. Method and apparatus for protecting digital content using device authentication: WO, US9122879［P］. 2015.

［15］ Chen C. CiteSpace II: Detecting and visualizing emerging trends and transient patterns in scientific literature［J］. Journal of the Association for Information Science & Technology, 2014, 57（3）: 359-377.

［16］ Chen T, Guestrin C. Xgboost: A scalable tree boosting system［C］//Proceedings of the 22nd acm sigkdd international conference on knowledge discovery and data mining, 2016.

［17］ Chia Y T. Digital rights management system and method for protecting digital content: US, US 20120303967 A1［P］. 2012.

［18］ Chiu J, Nichols E. Named entity recognition with bidirectional LSTM-CNNs［J］. Computer Science, 2015（4）: 357-370.

［19］ Chou C Y, Chou P Y, Lin Y C. Digital content and right object management systems and methods: US, US 20120042173 A1［P］. 2012.

［20］ Ding S, Su C, Yu J. An optimizing BP neural network algorithm based on genetic algorithm［J］. Artificial Intelligence Review, 2011（36）: 153-162.

［21］ Du J, Xu H, Huang X. Box office prediction based on microblog［J］. Expert Systems with Applications, 2014, 41（4）: 1680-1689.

［22］ Fan Z P, Che Y J, Chen Z Y. Product sales forecasting using online reviews and historical salesdata: A method combining the Bass model and sentiment analysis［J］. Journal of Business Research, 2017, 74（5）: 90-100.

［23］ Fischer T, Leidinger J. Testing patent value indicators on directly observed patent value—An empirical analysis of ocean tomo patent auctions［J］. Research Policy, 2014, 43（3）: 519-529.

［24］ Friedman D. Evolutionary games in economics［J］. Econometrica, 1991, 59（3）: 637-666.

［25］ Gaenssle S, Budzinski O, Astakhova D. Conquering the box office: Factors influencing success of international movies in russia［J］. Review of Network Economics, 2018, 17 (4): 245-266.

[26] Ganguly D, Acherjee B, Kuar S A, et al. Hole characteristics optimization in Nd: YAG laser micro-drilling of zirconium oxide by grey relation analysis [J]. The International Journal of Advanced Manufacturing Technology, 2012, 61 (9-12): 1255-1262.

[27] García R, Gil R. Content value chains modelling using a copyright ontology [J]. Information Systems, 2010, 35 (4): 483-495.

[28] Guo L, Meng X. Digital content provision and optimal copyright protection [J]. Management Science, 2015, 61 (5): 108-112.

[29] Hansser F A. Revenue-sharing in movie exhibition and the arrival of sound [J]. Economic Inquiry, 2010, 40 (3): 380-402.

[30] He R S, Hwang S F. Damage detection by a hybrid real-parameter genetic algorithm under the assistance of grey relation analysis [J]. Engineering Applications of Artificial Intelligence, 2007, 20 (7): 980-992.

[31] Hochreiter S, Schmidhuber J. Long short-term memory [J]. Neural Computation, 1997, 9 (8): 1735-1780.

[32] Ho S N, Junseok H, Jasmine Y J H, et al. Efficiency comparison of digital content providers with different pricing strategies [J]. Telematics and Informatics, 2017 (34): 657-663.

[33] Hsu M J. The study of critically essential competences for digital publishing editors [J]. Publishing Research Quarterly, 2014, 30 (1): 11-22.

[34] Huang X R, Hao T. System of digital publishing policies and regulations in China [J]. Library Hi Tech, 2014, 32 (3): 397-408.

[35] Huang Y S, Lin S H, Fang C C. Pricing and coordination with consideration of piracy for digital goods in supply chains [J]. Journal of Business Research, 2017, 77 (8): 30-40.

[36] Huang Z, Wei X, Kai Y. Bidirectional LSTM-CRF models for sequence tagging [J]. Computer Science, 2015.

[37] Im N, Mo J, Park J. Revenue sharing of ISP and CP in a competitive environment: Game theory for networks [J]. Springer International Publishing, 2016, 174 (11): 113-121.

[38] Jagannathan S, Almeroth K C. Pricing and resource provisioning for delivering e-content on-demand with multiple levels-of-service [J]. Lecture Notes in Computer Science, 2002 (9): 325-336.

[39] Jahanmir S F, Cavadas J. Factors affecting late adoption of digital innovations [J]. Journal of Business Research, 2018, 88 (7): 337-343.

[40] Jean K C. Television and globalization: The TV content global value chain [J]. Journal of Communication, 2016, 66 (1): 35-59.

[41] Jiang G, Yu F, Zhao Y. An analysis of vulnerability to agricultural drought in China using the expand grey relation analysis method [J]. Procedia Engineering, 2012 (28): 670-676.

[42] Jiang H, Kwong C K, Park W Y, et al. A multi-objective PSO approach of mining association rules for affective design based on online customer reviews [J]. Journal of Engineering Design, 2018: 1-23.

[43] Jonathan Dörr, Benlian A, Vetter J, et al. Pricing of content services-an empirical investigation of music as a service [J]. Lecture Notes in Business Information Processing, 2010, 2 (3-4): 141-148.

[44] Kannan P K, Pope B K, Chang A M. Pricing product lines of digital content: A model using online choice experiment [C] // Hawaii international conference on system sciences, Proceedings of the IEEE, 2008: 300-300.

[45] Kannan P K, Pope B K, Jain S. Pricing digital content product lines: A model and application for the national academies press [J]. Marketing Science, 2009, 28 (4): 620-636.

[46] Ke G, Meng Q, Finley T, et al. Lightgbm: A highly efficient gradient boosting decision tree [J]. Advances in Neural Information Processing Systems, 2017 (30): 3146-3154.

[47] Kim C, Oh E, Shin N. An empirical investigation of digital content characteristics, value, and flow [J]. Data Processor for Better Business Education, 2015, 50 (4): 79-87.

[48] Kim Y, Chung E S. Robust prioritization of climate change adaptation strategies using the VIKOR method with objective weights [J]. Jawra Journal of the American Water Resources Association, 2015, 51 (5): 1167-1182.

[49] Klamet A. Make or buy? A qualitative analysis of the organizational handling of digital innovations in the german book publishing sector [J]. Publishing Research Quarterly, 2016, 33 (1): 1-15.

[50] Kort P M, Taboubi S, Zaccour G. Pricing decisions in marketing channels in the presence of optional contingent products [J]. Central European Journal of Operations Research, 2018 (2): 1-26.

[51] Kroese D P, Rubinstein R Y, Porotsky S, et al. Cross - entropy method [M]. Brisbane: Encyclopedia of Operations Research and Management Sciences, 2012.

[52] Krueger C C, Swatman P M C. No content provider is an island: The changing role of technology providers in value networks [C] // Technology Management Conference. IEEE, 2016.

[53] Kumar S, Sethi S P. Dynamic pricing and advertising for web content providers [J]. European Journal of Operational Research, 2009, 197 (3): 924-944.

[54] Lang K R, Vragov R. A pricing mechanism for digital content distribution over computer networks [J]. Journal of Management Information Systems, 2005, 22 (2): 121-139.

[55] Laïfi A, Josserand E. Legitimation in practice: A new digital publishing business model [J]. Journal of Business Research, 2016, 69 (7): 2343-2352.

[56] Lee H S, Tzeng G H, Yeih W, et al. Revised DEMATEL: Resolving the infeasibility of DEMATEL [J]. Applied Mathematical Modelling, 2013, 37 (10-11):6746-6757.

[57] Lee S, Choeh J Y. The interactive impact of online word-of-mouth and review helpfulness on box office revenue [J]. Management Decision, 2018, 56 (4): 849-866.

[58] Liao H, Xu Z, Zeng X J. Hesitant fuzzy linguistic VIKOR method and its application in qualitative multiple criteria decision making [J]. IEEE Transactions on Fuzzy Systems, 2015, 23 (5): 1343-1355.

[59] Liao H, Xu Z. A VIKOR-based method for hesitant fuzzy multi-criteria decision making [J]. Fuzzy Optimization and Decision Making, 2013, 12 (4): 373-392.

[60] Li J, Guo Z, Kauffman R J. Recovering household preferences for digital entertainment [J]. Hawaii International Conference on System Sciences. IEEE, 2015 (10): 4276-4284.

[61] Linh C T, Hong Y. Channel coordination through a revenue sharing contract in a two-period newsboy problem [J]. European Journal of Operational Research, 2009, 198 (3): 822-829.

[62] Linlan Z. Protection in DRM and pricing strategies in a two-echelon digital product supply chain [J]. International Journal of Systems Science: Operations & Logistics, 2018 (5): 1-12.

[63] Lipton Z C, Kale D C, Elkan C, et al. Learning to diagnose with LSTM recurrent neural networks [J]. Computer Ence, 2017.

[64] Litman B R, Kohl L S. Predicting financial success of motion pictures: The 80s' experience [J]. Journal of Media Economics, 1989 (2): 35-50.

[65] Liu H C, Liu L, Liu N, et al. Risk evaluation in failure mode and effects analysis with extended VIKOR method under fuzzy environment [J]. Expert Systems with Applications, 2012, 39 (17): 12926-12934.

[66] Liu S F, Yang Y J, Cao Y, et al. A summary on the research of GRA models [J]. Grey Systems: Theory and Application, 2013, 3 (1): 7-15.

[67] Liu S. Research on roles of university in the development of digital publishing industrial clusters [J]. Liss, 2015 (4): 1763-1768.

[68] Liu Y X. The influence of cloud computing on digital publishing [J]. Advanced Materials Research, 2014: 971-973+1799-1802.

[69] Li Y M, Lin C H. Pricing schemes for digital content with DRM mechanisms [J]. Decision Support Systems, 2009, 47 (4): 528-539.

[70] Lowry P B, Zhang J, Wu T. Nature or nurture? A meta-analysis of the factors that maximize the prediction of digital piracy by using social cognitive theory as a framework [J]. Computers in Human Behavior, 2017, 68 (3): 104-120.

[71] Lundberg S, Lee S I. A unified approach to interpreting model predictions [C] // 31st conference on neural information processing systems, 2017.

[72] Luo C, Leng M, Tian X, et al. Pricing the digital version of a book: Wholesale vs. agency models [J]. INFOR: Information Systems and Operational Research, 2018, 56 (2): 163-191.

[73] Merity S, Keskar N S, Socher R. Regularizing and optimizing LSTM language models [J]. Computer Science, 2017.

[74] Mitchell P S. Economic indicators in the sales comparison approach [J]. The Appraisal Journal, 1993, 5 (2): 61-62.

[75] Molto M J G, Georgantzis N, Orts V. Cooperative R&D with endogenous technology differentiation [J]. Journal of Economics & Management Strategy, 2010, 14 (2): 461-476.

[76] Na H S, Hwang J, Hong J Y J, et al. Efficiency comparison of digital content providers with different pricing strategies [J]. Telematics & Informatics, 2017, 34 (2): 657-663.

[77] Nies T D. Assessing content value for digital publishing through relevance and

provenance-based trust [C] // International semantic web conference. Springer Berlin Heidelberg, 2013.

[78] Nilashi M, Zakaria R, Ibrahim O, et al. MCPCM: A dematel-anp-based multi-criteria decision-making approach to evaluate the critical success factors in construction projects [J]. Arabian Journal for Science and Engineering, 2015, 40 (2): 343-361.

[79] Niu Y, Li H, Qing Q. New technology research and practices in digital publishing in China [J]. Publishing Research Quarterly, 2018, 34 (4): 573-579.

[80] Opricovic S, Tzeng G H. Compromise solution by MCDM methods: A comparative analysis of VIKOR and TOPSIS [J]. European Journal of Operational Research, 2004, 156 (2): 445-455.

[81] Ou Yang Y P, Shieh H M, Tzeng G H. A VIKOR technique based on DEMATEL and ANP for information security risk control assessment [J]. Information Sciences, 2013, 232 (5): 482-500.

[82] Palmer M L. Increase the value of media content by enabling "video follows text" drag-and-drop workflows between diverse systems and locations [J]. SMPTE Motion Imaging Journal, 2014, 123 (7): 46-48.

[83] Park J H, Cho H J, Kwun Y C. Extension of the VIKOR method to dynamic intuitionistic fuzzy multiple attribute decision making [J]. Computers & Mathematics with Applications, 2013, 65 (4): 731-744.

[84] Park K J. A study on effects of relative benefits and costs of piracy of digital contents on attitudes and behaviors of illegal duplication [J]. Journal of the Korea Contents Association, 2015, 15 (7): 489-499.

[85] Peng Y. Mobile and digitally-mediated publishing strategies in China: An overview of evolving business models [J]. Publishing Research Quarterly, 2016, 32 (3):247-260.

[86] Petersen N C, Rodrigues F, Pereira F C. Multi-output bus travel time prediction with convolutional LSTM neural network [J]. Expert systems with applications, 2019, 120 (4): 426-435.

[87] Pu Q, Zhu X, Chen D, et al. Analysis and optimization of PDF-to-EPUB in the digital publishing process [J]. The Electronic Library, 2018, 36 (2): 350-368.

[88] Rand S J. The valuation of intellectual property: Cost approach [J]. Research Management Review, 1990 (4): 19-23.

[89] Rani S. Designing of encryption algorithm based on visual cryptography and linear feedback shift register [J]. Journal of Computational and Theoretical Nanoscience, 2018, 24 (1): 668-672.

[90] Rao A. Online content pricing: Purchase and rental markets [J]. Marketing Science, 2014, 34 (3): 430-451.

[91] Reisman R, Bertini M. A novel architecture to monetize digital offerings [J]. Journal of Revenue and Pricing Management, 2018, 17 (6): 453-458.

[92] Ren X, Yang S, Wang G, et al. Research on cross platform digital publishing technology based on HTML5 [C] // International conference on information technology in medicine & education. IEEE, 2017: 685-688.

[93] Robert F R, Robert P S. The handbook of business valuation and intellectual property analysis [M]. New York: Mc Graw-Hill, 2004.

[94] Roux E L, Bothma T, Gaigher S. The predictive value of disruptive technology theory for digital publishing in the traditional publishing environment [J]. Journal of Scholarly Publishing, 2014 (45): 261-288.

[95] Sachin K P, Ravi K. A hybrid approach based on fuzzy DEMATEL and FMCDM to predict success of knowledge management adoption in supply chain [J]. Applied Soft Computing, 2014 (18): 126-135.

[96] Sharda R, Delen D. Predicting box-office success of motion pictures with neural networks [J]. Expert Systems with Applications, 2006, 30 (2): 243-254.

[97] Shen C M, Zheng J H. Does global value chains participation really promote skill-biased technological change? Theory and evidence from China [J]. Economic Modelling, 2020 (2): 10-18.

[98] Shen Y, Lei L, Hou J. A multivariate statistical combination forecasting method for productquality evaluation [J]. Information Sciences, 2016 (8): 229-236+355-356.

[99] Shieh L F, Yeh C C, Lai M C. Critical success factors in digital publishing technology using an ANP approach [J]. Technological and Economic Development of Economy, 2015, 22 (5): 1-15.

[100] Siering M, Muntermann J, Rajagopalan B. Explaining and predicting online review helpfulness: The role of content and reviewer-related signals [J]. Decision Support Systems, 2018, 108 (2): 1-12.

[101] Sivek, Currie S. Opportunities and constraints for independent digital magazine publishing [J]. Social Science Electronic Publishing, 2014, 15 (1): 1-19.

[102] Stephanie F, Dina R, Kristine D V, et al. Understanding emerging adults' consumption of TV series in the digital age: A practice-theory-based approach [J]. Journal of Business Research, 2019, 95 (2): 253-265.

[103] Sun C C. Combining grey relation analysis and entropy model for evaluating the operational performance: An empirical study [J]. Quality & Quantity, 2014, 48 (3): 1589-1600.

[104] Sun L, Zhai X, Yang H. Event marketing, movie consumers' willingness and box office revenue [J]. Asia Pacific Journal of Marketing and Logistics, 2020.

[105] Tan P N, Steinbach M, Kumar V. Introduction to data mining [M]. Posts and Telecommunications Press, 2006.

[106] Tseng M L, Yuan H L. Application of fuzzy DEMATEL to develop a cause and effect model of municipal solid waste management in metro manila [J]. Environmental Monitoring & Assessment, 2009, 158 (1-4): 519.

[107] Tu Y Y. The issues and challenges in copyright protection for agriculture digital Publishing [C] // International Conference on Computer & Computing Technologies in Agriculture, 2014.

[108] Tzeng G H, Huang C Y. Combined DEMATEL technique with hybrid MCDM methods for creating the aspired intelligent global manufacturing & logistics systems [J]. Annals of Operations Research, 2012, 197 (8): 159-190.

[109] Von Neumann J, Morgenstern O. Theory of games and economic behavior (60th anniversary commemorative edition) [M]. Princeton: Princeton University Press, 2007.

[110] Wang M K, Hwang K P. Key factors for the successful evaluation and screening of managers of the intellectual property rights specialty [J]. Expert Systems with Applications, 2011, 38 (9): 10794-10802.

[111] Wang M S. Secure data storage for protecting digital content: US, US 8452988 B2 [P]. 2013.

[112] Wang Q, Wu C, Sun Y. Evaluating corporate social responsibility of airlines using entropy weight and grey relation analysis [J]. Journal of Air Transport Management, 2015, 42 (1): 55-62.

[113] Wang X J. A dynamic bargaining game with externalities [J]. Journal of Systems Science & Complexity, 2018 (6): 1591-1602.

[114] Wittkop A, Zulauf K, Wagner R. How digitalization changes the internationalization of entrepreneurial firms: Theoretical considerations and empirical evi-

dence [J]. Management Dynamics in the Knowledge Economy Journal, 2018, 6 (2): 193-207.

[115] Yu A, Hu Y, Fan M. Pricing strategies for tied digital contents and devices [J]. Decision Support Systems, 2011, 51 (3): 405-412.

[116] Zhai L Y, Khoo L P, Zhong Z W. Design concept evaluation in product development using rough sets and grey relation analysis [J]. Expert Systems with Applications, 2009, 36 (3): 7072-7079.

[117] Zhang L H, Mi X L, Yang C, et al. Watermark-based mobile digital content right management scheme [J]. Application Research of Computers, 2007, 24 (3): 125-127.

[118] Zhang N, Wei G. Extension of VIKOR method for decision making problem based on hesitant fuzzy set [J]. Applied Mathematical Modelling, 2013, 37 (7): 4938-4947.

[119] Zhao H, Cuo S, Xue W. Urban saturated power load analysis based on a novel combined forecasting model [J]. Information, 2015 (6): 69-88.

[120] Zheng X, Chen H, Xu T. Deep Learning for Chinese Word Segmentation and POS Tagging [C] // Conference on Empirical Methods in Natural Language Processing, 2013: 647-657.

[121] Øiestad S, Bugge M M. Digitisation of publishing: Exploration based on existing business models [J]. Technological Forecasting & Social Change, 2014, 83 (3): 54-65.

[122] 阿什德. 传播生态学: 文化的控制范式 [M]. 邵志, 译. 北京: 华夏出版社, 2003.

[123] 蔡双双. 电影版权价值评估研究 [D]. 西南财经大学硕士学位论文, 2019.

[124] 曹蒙, 袁小群. 数字内容产品定价问题研究 [J]. 中国出版, 2014 (17): 39-42.

[125] 常卫平. 电视收视率指标在节目评估体系中比例与问题探讨 [J]. 东南传播, 2014 (6): 79-81.

[126] 陈昌盛, 蔡跃洲. 中国政府公共服务: 基本价值取向与综合绩效评估 [J]. 财政研究, 2007 (6): 20-24.

[127] 陈昊姝. 世界电影票房影响因素统计检验 [J]. 统计与决策, 2019 (2): 110-114.

[128] 陈莹. 基于媒介生态学视角的中国农民阅读问题分析 [J]. 图书情报知

识，2017（5）：59-66.

[129] 陈真玲，王文举．环境税制下政府与污染企业演化博弈分析［J］．管理评论，2017，29（5）：226-236.

[130] 陈志清．电视媒体的"内修"：基于内容资源的开发［J］．南方电视学刊，2016（4）：122-124.

[131] 迟国泰，章穗，齐菲．小企业贷款信用评价模型及实证研究——基于最优组合赋权视角［J］．财经问题研究，2012（9）：63-69.

[132] 崔健东．新世纪华语电影产业对中国文化产业的影响研究［D］．南昌大学硕士学位论文，2016.

[133] 崔中正．电影版权价值评估研究［D］．中南财经政法大学硕士学位论文，2019.

[134] 戴冰．传统文化类综艺节目的电视传播［D］．山东大学硕士学位论文，2018.

[135] 戴维·莫利．电视、受众与文化研究［M］．史安斌，译．北京：超星电子图书，2005.

[136] 邓聚龙．灰理论基础［M］．武汉：华中科技大学出版社，2002.

[137] 杜前程，徐浩克．新媒介语境下综艺节目的创作现状研究——以网综和电视综艺内容对比为例［J］．新媒体研究，2019，5（23）：101-102.

[138] 杜思杨．浅谈文化类综艺节目面临的挑战与发展趋势［J］．今传媒，2019，27（10）：111-114.

[139] 范盛金．一元三次方程的新求根公式与新判别法［J］．海南师范学院学报（自然科学版），1989，2（2）：91-98.

[140] 方匡南，吴见彬，朱建平，谢邦昌．随机森林方法研究综述［J］．统计与信息论坛，2011，26（3）：32-38.

[141] 方元，曾庆醒．人工智能创作物版权保护可行性研究［J］．出版广角，2019（15）：36-38.

[142] 冯晨，陈志德．基于 XGBoost 和 LSTM 加权组合模型在销售预测的应用［J］．计算机系统应用，2019，28（10）：226-232.

[143] 冯岭，彭智勇，刘斌，等．一种基于潜在引用网络的专利价值评估方法［J］．计算机研究与发展，2015，52（3）：649-660.

[144] 冯莹斐．基于 KPI 的电视节目多媒体传播效果评估体系的构建［D］．暨南大学硕士学位论文，2016.

[145] 扶岚．网络自制节目《奇葩说》传播研究［D］．湖南师范大学硕士学位论文，2016.

[146] 付瑞雪. 数字内容分发平台与商业模式的研究 [D]. 北京邮电大学博士学位论文, 2009.

[147] 甘德安. 跨界创新：应用型大学脱颖而出之路 [J]. 江汉大学学报（社会科学版）, 2014（1）：5.

[148] 高鑫. 电视艺术学 [M]. 北京：北京师范大学出版社, 1998.

[149] 葛娜, 孙连英, 石晓达, 赵平. Prophet-LSTM 组合模型的销售量预测研究 [J]. 计算机科学, 2019, 46（S1）：446-451.

[150] 弓晓敏, 耿秀丽, 孙绍荣. 基于二元语义 DEMATEL 和 DEA 的多属性群决策方法 [J]. 计算机集成制造系统, 2016, 22（8）：1992-2000.

[151] 谷建亚, 朱云, 李婷婷. 数字出版技术创新能力的实证研究——以江苏省传统出版业为例 [J]. 科技与出版, 2018（8）：122-127.

[152] 顾旭光. 从收视率数据到满意度评价——对电视节目受众评估的探讨 [J]. 中国电视, 2010（5）：89-91.

[153] 郭建斌. 如何理解"媒介事件"和"传播的仪式观"——兼评《媒介事件》和《作为文化的传播》[J]. 国际新闻界, 2014, 36（4）：6-19.

[154] 哈罗德·拉斯韦尔. 社会传播的结构与功能 [M]. 何道宽, 译. 中国传媒大学出版社, 2013.

[155] 郝丹宁. 浅析电视娱乐节目的收视心理 [J]. 新闻传播, 2011（2）：44.

[156] 郝雨, 安鑫. 再论"媒介的延伸"与"媒介功能的延伸"[J]. 当代传播, 2009（2）：17-21.

[157] 何志钧. 理解媒介生态学 [J]. 南华大学学报（社会科学版）, 2014, 15（6）：91-95.

[158] 贺昌政, 李晓峰, 俞海. BP 人工神经网络模型的新改进及其应用 [J]. 数学的实践与认识, 2002（4）：554-561.

[159] 贺小伟, 徐靖杰, 王宾, 吴昊, 张博文. 基于 GRU-LSTM 组合模型的云计算资源负载预测研究 [J]. 计算机工程, 2022, 48（5）：11-17+34.

[160] 洪莹, 唐守廉, 李政. 在线视频内容差异化定价分析——基于能力约束角度 [J]. 技术经济与管理研究, 2015（5）：9-13.

[161] 侯治平, 袁勤俭, 王骅琪. 数字出版物用户认知价值指标体系构建研究 [J]. 编辑之友, 2013（7）：68-71.

[162] 华进, 张一帆. 论数字出版与知识付费生态关系的建构 [J]. 科技与出版, 2018（1）：84-88.

[163] 华锐, 王森林, 许泱. 中国电影票房的影响因素研究 [J]. 统计与决策, 2019, 35（4）：97-100.

[164] 黄意武,游登贵."一带一路"框架下数字出版产业发展促进机制[J]. 中国出版,2018,439(14):26-30.

[165] 黄瑜文,王亿本.文化类综艺节目传播策略研究——以《上新了·故宫》为例[J].新闻研究导刊,2019,10(17):54+88.

[166] 黄长义,姚金艳.西方文化渗透的运行机制、潜在风险及应对方案[J]. 马克思主义研究,2016(9):52-60.

[167] 姜波.网络文学IP价值评估探索[J].新闻研究导刊,2018,9(5): 125-126.

[168] 姜照君,吴志斌,孙吴优.网络口碑对国产与进口动画电影票房的影响:以2009-2018年为例[J].国际新闻界,2020,42(8):16.

[169] 颉茂华,焦守滨.二叉树实物期权的知识产权价值评估定价研究[J].中国资产评估,2014(4):22-26.

[170] 邝萌,李英娜,李川,曹敏.基于多模型融合Stacking集成学习的异常用电检测方法研究[J].电力科学与工程,2021,37(3):23-29.

[171] 雷兵,钟镇.B2C商城畅销电子图书的分布特征与在线评论解析——以京东为例[J].图书情报工作,2018,62(21):53-61.

[172] 李北伟,董微微,富金鑫.基于演化博弈理论的网络信息生态链研究[J].图书情报工作,2012,56(22):102-106.

[173] 李芳芳.TV2.0时代电视综艺节目创新研究[D].湖南师范大学硕士学位论文,2016.

[174] 李芙蓉.电视文化类综艺节目创新研究[D].兰州大学硕士学位论文,2018.

[175] 李国民,李洁璇.知识付费内容的价值评估方法探析——以"分答"平台为例[J].中国资产评估,2018(9):12-16.

[176] 李红.基于IPScore的专利价值评估研究[J].会计之友,2014(17): 4-9.

[177] 李华聪,荣立烨,朱玉斌.基于QDRNN网络的航空发动机多变量解耦控制[J].航空动力学报,2007,22(11):1921-1924.

[178] 李华玉.综艺节目官方微博传播研究[D].安徽大学硕士学位论文,2014.

[179] 李健茹.浅谈媒体技术进步对冬奥会发展的影响[J].新闻传播,2017 (14):73-74.

[180] 李琳.慢综艺《向往的生活》传播研究[D].河南大学硕士学位论文,2020.

[181] 李曼. 收益法在电影作品价值评估中的应用 [J]. 中国资产评估, 2012, 153 (12): 43-45.

[182] 李农, 刘晓莉. 数字化转型中出版社对技术提供商的择选标准研究 [J]. 新闻研究导刊, 2019, 10 (16): 176-177.

[183] 李品, 杨建林. 大数据时代哲学社会科学学术成果评价: 问题、策略及指标体系 [J]. 图书情报工作, 2018, 62 (16): 5-14.

[184] 李易. "互联网+" 背景下网络综艺节目发展模式评析 [J]. 中国电视, 2018 (1): 110-112.

[185] 李贞子, 张涛, 武晓岩, 等. 随机森林回归分析及在代谢调控关系研究中的应用 [J]. 中国卫生统计, 2012 (2): 4-6+9.

[186] 栗瑜泽. 媒介生态学视角下微博用户生态位研究 [D]. 北京邮电大学硕士学位论文, 2014.

[187] 林弘杰. 基于深度学习的专利价值评估方法研究 [D]. 中国科学技术大学硕士学位论文, 2018.

[188] 林文刚. 媒介环境学 [M]. 北京: 北京大学出版社, 2007.

[189] 林文刚. 媒介环境学: 思想沿革与多维视野 [M]. 北京: 北京大学出版社, 2007.

[190] 刘帅军, 何皑莹. 媒介生态学下构建的电视节目综合评估体系——以广东电视台综合评估体系为例 [J]. 南方电视学刊, 2014 (5): 114-116.

[191] 刘思峰, 蔡华, 杨英杰, 等. 灰色关联分析模型研究进展 [J]. 系统工程理论与实践, 2013 (8): 139-144.

[192] 刘思峰, 谢乃明, Jeffery F. 基于相似性和接近性视角的新型灰色关联分析模型 [J]. 系统工程理论与实践, 2010, 30 (5): 881-887.

[193] 刘思峰, 杨英杰, 吴利丰. 灰色系统理论及其应用 [M]. 北京: 科学出版社, 2014.

[194] 刘亚丽. 社会主义核心价值观引领国家文化软实力建设研究 [D]. 武汉理工大学硕士学位论文, 2018.

[195] 刘正山. 电影剧本交易价值评估的模型构建与应用初探 [J]. 中国电影市场, 2017 (5): 21-26.

[196] 陆地. 电视节目传播效果评估系统的构建与应用 [J]. 新闻爱好者, 2013 (9): 41-46.

[197] 陆地, 陈思. 新媒体时代电视节目评估体系的构建和应用 [J]. 新闻爱好者, 2013 (11): 54-59.

[198] 马晓虎. 《演员的诞生》媒介策略及传播价值 [J]. 当代电视, 2018

(8)：37-38.

[199] 麦克卢汉，何道宽．理解媒介：论人的延伸［M］．北京：商务印书馆，2000．

[200] 毛宁，张小红．基于区块链技术的网络版权保护［J］．图书馆论坛，2019 (8)：90-95．

[201] 梅罗维茨．消失的地域［M］．北京：清华大学出版社，2002．

[202] 梅珊珊．乐视自制剧的媒介生态研究［D］．陕西师范大学硕士学位论文，2017．

[203] 孟鹏，谭昊桐．互联网媒体文化品牌价值影响因素及评价指标体系研究［J］．中国商论，2020（6）：60-63．

[204] 尼尔·波兹曼．娱乐至死 童年的消逝：外一种［M］．桂林：广西师范大学出版社，2009．

[205] 牛向红．收视率在电视台节目经营管理中的作用研究［J］．商，2015 (48)：214+197．

[206] 潘成云．解读产业价值链——兼析我国新兴产业价值链基本特征［J］．当代财经，2001（9）：7-11+15．

[207] 庞皓，谢胜智．再论评价综合经济效益的多目标规划方法［J］．财经科学，1983（4）：10．

[208] 裴培，蒋垠茏．国内外电影票房影响因素分析［J］．合作经济与科技，2014，（2）：18-21．

[209] 彭桂兵．再论新媒体版权保护的策略与问题［J］．青年记者，2019（16）：17-18．

[210] 戚聿东，蔡呈伟．数字化企业的性质：经济学解释［J］．财经问题研究，2019（5）：121-129．

[211] 漆亚林．主流价值导向的电视节目评价体系构建［J］．电视研究，2015 (5)：46-48．

[212] 邱一卉，张驰雨，陈水宣．基于分类回归树算法的专利价值评估指标体系研究［J］．厦门大学学报（自然科学版），2017，56（2）：244-251．

[213] 阮秀凯，刘莉，张耀举，等．现代无线通信系统盲处理技术新进展——基于智能算法［M］．上海：复旦大学出版社，2015．

[214] 邵培仁．传播生态规律与媒介生存策略［J］．新闻界，2001（5）：26-27+29．

[215] 邵培仁．论媒介生态的五大观念［J］．新闻大学，2001（4）：20-22+45．

[216] 邵培仁．媒介生态学：媒介作为绿色生态的研究［M］．北京：中国传媒大

学出版社，2008.

[217] 沈丹妮．网络自制综艺节目的文化价值导向及其建构研究［D］．江西师范大学硕士学位论文，2019.

[218] 沈贺．美国文化霸权与"普世价值"在我国的传播［J］．思想教育研究，2017（1）：37-42.

[219] 史辉．数字版权价值评估法律影响因素分析［J］．经济与社会发展，2016，14（4）：48-53.

[220] 宋传磊，刘俊婷，周芳，等．交互式数字出版技术研究与应用探析［J］．中国市场，2019（27）：183-184.

[221] 宋河发，李玉光，曲婉．知识产权能力测度指标体系与方法及实证研究——以某国立科研机构为例［J］．科学学研究，2013（12）：67-76.

[222] 宋培义，曹树花，孙江华．数字媒体内容资产的版权定价方法研究［J］．价格理论与实践，2014（10）：111-113.

[223] 宋培义，王立秀．数字媒体内容产品交易平台的定价策略研究［J］．新闻界，2012（12）：48-51.

[224] 孙鹏．价值链理论在成本管理中的运用分析［J］．企业改革与管理，2017（17）：164-165.

[225] 唐晓灵，林敏，刘雷磊．基于博弈论组合赋权-TOPSIS法的采矿方案优选模型及应用［J］．矿业研究与开发，2021，41（5）：6.

[226] 唐兆琦．信息产品定价方法在电视节目版权价值评估中的应用——基于顾客感知价值方法和结合分析法［J］．情报探索，2017，1（9）：23-28.

[227] 天池平台．阿里云天池大赛赛题解析——机器学习篇［M］．北京：电子工业出版社，2020.

[228] 田粟源．电影版权评估研究［D］．山东财经大学硕士学位论文，2014.

[229] 童天蒙．电子废弃物回收处理体系的激励契约研究［D］．东华大学硕士学位论文，2014.

[230] 汪丽君．电视文化类综艺节目的形态创新及文化传播研究——以《中国诗词大会》为例［D］．江西师范大学硕士学位论文，2019.

[231] 王博．弥合文化缝隙：电视综艺节目的内容建构与意义抵达［J］．电视研究，2021（5）：23-26.

[232] 王灿发，娄霄霄，李萌．电视娱乐节目可持续性评价方法研究［J］．新闻爱好者，2014（5）：30-34.

[233] 王闯．中国内地电视综艺娱乐节目模仿境外节目现象研究［D］．华东师范大学硕士学位论文，2010.

[234] 王洪艳,王志江. 数字产品定价博弈分析 [J]. 华东经济管理, 2005, 19 (5): 51-53.

[235] 王华,马珺,温国栋. 基于大数据的电视节目效果评估 [J]. 南京工程学院学报(社会科学版), 2015, 15 (2): 57-60.

[236] 王锦慧,晏思雨. 中国电影版权商业价值评估模型研究 [J]. 当代电影, 2015 (11): 73-80.

[237] 王莉莉,栾冠楠. 英国广播公司(BBC)动态语义出版模式研究 [J]. 图书情报工作, 2017, 61 (8): 126-132.

[238] 王璐. 习近平国家文化安全观探究 [D]. 河北大学硕士学位论文, 2020.

[239] 王钱超,张择瑞,郭娟娟. 出版专业技术人员继续教育的特点、问题及其改进 [J]. 安徽工业大学学报(社会科学版), 2019 (1): 117-119.

[240] 王晴川. 架构电视节目网络传播评价体系——对于电视节目网络评价体系的技术和功能的分析 [J]. 新闻传播, 2012 (1): 46-47.

[241] 王日尧. 以受众分析视角探究文化综艺节目的发展策略 [D]. 长春工业大学硕士学位论文, 2020.

[242] 王文举. 经济博弈论基础 [M]. 北京: 高等教育出版社, 2010.

[243] 王文寅,孙晓南. 动漫电影票房影响因素实证研究 [J]. 电影文学, 2020 (10): 99-104.

[244] 王晓辉. 电视综艺节目的创新研究 [D]. 暨南大学硕士学位论文, 2007.

[245] 王骅琪,侯治平,包金龙,等. 消费者视角下数字出版物定价的影响因素研究 [J]. 情报理论与实践, 2014, 37 (4): 53-56.

[246] 王骅琪,侯治平,袁勤俭. 产品特性视角下数字出版物定价的影响因素研究 [J]. 科技与出版, 2013 (8): 61-64.

[247] 王钰,郭其一,李维刚. 基于改进BP神经网络的预测模型及其应用 [J]. 计算机测量与控制, 2005, 13 (1): 39-42.

[248] 王铮,许敏. 电影票房的影响因素分析——基于Logit模型的研究 [J]. 经济问题探索, 2013 (11): 96-102.

[249] 王志刚. 论人工智能出版的版权逻辑 [J]. 现代传播(中国传媒大学学报), 2018, 40 (8): 21-25+54.

[250] 韦保磊,谢乃明. 广义灰色关联分析模型的统一表述及性质 [J]. 系统工程理论与实践, 2019, 39 (1): 228-237.

[251] 闻新,张兴旺,朱亚萍,等. 智能故障诊断技术: MATLAB应用 [M]. 北京: 北京航空航天大学出版社, 2015.

[252] 吴君,陈少华. 数字出版人才的培养模式思考——美、英、德三国培养模

式比较研究［J］．科技与出版，2018（5）：144-149.

［253］吴俊新，郭哲，王建辉，等．电子商务环境下考虑成本和竞争的数字产品的定价［J］．东北大学学报（自然科学版），2006（7）：724-727.

［254］吴鹏，李婷，仝冲，等．基于OCC模型和LSTM模型的财经微博文本情感分类研究［J］．情报学报，2020，39（1）：81-89.

［255］吴思思，赵佳宝．文化类综艺节目的价值回归与创新路径［J］．今传媒，2018，26（7）：121-123.

［256］吴英慧．美国大数据协同创新及启示［J］．情报杂志，2019，38（4）：168-174+200.

［257］吴运发，张青，赵燕，等．专利价值影响因素及企业专利价值分级评估管理的探讨［J］．中国发明与专利，2019，16（3）：24-31.

［258］伍小沙，田世祥，袁梅，等．基于主客观赋权VIKOR法的煤矿智能化评价研究［J］．矿业研究与开发，2021，41（4）：165-169.

［259］武华华，匡海波，张鹏飞．基于VMD-WA-RFR模型的BDI指数影响因素研究［J］．科研管理，2018，39（10）：148-158.

［260］武婉玉．关于中国电视综艺节目引进现状的思考［D］．河北大学硕士学位论文，2015.

［261］郗珊珊．我国网络自制综艺节目的内容管理研究［D］．华东政法大学硕士学位论文，2018.

［262］夏丹．我国3D电影票房影响因素的实证分析［J］．现代传播（中国传媒大学学报），2012（9）：147-148.

［263］夏雨晴，宗俊伟．国产慢综艺电视节目传播价值——以《向往的生活》为例［J］．新闻爱好者，2020（6）：85-87.

［264］熊楚．数字出版版权保护面临的问题及对策［J］．传播与版权，2018（2）：186-187.

［265］熊励，陈朋．版权管理下数字内容用户行为分析与仿真研究［J］．科研管理，2014，35（12）：168-174.

［266］徐浩然．中国省级卫视竞争力评价研究［D］．南京航空航天大学博士学位论文，2007.

［267］徐陆．电影版权评估［J］．新经济，2016（5）：20-21.

［268］徐铭曈，张树武．基于东北三省的高校学术期刊优先出版现状及发展研究［J］．东北师范大学学报（哲学社会科学版），2013（1）：145-148.

［269］许德金．中国文化软实力海外传播研究：现状、问题与对策［J］．外语教学与研究，2018，50（2）：281-291+321.

[270] 薛鑫. "互联网+"时代数字出版的趋势 [J]. 出版广角, 2018, 309 (2): 41-43.

[271] 杨慧丽. 文化类综艺节目的传播内容及文化认同构建研究 [D]. 上海外国语大学硕士学位论文, 2018.

[272] 杨思琪, 赵丽华. 随机森林算法在城市空气质量预测中的应用 [J]. 统计与决策, 2017 (20): 83-86.

[273] 杨熠, 唐丽雯. 文化类综艺节目的传播价值研究——以《上新了·故宫》为例 [J]. 汉字文化, 2020 (20): 155-157.

[274] 杨志辉. 学术期刊数字化出版到智慧出版的变革 [J]. 编辑之友, 2019, 269 (1): 38-43.

[275] 叶丹. 三网融合呼唤媒体内容资产价值评估 [J]. 中国广播电视学刊, 2010 (11): 14-16.

[276] 叶睿琳. 网络自制综艺节目植入式广告创新研究 [D]. 郑州大学硕士学位论文, 2017.

[277] 叶晓倩, 陈伟. 我国城市对科技创新人才的综合吸引力研究——基于舒适物理论的评价指标体系构建与实证 [J]. 科学学研究, 2019, 37 (8): 1375-1384.

[278] 叶雪强, 桂预风. 基于 Markov 链修正的改进熵值法组合模型及应用 [J]. 统计与决策, 2018, 494 (2): 69-72.

[279] 尹鸿. 电视媒介: 被忽略的生态环境——谈文化媒介生态意识 [J]. 电视研究, 1996 (5): 38-39.

[280] 游洁, 彭宇灏. 新时代电视综艺节目评价体系探究 [J]. 现代传播 (中国传媒大学学报), 2020, 42 (7): 78-83.

[281] 于广州. 数字图像内容保护下双重隐形数字水印仿真 [J]. 计算机仿真, 2018, 35 (2): 388-391.

[282] 余炳文, 李琛. 电影著作权价值评估探析 [J]. 中国资产评估, 2017 (8): 24-32.

[283] 余敬, 张京, 武剑, 等. 重要矿产资源可持续供给评价与战略研究 [M]. 北京: 经济日报出版社, 2015.

[284] 於雯, 周武能. 基于 LSTM 的商品评论情感分析 [J]. 计算机系统应用, 2018, 27 (8): 159-163.

[285] 郁舜, 冯程程. 数字出版产业发展之版权保障 [J]. 中国出版, 2018 (5): 59-62.

[286] 曾意. 影视版权价值评估 [D]. 暨南大学硕士学位论文, 2017.

[287] 曾子明，王婧．基于LDA和随机森林的微博谣言识别研究——以2016年雾霾谣言为例［J］.情报学报，2019，38（1）：89-96.

[288] 张冰，周步祥，石敏，魏金萧．基于灰色关联分析与随机森林回归模型的短期负荷预测［J］.水电能源科学，2017，35（4）：203-207.

[289] 张冲．基于Attention-Based LSTM模型的文本分类技术的研究［D］.南京大学硕士学位论文，2016.

[290] 张丹．文化综艺节目创新策略研究［D］.浙江传媒学院硕士学位论文，2020.

[291] 张晶，谷疏博．文化记忆、崇高仪式与游戏表意：论原创文化类节目的美育功能［J］.现代传播（中国传媒大学学报），2018，40（9）：80-85.

[292] 张立军，张潇．基于改进CRITIC法的加权聚类方法［J］.统计与决策，2015（22）：65-68.

[293] 张美惠．院线电影著作权价值评估［J］.合作经济与科技，2020（9）：140-141.

[294] 张启义，周先华，王文涛．基于改进灰色关联分析法的工程防护效能评估方法［J］.解放军理工大学学报（自然科学版），2007，8（3）：283-287.

[295] 张双甜，孙康．基于虚拟价值链的全过程咨询集成管理分析［J］.工程管理学报，2019，33（6），24-29.

[296] 张素素．平均场一主二从线性二次随机微分博弈［D］.山东大学硕士学位论文，2019.

[297] 张晓峒．计量经济学基础［M］.天津：南开大学出版社，2005.

[298] 张晓敏．基于互联网思维的电视综艺节目创新策略研究［D］.浙江传媒学院硕士学位论文，2018.

[299] 张旭梅，邓流生，丁雪峰．盗版：厂商的质量选择与政府的反盗版政策［J］.系统工程理论与实践，2013，33（7）：1782-1790.

[300] 张亚菲．电视节目网络传播评估体系研究——以电视综艺节目为例［D］.河北大学硕士学位论文，2016.

[301] 张娅娅．综艺节目：价值观念与审美取向［J］.当代电影，1998（1）：87-91.

[302] 张艳红．数字经济时代服务型制造创新和价值链重构［J］.现代商贸工业，2019，40（35）：8-10.

[303] 张燕．基于版权质押融资的电影版权价值评估问题研究［D］.华北电力大学硕士学位论文，2015.

[304] 张亦冉．传统文化与现代传媒的结合：文化类综艺节目的传播价值与创新

路径［J］．汉字文化，2020（15）：179-181．

［305］张影，高长元，何晓燕．基于价值链的大数据服务生态系统演进路径研究［J］．情报理论与实践，2018，41（6）：58-63．

［306］张兆慧．全媒体语境下电视文化节目的品牌建构［D］．南京艺术学院硕士学位论文，2019．

［307］赵丹，宋培义．基于投融资视角的电视剧项目价值评估研究［J］．现代传播（中国传媒大学学报），2019，41（3）：131-138．

［308］赵峰，徐海青，吴立刚，等．电子文件价值评估的量化分析研究［J］．中国新通信，2017（10）：155-156．

［309］赵桂玲，苏祎成．我国电视节目收视率评估发展趋势研究［J］．数字传媒研究，2016，33（1）：51-53．

［310］赵洹琪，丛浩哲，李瑛．交通安全科普类电视节目宣传效果评估研究［J］．汽车与安全，2016（1）：71-74．

［311］赵淑萍，付海钲．文化类综艺节目的价值导向与传播特征——基于《中国诗词大会》（第二季）的数据分析［J］．电视研究，2017（4）：61-63．

［312］赵新星，高福安．我国主旋律电影票房的影响因素研究［J］．电影文学，2020（20）：3-7．

［313］赵艳，倪渊．数字平台内容资源价值评估指标体系研究［J］．情报科学，2019，37（9）：96-102．

［314］赵艳，王文举，倪渊．数字内容产品版权保护的演化博弈分析［J］．图书情报工作，2019（2）：43-51．

［315］赵莹．文化价值主导型电视剧综合评价体系构建研究［J］．现代传播（中国传媒大学学报），2019，41（3）：110-115．

［316］赵振洋，章程．基于神经网络的电影版权证券化估值研究［J］．中国资产评估，2019，230（5）：43-51．

［317］赵梓含．文化类电视节目创新策略研究［D］．山东师范大学硕士学位论文，2019．

［318］郑伟．我国电视节目收视率评估现状及评价［D］．吉林大学硕士学位论文，2008．

［319］郑向荣，张艺凡．文化类综艺节目创作的五个"意识"［J］．中国电视，2017（9）：7+40-44．

［320］郑欣．媒介的延伸：新生代农民工城市适应研究的传播学探索［J］．西南民族大学学报（人文社会科学版），2016，37（6）：142-148．

［321］支庭荣．大众传播生态学［M］．杭州：浙江大学出版社，2004．

[322] 钟丽.网络自制电视节目的传播研究[D].湖南大学硕士学位论文,2013.

[323] 钟嫒.基于机器学习的版权金融化价值评估模型研究[J].上海经济研究,2017(6):72-81.

[324] 周娜,何润奇.基于文本情感分析的文化综艺节目综合评价——以央视文化类综艺节目《国家宝藏》为例[J].中南民族大学学报(人文社会科学版),2019,39(5):175-180.

[325] 周晓晔,马菁忆,王思聪,等.基于改进VIKOR法的C2M型制造企业的供应商选择研究[J].沈阳工业大学学报(社会科学版),2018,11(5):417-422.

[326] 周晓英,张秀梅.数字内容价值创造中政府的角色和作用[J].情报科学,2015,33(10),3-10.

[327] 周正柱,朱可超.知识产权价值评估研究最新进展与述评[J].现代情报,2015,35(10):174-177.

[328] 周志华.机器学习[M].北京:清华大学出版社,2016.

[329] 朱爱群.价值链理论在成本管理中的运用分析[J].中国国际财经(中英文),2017(7):207-208.

[330] 朱晓东,吴冰冰,王哲.双渠道回收成本差异下的闭环供应链定价策略与协调机制[J].中国管理科学,2017(12):188-196.

[331] 邹霞,殷娟娟.建立多元化动态性评价标准——对完善广播电视节目评估体系的思考[J].新闻记者,2007(1):83-84.